U0924653

建筑业
增值税管理与会计实操
从新手到高手 | 案例版

蓝　敏◎著

中国铁道出版社有限公司
CHINA RAILWAY PUBLISHING HOUSE CO., LTD.

图书在版编目（CIP）数据

建筑业增值税管理与会计实操从新手到高手：案例版/蓝敏著. —北京：中国铁道出版社有限公司，2019.10（2022.6重印）

ISBN 978-7-113-26061-3

Ⅰ.①建… Ⅱ.①蓝… Ⅲ.①建筑企业－增值税－税收管理－中国②建筑企业－增值税－税务会计－会计实务－中国 Ⅳ.①F812.423

中国版本图书馆 CIP 数据核字（2019）第 149623 号

书　　名：建筑业增值税管理与会计实操从新手到高手（案例版）
作　　者：蓝　敏

责任编辑：王　佩　　**编辑部电话：**（010）51873022　　**邮箱：**505733396@qq.com
封面设计：MXK DESIGN STUDIO
责任印制：赵星辰

出版发行：中国铁道出版社有限公司（100054，北京市西城区右安门西街 8 号）
印　　刷：三河市宏盛印务有限公司
版　　次：2019 年 10 月第 1 版　2022 年 6 月第 6 次印刷
开　　本：700 mm×1000 mm　1/16　**印张：**18.75　**字数：**275 千
书　　号：ISBN 978-7-113-26061-3
定　　价：69.80 元

前　言

营改增之前，对于普通的建筑企业而言，是一段一去不复返的日子。建筑业的会计核算与税务处理，是非常轻松并且容易的。

与改征增值税后相比，营业税有以下几个特点。

1. 不要求建筑公司必须会计核算制度健全

当然，这仅是针对营改增后增值税的要求而言的。

《公司法》要求企业进行健全而完备的会计核算，但在税法层面，秉持的规则是：如果核算健全就查账征收；如果核算不健全就核定征收。并不是说会计核算不健全，就无法进行税务处理。

增值税与之不同，增值税一般纳税人被税法要求会计核算健全。如果会计核算不健全，则其增值税的计税方式将是按10%征销项税，并且不可以抵扣进项，类似于将税负率直接提升至9%左右，是建筑业无法承受的。

所以，营改增后，健全完善会计核算制度。

2. 营业税在劳务地征收

营业税作为地税的主力税种，加之建筑行业被认为是“地方”的行业，所以，营业税及附加都在建筑地征收。

当企业在异地从事建筑活动时，在工程地税务局申请代开营业税发票，同时就把营业税、附加缴完，当然，往往还会被同时附征企业所得税、个人所得税、印花税。其结果就是，一个业务需要缴纳的税往往直接在工程发生地即可缴完。

注册地税务机关不管异地的营业税，项目的税务机关不管如何做账。

3. 发票使用不严

这也是与增值税比较而言的。

增值税因为涉及进项抵扣，所以增值税专用发票的使用、管理非常严格，没有发票，往往就无法正确纳税，并且增值税专用发票要承受更多的责任和风险。

营业税则没有这样的要求，代开发票机制可以轻松处理营业税差额纳税问题。

4. 挂靠非常方便

建筑业的资质出借即挂靠，是实务常见的现象。

对会计和办税人员来说，并不喜欢挂靠业务，这都是老板们做的事情。但具体却要会计经办。如果发生挂靠，主要的难点表现在发票之上，营业税非常好办。不论是差额确认收入还是全额确认收入，营业税都可以将其核算出来——虽然不一定核算得正确。

营改增后，挂靠的处理就非常困难了，因为增值税要求销项与进项统一计算，加之专用发票的风险骤增，挂靠的税务风险与核算风险也就同时增大。

5. 工程造价确认困难

营改增前，挖一个坑，项目经理凭经验和心算就能估计出工程造价要多少，并且往往八九不离十，做下来真的与预计相差不大。

营改增后，就不敢这么肯定了，因为其还取决于是简易计税还是一般计税，取决于能够取得多少增值税的专用发票，取决于因为索取增值税专用发票而要涨多少成本，取决于取得的增值税专用发票有没有问题，等等。

营改增后，造价再也不是在办公室用公式就能计算出来的了，确定一项一般计税的工程造价，变得非常困难。

营业税时期，会计几乎不需要学习多少真正的营业税知识，跟着师傅、请教税务，按相关的代开发票流程、申报流程，就可以把税务工作做得中规中矩。

增值税的到来代表舞台更换了背景，你必须要参与到经营之中，会计要帮助确立增值税所导致的价格变化和成本变化，会计要把握增值税发票背后的具体业务，会计核算要到达项目所用的材料库存。

之前，购入 1 000 万元材料，是一张 1 000 万元的材料发票，是 1 000 万元的建筑成本。

现在，你必须要知道这 1 000 万元的材料用在什么地方，有没有剩余，剩余的材料到哪里去了。如果有遗失、被盗、处理剩余物资，也是会影响增值税的。

增值税实施后，要进行健全的会计核算，要在主管税务机关纳税，要在异地预缴税，要关注增值税发票的规范性与虚开，增值税的处理随时影响项目的收入、成本和利润。

总之，必须要学习真正的税务知识了！

本书提供真正的税务与会计知识。

笔者从不做税收政策的搬运工，并不会简单地把财政部和财税总局的文件罗列了事，本书要教会每一个建筑业的会计，如何真正认识增值税规则，把握增值的关键点，运用增值税规则，将其融入到具体的核算、筹划与纳税工作之中。

编者

2019.2

目录

第 1 章　增值税思维

本章提纲挈领，首先阐述增值税基本理论，让读者从原理上认清增值税的本质、增值税的特色、增值税的风险、增值税的利益。换一个角度认识增值税的税负、销项税金、进项税金。

走出增值税的认识误区，是成为一个真正的税务会计所必须具备的能力。

1.1 价税分离

本书前言中简明提到了营改增给建筑行业税务带来的改变，共罗列了五个方面：会计核算、纳税地点、专用发票、挂靠、工程造价。

可能有人会问：为什么没有提到“税负”？

建筑业营业税税率 3%，实施增值税管理后，一般纳税人税率 9%，一般来说进项不足，税负上升，这难道不是营改增后的改变吗？

营改增后，首先要摒弃的就是上述这种“营业税”思维，建立起真正的增值税思维。

思考第一个问题：企业负担的增值税，是高了还是低了？

贴士：

问题：增值税税率高，如果进项不够，我们负担的增值税就非常重，是不是这个道理？

解析：这是首先要摒弃的观点。企业管理人员和销售有这样的认识情有可原，但从会计专业角度看，增值税通过“应交税费”科目核算，属于一项负债，不论交得多、交得少，都不由企业负担，都不影响企业的利润，如何会说“负担的增值税”高了还是低了呢？

增值税与营业税的根本区别，在于税金与价格的关系。

《营改增实施办法》规定：“一般计税方法的销售额不包括销项税额”“简易计税方法的销售额不包括其应纳税额”。

这就是所谓的“价税分离”。

例如，采购一批商品混凝土，支付 1 000 万元，此批商品混凝土的成本是多少？

营业税下，这个问题非常清晰，对方的销售金额就是我方的成本金额，成本就是 1 000 万元。

但在增值税实施后，这个问题则变得复杂，不能直接回答，而是要反问三个问题：

（1）自己是一般计税，还是简易计税？

（2）销售方采取的是一般计税，还是简易计税？

（3）是否取得了合规的增值税专用发票。

如果自己是简易计税，那相当于打回营业税的“原形”。无论对方如何计税，这批混凝土的成本都是 1 000 万元。因为自己不能抵扣进项，所以其中的税金无论多少，都计入成本。

如果自己是一般计税，并且取得了增值税专用发票呢？

其成本取决于销售方是一般计税还是简易计税。

如果销售方是简易计税，这批混凝土的成本就是 1 000 万元÷1.03=971 万元；

如果销售方是一般计税，这批混凝土的成本就是 1 000 万元÷1.13=885 万元。

1 000 万元、971 万元、885 万元，三个成本数据摆在面前，代表了不同的造价、不同的成本、不同的利润。如果在日常的经营合同中没有把握住这三个成本。那么，如何确保企业的利润呢？

增值税下，首先建立起价税分离的思维，增值税游离于价格之外，不属于我们的收入，也不构成我们的成本。

建筑业会计长期从事营业税的涉税工作，形成了对营业税的思维定式，这一思维定式就是：税金就是成本费用。

正因为税金就是成本费用，所以，交税就代表着利润的流失。在这种思维定式下，税务工作中关注的核心是税交得多还是少。对企业来说，税交得越少越好，如果有什么办法或筹划能够让税金少交点甚至免税，那么，就一定要了解税务筹划。

增值税下，这就成为了最大的、最基础的认识误区。

有一个类似于脑筋急转弯的问题：营改增后，如果其他因素不变，房价会涨还是会跌？

如果没有建立起增值税思维，你可能会去分析营改增后税负是重了还是轻了，或者去分析增值税导致的市场变化。但一个真正的增值税会计，一定是不假思索就能回答：

“跌！”

原因就是价税分离。

增值税一般计税下，如果其税率为 9%，则：

销售额=1 000 万元÷（1+9%）=917 万元

销项税金=917 万元×9%=83 万元

总金额 1 000 万元被分为价格 917 万元，税金 83 万元，这就是价税分离。

1 000 万元的房子，确认增值税后，价格变成了 917 万元，这就是降了。刚好下降 83 万元。

这个降价对于销售者来说，收入是实实在在的下降；对于购买者来说，如果可以抵扣进项的话，成本也是实实在在地下降了。但是，对不能抵扣进项的购买者来说，价格并没有下降，成本依然是 1 000 万元。

对比一下营改增前后开出的发票。

营业税下，这房子的不动产销售发票为：价格：1 000 万元。

增值税下，这房子的不动产销售发票为：价格：917 万元，税金：83 万元。

所以说，价格下跌了，跌了 83 万元，这是实实在在的下跌。跌出来的正好是税金。

当然，下跌的不仅是房价，同时也包括建安成本。

营业税时期，会计们的目光集中在“税金”之上，营改增后，一般计税下，增值税金只是一项代收代付的往来，对损益没有影响。所以，必须把目光集中在收入与成本上。

营业税通过“营业税金及附加”科目进行核算，这个科目是损益类科目，直接抵减公司利润。营业税每多交 1 元，利润就少 1 元。

借：营业税金及附加　　← 这是损益科目

　　贷：应交税费-应交营业税

增值税因为是价外税，不含在收入之中，属于代政府收取的税金，本质上是一项“代收代付”的金额，直接通过负债类科目核算，多交多少、少交多少，并不直接影响公司的利润。至于因为多交少交增值税会导致多交、少交附加税，从而影响利润，那是另一层次的问题。

典型的增值税收入确认分录：

借：应收账款

　　贷：主营业务收入

　　　　应交税费-应交增值税　　← 这是负债科目

典型的增值税采购业务分录：

借：存货

　　应交税费-应交增值税　　← 这是负债科目

　　贷：应付账款

增值税是在收入与成本之外，以代收代付方式处理的税金。在收付现金总价不变的情况下，税金直接影响的是收入与成本。所以，增值税金不直接影响利润，它通过影响收入与成本，间接影响企业的利润。

增值税与营业税的不同，导致一个现象，多交营业税直接减少利润，而多交增值税，仅仅对价格带来影响，但价格本质上是市场与竞争形成

的，可以通过市场竞争和交易合同进行调整，所以，不能以“实际交了多少增值税”来评判增值税的税收负担问题。

实施增值税后会计不应该问：“营改增后，我们交的税是多了还是少了？”而应该问：“营改增后，我们的利润是升了还是降了？”

实施营改增后，包括建筑行业在内的所有试点行业，共同面临的核心税务问题是——降价。

营改增带来的变化，有以下三点：

（1）收入下降，这一因素会导致利润下降；

（2）成本费用可能下降，这一因素可能会使利润上升，为什么是“可能”呢？因为并不是所有进项税金都可以抵扣，如果因为种种原因导致不能抵扣，则成本费用就降不下来；

（3）营业税停征，这一因素会导致利润上升。

实施营改增后，会导致价格下降、成本下降、营业税停征。在这种形势之下，建筑企业的利润是升了还是降了呢？这就要看在停征营业税利好前提下，收入降了多少，成本降了多少，然后才知道，在营改增后，是挣了还是赔了。

1.2 划算与不划算

简易计税模式下，建筑业增值税征收率为 3%，与营业税税率基本一致。但是，营业税是价内税，税在价格之内，所以对价格征营业税时，营业税金本身也会被征营业税；而增值税是价外税，税在价外，增值税金不会被征收增值税。所以，营改增实施后，至少目前看起来，建筑业采取简易计税是稍微划算了一点点。

同为 1 000 万元的建安收入：

营改增前，缴纳营业税 1 000 万元×3%=30 万元，营业税减少利润 30 万元。

营改增后，缴纳增值税 1 000 万元÷（1+3%）×3%=29 万元，增值税减少收入 29 万元，导致减少利润 29 万元。

从上例看，营改增试点后比试点前利润上升 1 万元。当然，考虑到随流转税附征的城建筑、教附，营改增后的收益还要更多一些。

交营业税，导致利润下降	30万元
增值税简易计税，导致收入下降，从而利润下降	29万元

简易计税模式下，就建筑业来说，其利润看起来比营业税时期有一定增加，这是否说明营改增后，简易计税是划算的呢？

当然不能得出这样的结论。

对于建筑企业来说，简易计税看起来利润略有小升，但是，考虑一下房地产开发客户，就会发现出大问题了。

房地产行业的所有新项目，其税率都是 9%，收入下降约 8%，扣除停征营业税 5%的因素，依然吃亏。如果建安成本不能大幅度下降的话，房地产行业显然是无法支撑的，房地产客户一旦无法支撑，建安又如何能独善其身呢？

对房地产开发商来说，他们收入下降 8%，营业税节约 5%，合计亏损达房价的 3%。

简易计税下，施工企业增值税征收率 3%，说明建安成本只下降了不到 2.9%，而建安成本只是房价的一部分，所以，建安成本只降 2.9%，对于开发商的利润来说显然是杯水车薪。

如果建安公司为确保自己的利益从而无视客户的利益，是不现实的。因为增值税与营业税不同，上下游共存于同一根抵扣链上，简易计税会从整体上压缩抵扣链上各企业的利润。正如本章后面将阐释的，简易计税是一个吃亏的选择。

所以这里先把结论提前引出来：当自己的客户一般计税时，简易计税肯定是吃亏的。

从价税分离的角度看问题，增值税与营业税有着完全不同的概念。所以，我们必须对“销项税金”“进项税金”进行全新认识。

1.3 重新认识销项与进项

增值税一般计税模式下，建筑业税率为 9%，同时可以抵扣进项。实际纳税额=销项税金-进项税金。

从外观上看，销项税金越高，纳税越多；进项税金越高，纳税越少。所以，缺乏财务基础知识的人员，往往会形成这样的观念：销项是缴的，进项是抵的，销项越少越好、进项越多越好。

这种观念大错特错，它完全没有理解到增值税的本质。所以南辕北辙，离真相会越来越远。

销项税金与进项税金都是挂在“应交税费”上的往来金额，与“其他应付款”本质上是完全一样的。

但是，销项税金是我们向客户收取的，是现金的流入；而进项税金是我们向供应商支付的，是现金的流出。哪个越高越好？哪个越低越好？

价税分离情况下，价是价，税是税。

销项税金是销售时从客户那里收取的增值税金，从会计角度理解，它是代收的款项。增值税的纳税人实际上是客户，我们销售时，除收取自己的收入之外，还替政府收取销项税金。

所以，在销售过程中，销项税金体现为对价格的冲减，在含税价一定的情况下，销项税金导致的结果是“降价”。

反之，进项税金体现的，则是对成本费用的冲减。

进项税金对于企业的意义，并不是可以抵扣增值税，而是可以导致成本、费用的下降。

比如，采购一批钢材 1 000 万元，营业税时期，其成本是 1 000 万元。营改增后，价税分离，1 000 万元中有 115 万元的进项税金，所以，其成本只有 885 万元。如果这 115 万元的进项税金得到抵扣，其后果就是：钢材成本下降 115 万元，仅有 885 万元；如果这 115 万元的进项税金因种种原因没有得以抵扣，则这批钢材成本无法下降，其成本依然是 1 000 万元。

营改增实施后，会计必须首先建立这样的增值税思维。不去看要交多少增值税、要抵多少增值税，而是看受销项与进项的影响后，收入与成本是否会因此而下降，下降多少。

在非专业人员眼中，进项税金是用来抵减销项税金的；专业人员必须要具备专业的观点，进项税金是用来抵减成本的！

有没有表 1.1 中这样的新思维，直接体现出大家对待增值税的方法是正确还是错误。

表 1.1　增值税思维新认识

销项税金	是对收入的抵减	销项导致收入下降
进项税金	是对成本的抵减	进项导致成本下降

下面举一个例子大家感受一下，错误的增值税认识之下，会产生多么荒谬的筹划风险。

1.4 荒谬的筹划

实施增值税管理后，公路货运业受到的冲击是最大的。

公路货运业与建筑业非常相似。原公路货运业的营业税税率为3%，目前税率为9%。所以公路货运业的第一大压力是收入下降幅度太大。9%的税率导致收入下降 8%，此计算公式为：9%÷（1+9%）=8.2%，约等于8%。即以前1 000万元的收入，现在只有917万元了，而停征的营业税仅有30万元。

显然，解决货运业压力的是降低成本。由于改征增值税，通过抵扣进项税金，可以导致成本也同步下降。

公路货运业的成本主要包括汽车、油料、路桥、司机工资、罚款等，其中路桥因为大多数为老路，适用简易计税，征收率仅3%或5%，成本下降有限；工资、罚款成本则因为没有进项税金而无法下降。

货运重要成本是汽车，但现实中的货运企业往往采取“轻资产”模式，汽车通过个人挂靠方式取得，所以汽车的进项也难以取足，成本难以下降。当然就算重资产模式，试点前采购的大量汽车成本也降不下来。

实际上对于货运企业来说，仅有“油料”的进项能够得到充分的抵扣。因为售油企业的增值税管理很完善，油料的进项基本上应得可以尽得。所以，油料成本可以合理下降。

综上所述，虽然我们不从事这一行业，但掌握了增值税知识，就知道了这个行业经营将非常困难。那就是：收入大幅度下降的同时，除油料外，其他成本难以下降，所以利润空间受到了压迫，不涨价、不进行税务合理筹划的话，企业亏损几乎不可避免。

而汽车货运业竞争散乱，涨价的目的很难实现，如果大家不一起涨价的话，谁涨谁先死。

那么，实务中，货运企业又是如何进行应对的？

“买油！”

对，就是买油。通过大量采购油料，从而取得13%的进项发票，用

以抵扣进项。这就是运输业老板们的如意算盘：见子打子。

9%的销项不是太高了吗？多买点油、多取得油的增值税专用发票，不就多一些进项了吗，一抵扣不就解决问题了吗？

这样行吗？你能够看出这种解决问题方法的荒谬性吗？

实际上，如果前面所讲内容你看懂了，荒谬性也就看懂了。没有看懂也没有关系，接下来就是要帮你理解这个问题。

作为专业人员，只要具备前述的增值税思维，就算对运输行业不熟，也会知道，这样的处理是非常荒谬的。

运输企业的困难并不是销项多、进项少导致的——考虑增值税是没有意义的。

运输业的困难是，在运费下降之后，除油料外其他成本难以同步下降，从而陷入亏损中。

多买油就能降低成本吗？显然不行，买买买与成本下降是两回事，方向一错，整体就错了。这种缘木求鱼的做法不但解决不了问题，还会导致新的问题。

“但是”，可能有人会说：“实际中，却真能解决问题呀！”

申报纳税时，销项高、进项也不少，因为有进项可抵，所以交的增值税并不比营业税时多，管理者会感觉：“税负还是可以接受的嘛。”

问题是，买那么多油用得完吗？资金积压的问题如何解决？用不完的油存在哪里呢？

用油卡就可以解决存油的问题，一抽屉可以存很多！

至于油卡太多了怎么办，可以用油卡去支付司机的工资啊，可以抵运费、工资、租金等支出。一方面抵扣了油的进项，另一方面又解决了油的出路问题，第三方面还解决了资金积压的问题，不完美吗？

且慢，用油料抵运费、抵工资、抵租金，这一行为就是“有偿转让油料所有权”，按《增值税暂行条例》及其实施细则的规定，就是典型的卖油行为，这是要征 17%、16%、13%销项税的！如果没有申报，还会有补税、滞纳金、罚款的后果！

用油抵债实现销售，征了 13%的销项，以前取得的增值税专用发票上 13%的进项不就被抵掉了吗？油料带来的销项进项一切归零，还能解决问题吗？

所以，荒谬的做法从一开始就是荒谬的。用荒谬的做法进行所谓的筹划，往往会筹划出更大的风险和漏洞，让企业在不归路上越走越远。这类企业，税务局想放它们一马时可以放它们一马，想在什么时候查它补税关门，就可以查得它补税关门。

而我们只需要建立起正确的增值税思维，正确认识到销项与进项的实质意义，一眼就看出其荒谬性。

前面以公路货运行业为例，分析了公路货运在进行增值税管理中的问题。那么，对于建筑施工企业，又会有什么样的问题呢？

建筑业的成本主要是人、材、机。其中人力费用包括自有员工、临时工、农民工的工资，或者劳务分包的成本，其中没有或仅有少量的增值税进项税金，所以人的成本难以下降。

但材料与机械使用的成本，却有13%的增值税进项可供抵扣，从而降低成本，所以建筑业总体来看，增值税后的形势是要好于公路货运业的。

但是，某些建筑业务，比如纯劳务分包业务，其成本主要是人力成本，材料与机械成本几乎为零，这样的业务成本很难下降，那么该如何来理解和判别它的增值税税负问题呢？

1.5 例说劳务分包

举一个清包工的例子，来看看应该如何评估增值税的税负。

所谓清包，就是包工不包料。工程的材料、辅料由甲方自行采购，只将劳务部分分包给劳务分包公司。劳务分包属于建筑业，税率也是9%，收入下降幅度较大。而人力成本又无进项可抵，导致人力成本无法下降，该如何经营呢？

增值税政策已经“贴心”地给你们准备好解决的办法了。

按政策规定：“一般纳税人提供清包工程，可以选择按3%简易计税”。相当于给予了一个退回到营业税时代的特殊政策，并且还比营业税划算。

那么，一个提供纯劳务分包的建筑业一般纳税人，在工程中选择3%简易计税，是否划算呢？

【案例】某纯劳务建筑分包工程，营改增前的价格为 1 000 万元，缴纳

30 万元营业税后，分包方工资社保、其他费用为 880 万元，利润 90 万元。营改增后，工程甲乙双方都是一般纳税人，该工程按 3%简易计税与 9%一般计税，哪一个划算？

首先，我们计算一下该分包工程在营业税时代的收入情况。为让分析结果更清晰明确，不为细节所扰，本例暂不考虑附加税，本书后面分析工程价格时，再讲述附加税的影响。

如表 1.2 所示，简易计税方式的税率为 3%，工程缴纳营业税 30 万元，剔除营业税后收入 970 万元。此 970 万元扣除劳务公司工资社保、各项费用等支出 880 万元后，就是利润 90 万元。

表 1.2　营业税时的利润　　单位：元

收入金额	1 000万元
营业税金	30万元
成本费用	880万元
利润	90万元

增值税实施后，按普通人的理解，纯劳务公司几乎没有进项可抵扣，税率由 3%飙升到 9%，销项太大，是企业无法授受的，所以选择简易计税天经地义。正如本节前面所讲，这样只考虑税金的分析是错误的，我们先看看它错在什么地方。

如表 1.3 所示，简易计税征收率为 3%，工程缴纳增值税 1 000 万元÷1.03×3%=29 万元，不含税收入为 971 万元。减去成本费用 880 万元，相比于营业税时期，利润增加 1 万元，达到了 91 万元。

表 1.3　增值税时简易计税的利润　　单位：元

收入金额	971万元
成本费用	880万元
利润	91万元

选择简易计税，很像是回到了营业税时代，企业的利润不降反升，这让不少人认为，清包工程，必须要选择简易计税。

但是，如果我们选择一般计税的话，就会发现下这样的断言是比较鲁莽的。

如表 1.4 所示，一般计税税率为 9%，工程增值税销项=1 000 万元÷

1.09×9%=83 万元，不含税收入为 917 万元，减去成本 880 万元，利润只剩 37 万元。相比于简易计税 91 万元的利润，利润下降了 54 万元。

选择一般计税，税多交了 54 万元，利润下降了 54 万元，看起来的确非常不划算。

表 1.4　增值税时一般计税的利润　　单位：元

收入金额	917万元
成本费用	880万元
利润	37万元

但是，再看看甲方就会发现，问题完全没有这么简单。

此时首先要明白一个等式：乙方的收入=甲方的成本。

甲乙双方谁多得一分钱好处，对方就要多吃一分钱亏，这样就叫零和博弈。零和博弈下，利润像肥水一样，在双方之间波动，你多我就少，但并不会流出去。

简易计税时，劳务分包不含税收入=甲方劳务分包成本=971 万元；

一般计税时，劳务分包不含税收入=甲方劳务分包成本=917 万元。

可见，对甲方来说，其分包成本也足足下降了 54 万元。也就是说，劳务分包方的损失，原来并没有损失于税务局，而是全额损失给了甲方。

既然利益的波动不涉及税务局，肥水只在甲乙双方之间流淌，这事就好办了，因为双方可以通过合同价格的竞争与约定，来解决这一问题。

所以，增值税政策实施后的问题，实际上就是一个重新定价的问题。

以本例来说，此分包工程在营业税下价格为 1 000 万元，利润为 90 万元。要保证营改增后劳务分包企业的利润不变，即扣除分包方支付工资社保、各项费用 880 万元后，依然取得 90 万元的利润，含税总价就应该是 970 万元。

下面先看简易计税下的重新定价。

含税价格=970 万元×1.03=999 万元。即：选择简易计税，并降价至 999 万元时，乙方不含税收入=甲方成本=999 万元÷1.03=970 万元。

对分包方来说，利润依然是 90 万元，与营业税时期的利润水平持平。对甲方来说，成本却只有 970 万元了，比营业税时成本下降 30 万元，这 30 万才是真正的“红利”。这 30 万元利润实际上来自于停征的营业税。

营业税停征了，而开征的增值税又不进入损益，所以赚了，这个算法外行可以不懂，会计不能不懂。

那么，如果选择一般计税呢？

选择一般计税，同时保证分包方支付社保、各项费用 880 万元后，依然有 90 万元的利润，含税总价就要上涨得更多些。

含税价格=970 万元×1.09=1 057 万元。即：一般计税，将价格上涨至 1 057.3 万元时，不含税价格=甲方成本=1 057.3 万元÷1.09=970 万元。

不要被这么高的涨幅吓着了，因为税率为 9%，所以，1 057.3 万元的含税价下，对发包方来说，其成本依然是 970 万元，与简易计税时的成本完全一样。

对分包方来说，收入 970 万元就说明利润依然是 90 万元，与营业税时期的利润水平持平。对甲方来说，成本也只有 970 万元。可见，只要对价格进行调整，则一般计税与简易计税可以做到在损益上完全一样，并且都高于营业税时代。

顺便提示一下，一般计税后，分包方增值税交得多，导致附加也增加；甲方进项抵得多，导致相应的附加也下降，依然存在利润的流动，这样的流动也是双方之间利益的此增彼减，依然可以通过价格调整来解决。本章为简便起见，分析中暂不考虑附加因素。

那么是否说明，只要进行合理的定价，营改增后，一般计税与简易计税在损益上没有区别呢？

当然不是！

增值税实施后，只要客户是一般计税，一般计税与简易计税在利润上是有区别的。

新政后，只要是一家公司，就不可能“完全没有进项税金”，纯劳务分包是一个特殊的行业，看起来它的成本几乎全部是人工，没有进项税，但是新政后，作为一家公司却不可能完全没有进项。

房租、轿车、汽车、汽油、电、水、劳保用品、电脑、办公用品、咨询费、过路费、差旅费……一家一般纳税人公司，多多少少都会有进项税金。只要有 1 分钱进项税金，一般计税的话，就可以在前述计算基础上降 1 分钱的成本，从而多 1 分钱的利润。

就本例而言，此 1 000 万元分包工程期间，如果假设取得了 1 万元进项税金，那么成本就会额外降低 1 万元（考虑附加的话，附加还会减少 1 千元），利润就会增长 1 万元。

假定，如表 1.5 所示分包商在此 1 000 万元分包工程期间取得了 2 万元进项税金，则一般计税模式下，利润直接上升为 92 万元。也就是说，一般计税时，进项税金因为是对成本的抵减，所以直接表现为利润的上升；反过来说，如果选择简易计税，此 2 万元进项税直接“报废”进入成本，这样的损失就是货真价实的损失。

当分包方此业务对应有 2 万元进项时，其成本就降为 878 万元。

表 1.5　不同计税模式下的利润　　单位：元

	简易计税	一般计税	
含税收入	999万元	1 057万元	
不含税收入	970万元	970万元	
成本	880万元	878万元	因2万元进项而下降
利润	90万元	92万元	

可见，当甲方（客户）一般计税时，一般计税一定比简易计税划算。划算的金额就是进项税金，因为进项税金可以变成利润。

当分包方有了这额外的 2 万元利润时，它既可以享受这 2 万元的利润，也可以将此 2 万元利润作为降价的资本，以提高自己的竞争力。

2 万纯利润对应的含税金额为 2 万元×1.09=2.18 万元，即：分包方可以在前述 1 057 万元报价的基础上，再降 2.18 万元，报价为 1 055 万元。

分包方收入=甲方成本=1 055 万元÷1.09=968 万元，甲方成本比 970 万元下降了 2 万元。分包方收入虽然下降 2 万元，但自身成本也因抵扣进项下降 2 万元，利润依然是 90 万元。

选择简易计税，让劳务分包方利润不变的情况下，发包方的成本下降了，又可以找回一些利润。

纯劳务分包企业的特殊性，让许多人认为，它一定是简易计税划算。但是，就算纯劳务分包这样的企业，一般计税依然是划算的。只要开得出 9%的增值税专用发票，只要价格调整合适，相比于 3%的增值税专用发票，一定是一个双赢的结果。

劳务分包如果简易计税，还有差额纳税、全额全票之类的诱惑，但与一般计税相比，依然是吃亏的。因为不论分包方交了多少税，建筑方都可以全额抵回来，多交少交没意义。而一旦简易计税导致了进项税金报废，却是货真价实的损失。

1.6 重新认识税负

通过上节劳务分包的案例可以清楚地看到，增值税由于其价外属性，导致所谓的纳税义务人根本不是税负的承担者，交多交少无所谓。一般计税下，不应该强调“交了多少税金”，而应该强调的是“收入、成本、利润”。

那么，增值税的“税负率”又是怎么回事呢？

增值税税负率=实际缴纳的增值税÷不含税收入×100%

这就是增值税税负率的计算公式。但注意，它仅仅是一个税务机关进行纳税评估与分析的指标，并不代表真正意义上的“税负”。笔者一般将其称为“税务机关内部的税负率”。

税务机关的增值税税负率，更像是评估企业收入的“增值税贡献率”，它只能说明，某企业某纳税期每百元收入实际申报缴纳了多少税金。这个比率的意义只存在于纳税评估的指标体系之中，与纳税人的负担无关。

3.5%的税负率的本意是：100 元的不含税收入，贡献了 3.5 元的增值税收入。它只对税务局统计分析有意义。对于企业纳税人而言是没有意义的。

首先，企业纳税人实际上是在两个环节“纳税”，一是采购环节，向供应商预先支付了增值税——就是取得的增值税专用发票上的进项税金，支付给供应商，让其替自己向税务局申报。

采购钢材时，支付了 113 万元，但实际上钢材只值 100 万元，另有 13 万元是“应交税费”，就是通过供应商转付给税务局的钱。

另一个纳税环节是销售后的申报环节，向税务局交税，但可以抵掉之前通过供应商转付的那笔税金。

所以，实际上纳税人通过两大环节、多个渠道交税，这个只针对申报环节的税负，对纳税人来说没有意义。

其次，与营业税、附加税、所得税、房产税等所有其他税不同，增值税不通过“税金及附加”“管理费用”“所得税费用”等损益类科目核算，增值税通过“应交税费”科目核算，不论增值税交多少，都不由纳税人负担，不会直接影响纳税人的损益表。

税负的本意是自己负担的增值税，所以，如果我们重新认识税负，就是要重新认识到，税负是指纳税人直接“担负”了多少增值税。所谓负担，形象地说就是进入了损益。

增值税价外税的特点说明，在正常情况下，一般纳税人并不真正负担增值税。销售时，增值税金不论多少，都是由客户另行支付；采购时，增值税金实际上是一项预付的金额。所以，从原理上看，一般纳税人的增值税税负率为0。

什么时候才会真正负担增值税呢？

简单说只需要一句话：税金进入成本、费用、损失之日，才是真正负担增值税之时。

一般讲，就是进项转出和视同销售

具体讲，有五种典型的情况，才真正负担增值税。

1. 最终消费环节导致负担增值税

增值税最终消费环节最典型的就是消费者。消费者由于不是一般纳税人，不再抵扣进项，进项税金进入到产品与服务价格之中，所以，消费者最终承担了增值税。

从企业方面讲，如果一般纳税人将外购的产品与服务用作了最终的消费，比如用于职工福利、个人消费、生活消费等，此时按增值税政策的规定，进项税金不得抵扣。于是，进项转出进入对应的成本费用，此时导致承担了增值税。

可见，进项转出是最大的增值税税负承担环节。看看进项转出的典型分录：

借：成本费用

　　贷：应交税费-应交增值税（进项税额转出）

这个分录与营改增前计提营业税的分录何其相似！其后果导致了成本费用的增加，表现为利润的下降。税负进入了损益，这才算负担了增值税。

2．简易计税

对于小规模纳税人，或者一般纳税人选择简易计税时，增值税不能抵扣，进项税金进入成本，此时导致承担了增值税。

一切小规模纳税人，都因为进项不能抵扣，而实际承担了增值税。

由此可见，对建筑企业来说，简易计税并不一定是个划算的选择，因为它直接导致进项税金进入成本，从而提升了公司的成本费用，冲减了利润。

这一说法与一般人的理解大相径庭。不少老板们，还沉浸在企图通过简易计税来降税负的幻想中，谁知道，一旦简易计税，竟然先在利润上吃亏了。

笔者认为简易计税不一定吃亏，因为有特殊情况。但对于不动产建设新项目来说，简易计税一定吃亏，亏就亏在进项报废了。

3．免税

令人大吃一惊的是，免税竟然会承担增值税。

是的，从原理上讲，一般纳税人不免税就不会承担增值税。一旦免税就会承担增值税。

因为按增值税的规定，用于免税项目的进项不能抵扣，一旦免税，对应的进项就进入成本、费用，直接冲减企业利润。

“但已经免税了啊，这不就赚回来了吗？”

所以，不懂会计核算的人，连赚钱与亏钱都无法正确理解，很可能吃了亏还以为在占便宜呢。

增值税销项是向客户代收的金额，免不免与自己没有关系，但进项转出，却是利润货真价实的损失。

正因为如此，增值税政策——也只有增值税政策，才有这样的规定：享受免税的纳税人，可以放弃免税，但一经选择放弃，36 个月不能改变。

把免税放弃掉，这不是黑色幽默吗？

不是，这是实实在在的权力，因为免税是会吃亏的。

比如，A 公司销售货物，正常销售价 113 万元，销项税金 13 万元，收入 100 万元。

如果免税，销项税金为 0 元，收入为 100 万元，但进项转出导致成本上升。收入不变、成本上升，所以利润上就亏了。

如果免税，把收入直接确认为 113 万元，此时不能开增值税专用发票，客户的成本上升为 113 万元，利润下降 13 万元。而 A 公司自己虽然收入增加 16 万元，但进项转出导致成本上升，利润并没有增加到 13 万元，这不是损人大、利已少吗？客户会同意吗？

也就是说，如果没有特殊的补救政策，免税会导致税务局多收增值税，不会少收增值税。

而免税下特殊的补救政策，就是为了让免税变得货真价实，从而给予的配套。比如，农产品的免税就是非常特殊的，它一方面免税，另一方面允许采购者抵扣，以此补齐抵扣链条。如果没有这样的特殊配套，所有免税都会起到加税的效果。

4. 特殊的征税规定

增值税征税是一件非常隐蔽的事，很多时候，你以为是免税，实际上在征税；你以为没有免税，实际上并没有征税。

这里面最大的一类，就是“视同销售”。

视同销售就是说，某些行为虽然不算“销售”，但税法强制将其规定为“视同销售”。比如，把产品、服务无偿赠送他人，把自产产品用于职工福利等。

不是说所有“视同销售”都会产生税负，部分视同销售与真实的销售非常类似，并且可以开出去增值税专用发票，所以不存在税负。

但有些视同销售与真实的销售完全不同，此时税金就进成本了，所以说直接负担了增值税。

比如，公司把一套房子奖励给高管，房子固定资产清理后净值 20 万元，市场价 100 万元，这个要视同销售，应纳增值税 10 万元。因为同时涉及企业所得税的视同销售，所以，如下会计处理——会计上直接确认收入，因为确实满足收入确认条件——是最划算的处理方式。

借：应付职工薪酬-高管奖金　　109 万元
　　贷：其他业务收入　　100 万元
　　　　应交税费-应交增值税（销项税额）　　9 万元

固定资产清理与其他业务成本结转的分录略。

虽然房产的公允价格是 100 万元，确认的收入也是 100 万元，但最终高管的奖金成本却变成了 109 万元，9 万元的增值税金此时进入了损益之中。

另外，目前税法规定：贷款服务不能抵扣进项。意思就是接受贷款服务会承担增值税。实际上无异于对贷款服务直接征税，企业支付的上述进项，直接转入成本、费用之中。

再如，出口退税时，按退税流程规定，（征税率-退税率）×离岸价之积，要作进项转出。所以，一旦征税率高于退税率，出口就被征了税。对于不懂增值税的人来说，认为出口退税是优惠，对于懂增值税的人而言，这简直就是明明白白征税的规定，只是这个征税规定在《增值税暂行条例》上没有依据，法理上存在瑕疵。

5．非正常损失

增值税所谓的非正常损失，有着严格的定义（详见第 6 章第 3 节），因为非正常损失的进项要做进项转出，税金也进入损失。所以，实际上对非正常损失是征了税的。

比如，一批价值 10 万元的材料被盗，其已抵扣的进项 1.6 万元，就必须作进项转出。

借：营业税支出	11.6 万元	
贷：原材料		10 万元
应交税费-应交增值税（进项税额转出）		1.6 万元

可见，此时税金进入了损益。

以上笔者列举了五个大类，这五类才算是“真正负担了增值税”，其会计核算上的表现就是进项税金或销项税金进入了成本、列入了损益。

好在这一点对于会计人员来说是比较容易看懂的，凡是增值税导致成本、费用、损失增加，那么就负担了增值税。反而是向税务机关申报的行为，并不会负担增值税。

读本书的会计人员必须要首先建立起利润的意识，清除掉对增值税多交、少交的错误意识，这样才能算真正理解增值税。

1.7 甲供是否划算

甲供业务是指全部或部分材料、辅料、动力等由甲方自行购买，并计入项目成本之中，只对其余部分交由施工企业承包。

甲供的主要目的在于控制材料的质量与价格，但甲供无疑会加大甲方在资金上、管理上、技术上、成本上的压力。

营改增之前，甲供在理论上有一点点降低营业税税负的作用，但效果并不明显。

一个总价 1 000 万元的项目，如果其中有 400 万元材料改由甲方自行采购，则出包工程的总价为 600 万元。但是，按《营业税》政策的规定，此 400 万元的材料款，施工方也要缴纳营业税，即营业税纳税额依然是 1 000 万×3%=30 万元。

实施增值税之后，一般计税项目下，一些甲方，比如开发商、基建企业等，却希望通过“甲供”来为自己降低税负。因为这样可以抵 13%的进项，比建筑业 9%的进项高了 4 个点。

如果没有明白增值税的原理，就会掉进这个认识误区。

学习了前面的知识后就会知道，抵多少增值税并不会影响企业的利润，甲供能不能降低所谓税负，实际上是指能不能降低成本。

1 000 万的建筑工程，400 万元材料甲供，400 万元材料的不含成本是 400÷1.16=345 万元，不论这个成本计在甲方还是乙方，最终会转到甲方的不动产成本之中，既不会多，也不会少。所以，甲供减轻税负是不可能的。

甲供上甲乙争议的实质是个价格问题。1 000 万元的建筑工程，如果 400 万元材料甲供，那么计算管理费用、利润等的取费基数还是应该按含甲供材料的基数计算，不应该只按 600 万元出包。否则，开发商就相当于通过甲供降了价。

所以，在一般计税模式下，甲供与否对于税务局来说是没有影响的。不过是施工方与开发商交的增值税不同而已，但他们合计交的增值税的总额却是一样多。

关于甲供的具体处理与计算，本书第 10 章第 6 节，第 8 章第 10 节再进行讲解，此处先出结论。

结论一：一般计税模式下，甲供时，甲乙双方增值税总额没有影响，只是双方的价格竞争而已。

但是，如果是简易计税，这个情况就完全不同了。

简易计税模式下，增值税的计算与营业税的计算非常相似，但是，当施工方简易计税，甲供材料本身却不需要被再征建筑业增值税，所以甲供在简易计税下，是可以降低税负。

例如，1 000 万元的工程旧项目，双方都简易计税，则：

施工方不含税收入=1 000÷1.03=971 万元

甲方工程成本=1 000 万元

这里就会发现税负不划算的所在，增值税进入了甲方的成本。所以，甲方成本高于施工企业的收入。

如果其中 400 万元材料甲供后，若总包金额为 600 万元，则：

施工方收入=600 万元÷1.03=583 万元，施工方收入下降 388 万元，

施工方材料节约 400 万元，所以施工方利润上升 12 万元。

建设方成本=甲供料成本+建安方收入=400 万元+600 万元=1 000 万元

这就清楚了，通过甲供，施工利润上升 12 万元，甲方成本不变。所以双方总体上利润上升了，或者说可以感受为税负下降了。换一个角度看，简易计税下通过甲供，税务局的建筑业增值税少收了。

12 万元的利润好处当然不应该由一方独吞，甲乙双方可以通过价格调整，分享这一块额外的利润，至于谁多谁少，就看谁议价能力强了，总之是店大就欺客、客大就欺店，但总归是有额外的利润供双方分。

这就得到了结论二：双方简易计税的情况，选择甲供会更节税。

所以，当双方简易计税时，比如房地产老项目，就应当按甲供模式进行处理，不满足甲供条件时，应该创造条件甲供。比如，虽然实际上是乙方包工包料，但可以处理成以甲供，以甲方名义采购、付款、取得发票等，再辅以价格调整，就可以将甲供部分对应的增值税金及附加作为额外利润来分享了。

纳税筹划与节税从来就不是一个点子的问题，而需要对增值税理论有一个清晰深刻的把握。

那么有人问，当甲方适用一般计税时，施工方可不可以通过甲供+简易计税来降低税负呢？

显然，这是缘木求鱼的做法。

如果双方都一般计税，则进项都可以抵扣；如果在甲方一般计税的条件下，施工方简易计税，会导致施工方进项无法抵扣，进项一旦进入成本，就相当于被征了增值税，所以总体税收负担只会上升，不会下降。

结论三：如果甲方一般计税，施工方选择简易计税，双方利润在总体上肯定吃亏，只不过甲供比非甲供吃亏少一点点而已。总之是让税务局获得了额外的增值税收入。

1.8 进项的积压问题

因为增值税进项税金直接用于“抵税”，所以在许多不懂增值税人的眼中，进项越多越好，进项多得抵不完，就不用缴税。但是，这是吃亏的。

可抵扣的增值税是价外税，多抵、少抵都不影响损益，所以站在利润的角度看，进项税金并非越多越好。

一定要明白的是，进项税金是自己提前向供应商支付的税款，相当于提前纳税，用于以后抵扣。采购时交了多少，未来纳税时就少交多少。

当然，在城建税、教育附加税上有节约，因为向供应商支付的税金不需要交附加，但供应商却会因此多交附加，所以总体上看是平的。

而一旦花钱“买”回的进项暂时无法抵扣，就相当于把资金积压在进项税金上了。进项税金留抵在会计上体现为“应交税费-应交增值税”的借方余额，作为流动资产列报，却是毫无用处的资产，所以是一项浪费。

如果只是偶有进项抵不完，或者因为大宗采购导致的进项一时积压，倒也没有关系，一般来说随着业务的开展，会迅速被抵完。但是，如果业务本身导致进项无法被及时抵扣，则会越积越多，就麻烦了。

比如，BT 模式下，企业自己垫资提供建筑业服务，随着工程的进行，会支付大量的进项税金，但 BT 项目只有在最终移交时才收回工程款，实现增值税销项，而这一周期可能长达数年。这样 BT 项目在移交前，

就会形成进项税金的大量积压。

融入的资金积压在进项上，相当于无息借给了税务机关，当然是吃亏的事。

又如，专业安装公司，如果设备价值占比高，安装费比例低，就会发现问题。设备 13%的进项，安装费 9%的销项，导致每单业务的进项都难以抵完。每一单安装业务都会积压进项，进项也会越积越高。

再如，融资租赁业务下，融资租赁公司按施工企业要求，购入大型工程机械，转租给施工企业。此时，融资租赁公司会一次性支付并取得工程机械的进项，但其销项却是按月实现，短期内根本抵不完。一单一单都如此滚动，融资租赁业务根本就无法开展了。

以上几个例子，就是进项积压带来的问题，这些问题甚至是致命的。

如何解决呢？解决之道就是——拼命找销项！

如果不明就理的话，大家会喜欢进项、厌恶销项，但实际情况刚刚相反。正常情况下的销项，是提前替税务机关收取的现金，是现金的流入，相当于是客户在为你提前支付的进项税金买单。

所以，要找销项！

比如对于 BT 业务，应该提前预计到进项积压的问题，就不能用单独的项目公司做 BT 业务，也不能将 BT 业务作为公司唯一的业务，应该多业务并进，降低 BT 业务的比重，让其他业务多出来的销项能够尽量抵掉 BT 业务的进项。

比如对于安装业务，当客户是一般纳税人时，可以考虑让其甲供设备或者处理成甲供设备，这样进项就可以直接由客户支付了。因为客户的经营特点与安装公司不同，客户可能税率高，可能有大量销项，所以客户进项积压的压力可能会远小于安装公司。

比如对于融资租赁，这基本上不太可能从其他业务找到这么多的销项，也无法甲供，可以考虑提前开租赁发票，通过计算，把设备采购取得的全部进项税金的发票一次性开给客户，提前确认销项，而客户只需要支付本期租金及票面的进项税金，这样就把进项提前转卖给了客户。必要时，可以为此给予客户一点优惠或好处。

而作为客户的施工企业，与融资租赁公司相比，其经营特点不同，一般不会出现长期、大量积压进项的压力，其销项可能会较快消化掉提前开来的进项，从而从总体上避免融资租赁公司进项积压，施工企业却在交增值税的链条上吃亏情况。

【案例】融资租赁公司为某施工企业提供融资租赁服务，购入工程机械支付 113 万元，含进项 13 万元，租期两年 24 个月按月支付，租金总额 130 万元，每月租金=130 万元÷24=5.4 万元，以上金额皆含税。

融资租赁公司支付并取得 13 万元进项，但单月租金 5.4 万元，不含税月租金=5.4 万元 ÷ 1.13=4.8 万元，单月销项=4.6 万元 × 13%=0.6 万元，进项形成了 13 万元的积压，每月销项只有 6 000 元，约 22 个月后才能把 13 万元进项抵扣干净。这就是进项积压。

融资租赁公司每一笔业务都积压的话，它就是在为税务局融资了。

怎么办呢?

经与客户协商，可以直接把全部进项税额通过增值税专用发票开出来，客户只需要支付当月租金及票面进项即可。这样相当于提前收回了部分融资租赁款，所以在利率或其他方面，应该给客户许以好处，这样才能达成一致。

开出总额 113 万元的增值税专用发票，上面税金 13 万元，当月租金 4.8 万元，所以实际收款=13 万元+4.8 万元=17.8 万元，票面多余的、没有收到钱的租金金额，是提前开具的发票金额，可以不进行会计处理。

收款的分录:

借：银行存款　　17.8 万元

　　贷：长期应收款　　17.8 万元

开票的分录，此时只处理因开票导致的销项税金:

借：应交税费-待转销项税金　　13 万元

　　贷：应交税费-应交增值税（销项税额）　　13 万元

其他分录，比如确认租赁收入，还是按月确认，此时应按现值计算，从未实现融资收益中转入。

借：未实现融资收益　　（当月利息现值）

　　贷：租赁收入　　（当月利息现值）

这样通过申报表，利用 16 万元的销项，把 16 万元进项抵掉了，解

决了积压的问题。并且提前开出的发票，既不是虚开，也没有违规提前开具，因为发票开具时间等于纳税义务发生时间，是正确的。

提前开出发票，是不是虚开？不是，因为它是提前开的发票，并不是与实际业务不符的发票。

提前开出发票，是不是违规的？不是，因为税务总局规定，增值税专用发票必须在“增值税纳税义务发生时开具”，而《营改增试点实施办法》规定，“增值税纳税义务时间……先开发票的，为开票当天”。所以，提前开出的发票当天也是纳税义务发生的当天，开票与纳税时间都在同一天，并没有违反开票时间的规定。

对于客户施工企业呢？

租入固定资产时：

借：固定资产　100万元
　　未确认融资费用　→ 差额　15万元
　　应交税费-待认证进项税额　→ 130万元÷1.13×13%　15万元
　贷：长期应付款　130万元

付款20.6万元时，按实际付款处理，财务费用、折旧等按常规处理。对于收到的提前开具的发票，只对其进项税金进行额外的处理：

借：长期应付款　17.8万元
　贷：银行存款　17.8万元
借：应交税费-应交增值税（进项税额）　13万元
　贷：应交税费-待认证进项税额　13万元
借：财务费用　（当月利息现值）
　贷：未实现融资费用　（当月利息现值）
借：工程施工-合同成本
　贷：累计折旧

随后月份不需要开票，只在已开票金额中冲销。只有当已开票金额冲销完毕后，融资租赁公司再开具余下的发票。当然，一次性把130万元发票开干净也是可以的，只要作为客户的施工企业同意支付。

从政策层面上看，政府也对解决企业进项税金积压情况持积极态度。2019年3月，财政部与税务总局发布了第39号公告，对满足条件的积压进项税金实施“退还”——这是一个形象的说法，意思就是，税务局用1元现金，换取企业1元进项税额。

按该文件规定，以2019年3月的进项留低税额为基准，未来月份的留抵进项税额减3月留抵进项税额之差，称为“增量留抵税额”。

从2019年4月起，如果连续六个月的增量留抵税额都大于零，且第六个月增量留低税额不低于50万元，则在次月可以申请退还部分留抵进项税额。

【案例】公司2019年3月留抵进项20万元，4月开始，进项留抵金额见下表:

单位：万元

月	3月	4月	5月	6月	7月	8月	9月	10月	11月	12月
进项	20	30	18	28	30	50	60	60	65	70
增量		10	-2	8	10	30	40	40	45	50

我们分析上表可知，3月基准留抵进项为20万元，5月份进项增量为负，所以计算中断，应该从6月份起算。到11月，连续六个月增量留抵进项皆为正，但是11月当月增量留抵进项只有45万元，不满足不低于50万元的条件。12月增量留抵是50万元，没有低于50万元，所以7月-12月达标，满足了退还进项税金的条件。

次月，即2020年1月，企业可以申请退还部分进项税金。

那么，可以退还多少进项税金呢？

按文件要求：允许退还的增量留抵税额=增量留抵税额×进项构成比例×60%。就是说，最多只能退还12月增量留抵中的60%。

其中的进项构成比例，指“2019年4月至申请退税前一税款所属期内已抵扣的增值税专用发票（含税控机动车销售统一发票）、海关进口增值税专用缴款书、解缴税款完税凭证注明的增值税额占同期全部已抵扣进项税额的比重。”

也就是说，在4月-12月，公司的所有留抵进项中，通过增值税专用发票、海关专用缴款书、税款完税凭证抵扣的进项税金的比例，才能用于退税。

反过来理解，凡是通过免税农产品销售发票、过路过桥费发票、火车票、飞机票电子行程单等计算抵扣的进项，以及客运业增值税电子普通发票抵扣的进项等，都不在可以退还之列。

所以财政部与税务总局规定了通过“构成比例”的方式，来大体框算出通过上述凭证抵扣的税金金额，以实施退还。

接本例：5 月，公司有从小规模纳税人处购买的一批苗木，共花费 103 万元，对方开具了增值税专用发票，税款 3 万元，按规定，公司实际可以抵扣增值税进项税金=103 万元×9%=9.27 万元。

但是，在计算进项构成比例时，只能用票面注明的 3 万元作为分子来计算。在财政部和税务总局看来，超过部分的 6.27 万元增值税，税务局并没有征，本身就是一项补贴行为，自然也就不应该退。

接本例：假定经计算，4 月-12 月，公司抵扣的进项税中，增值税专用发票（含税控机动车销售统一发票）、海关进口增值税专用缴款书、解缴税款完税凭证上注明的金额是 60 万元，那么：

进项构成比例=60 万元÷70 万元=85.7%

所以，可申请退还金额=50 万元×85.7%×60%=25.7 万元

需要注意的是，按财税【2019】39 号文规定，满足条件的企业，可以申请退还该进项税金，并没有直接规定可以退还该进项税金，所以，应该向税务机关申请，由税务机关决定能否退还。

如果税务局认为可以退，就必须在 10 天内通知企业可以退；如果税务局认为不能退，也必须在 10 天内给企业一个不能退的理由。退与不退，都要限时向纳税人出具《税务事项通知书》。

麻烦的是，如果税务局既不能认为可以退，又不能认为不能退，就可以不向企业出具《税务事项通知书》了，直至何时认为可以退、或者认为不可以退了，再出具《税务事项通知书》通知纳税人。这期间的时间限制由各省税务局自己定。

所以，如果申请退税后石沉大海，则说明处于不能确认状态，企业只有等待，纳税上该怎么计税，就怎么计税。

未来如果税务机关同意退税，可能已是几月之后了，公司的留抵进项税额已经有了变化，其最终可退税的金额，以《税务事项通知书》上核准的金额为准。

需要注意的是，按财政部国家税务总局 2019 年 39 号公告的规定，留抵税额退还，还有其他必须满足的条件：

纳税信用等级为 A 级或者 B 级；

申请退税前 36 个月未发生骗取留抵退税、出口退税或虚开增值税专用发票情形的；

申请退税前 36 个月未因偷税被税务机关处罚两次及以上的；

自 2019 年 4 月 1 日起未享受即征即退、先征后返（退）政策的。

以上四点是硬性要求，没有什么道理可讲。因为退还留抵税额，并不是税法规定的一项法定政策，而是税务机关用现金换进项税金的一个“交易”，所以就必须要满足他们所提的条件。

按上例：如果 2020 年 1 月，经税务机关核准的可退还留抵进项为 25.7 万元，则，公司应在申报表上冲减 25.7 万元留抵进项，会计处理为：

借：其他应收款-税务局退税　　25.7 万元
　　贷：应交税费-应交增值税（进项转出）　　25.7 万元
借：银行存款　　25.7 万元
　　贷：其他应收款-税务局退税　　25.7 万元

从这个分录可以看出，这是一个典型还债的分录，并不影响公司的损益，只影响现金流。所以，增值税增量留抵退税，并不是一项减免或补贴，只是进项税金的提前变现而已。

完成此笔增量留抵税额退税后，未来还可以继续进行退税的操作。退还条件也是一样的，与 2019 年 3 月留抵进项相比，6 个月连续增量为正，且最后一个月不低于 50 万元。也就是说，这种退税的申请，最快可以以六个月为周期循环进行。

最后思考一个问题：税务局用 1 元现金换企业 1 元进项税金，划不划算呢？

你首先就得知道，1 元钱的增值税进项税金值多少钱。

如前所述，增值税进项税金可以抵减成本费用，1 元进项可以抵减 1 元成本、从而增加 1 元利润。看起来 1 元进项税金值 1 元。

但是，由于 1 元进项税金可以抵减 1 元应纳税额，虽然不影响利润，但却可以因此少交 0.12 元的城建和教附，再增加 0.12 元的利润。

结论就是：1 元进项税金价值 1.12 元，如果税务局用 1 元钱来买，不考虑资金时间价值的话，显然税务局赚了，企业亏了。

所以，它必须要打补丁：留抵进项退税的金额，同时抵减缴纳城建教附的计税金额，这才能实打实为企业解决进项积压的问题。

2018 年，对几个特殊行业就已经开展了留抵税款的政策，这个补丁 2018 年就已经打了。财税【2018】80 号文规定：对实行增值税期末留抵退税的纳税人，允许其从城市维护建设税、教育费附加和地方教育附加的计税（征）依据中扣除退还的增值税税额。

这个文件同样适用于 2019 年全行业的增量留抵进项税额退税。

1.9 建筑业的影响

建立起基本的增值税思维后，建筑业增值税会计才能从总体上把握增值税实施后的方向。

建筑业实施增值税后真正重要的工作在于“价格”二字。首先必须要完成的就是重定价问题。与甲方重定价，与供应商重定价，在此基础之上，形成工程的增值税价格体系。

增值税实施后，建安企业由缴纳 3%的营业税变为缴纳 9%的增值税，这意味着工程造价下降了 8%。原来 100 万元的建安收入，现在为 91.7 万元了。对建安企业来说收入下降了 8%，对房地产、基建客户来说工程成本下降了 8%。

另一个方面，由于营业税的停征，建筑工程的成本下降了 3%。由于进项税金可以抵扣，建筑成本同时有所下降，但下降的幅度不确定，它取决于我们取得多少进项税发票。

同时，客户成本的下降也为建筑工程的重新议价留出了空间。

收入与成本双双下降，将对利润产生影响。

在一般计税模式之下，其变数主要集中在以下三个方面。

其一，合规的进项发票获得情况。基本是进项获得越多则成本下降越多，企业利润越高。

其二，收入的价格调整。增值税实施后必然要建立起增值税下的价格体系，它肯定不同于营业税时代的价格，关键是价格该如何调整？

一般而言，实施增值税后，由于可以开出9%的增值税专用发票，降低客户的成本，为涨价留出了空间，涨多少呢？这不是财务部门单方面所能解决的问题，是一个财务与业务结合解决的问题。财务的重要工作是提供数据和计算方法，以指导新价格的形成。

其三，成本的调整。由于对增值税专用发票的需求，对供应商提出了要求。一些不开票、不纳税的供应商，不得不规范经营、开票纳税，这有可能导致价格的上升；同时，部分特殊的产品，比如商品混凝土，也可能导致价格的下降。这是另一个需要形成新价格体系的地方。

以上三点将直接影响建筑企业的利润走向。建安企业税务会计必须要一改以往只重视纳税额的态度，从利润角度来思考增值税。

对利润影响的“变数”，来自于成本、收入、计税方式的选择。这要求大家必须要关注供应商、客户的纳税特点，核心是供应商与客户的增值税计税方法，一般计税与简易计税有着非常大的成本与收入差异。

如前所述，建筑纯劳务分包商选择一般计税，是全额9%计税，如果选择简易计税，则是差额的3%计税，不同的选择之下，分包金额差异巨大，巨大的差额必须要通过“重定价”来调整，以维持双方所追求的利润目标。

当然，增值税的实施还会在其他许多方面对建筑业产生影响，但增值税带来的最核心的影响就在于建筑业的利润计算和控制上会发生较大变化。

影响利润的第一个方面就是成本，所以下面笔者从供应商说起。

第 2 章　从砂石场到搅拌站

增值税对成本、收入的影响，在于进项抵扣，而抵扣环环相扣，把所有上下游产业都串在一起，形成了一个树状的链条，这个链条在增值税理论上有一个名称：抵扣链条。

2.1 抵扣链条

上游企业所计的增值税销项，构成了下游企业所抵的增值税进项，这样增值税既不进入收入，也不进入成本，完全游离于价格外，实现了价格税分离，击鼓传花般地传下去，直到抵扣链条终止，这个终止的人才真正为增值税“买单”。

只要企业处于抵扣链条之上，就能够把增值税负担直接避开。所以，为了降低成本，不仅要求企业自身选择一般计税，实现价税分离，还需要企业的供应商、企业的客户都选择一般计税，并在实际操作中只有正确处理增值税专用发票才能不承担增值税负担。

需要注意的是，抵扣链条这一概念，只是一个税务理论的概念，并非一个法定的概念，在具体的涉税操作中，进项抵扣与否，还必须从法定的政策规则上进行判断。

比如，当一个环节享受增值税免税、适用增值税一般计税，或者将所购的产品或服务用于职工福利、用于个人消费，该环节就属于抵扣链条的最终环节，进项不能抵扣。之所以如此，是因为《增值税暂行条例》或《营改增试点实施办法》对此进行了明确的规定：用于免税、简易计税、职工福利、个人消费的进项，不能抵扣。

2.2 商品混凝土

商品混凝土是非常特殊的一类资源产品，其特殊性表现在增值税政策上。

商混搅拌站作为传统增值税企业，一直在缴纳增值税。但是，由于其产品主要为建筑业服务，而营改增之前建筑业的进项税金一律计入成本，所以，税收政策为商品混凝土生产商制定了简易计税的政策，具体概括表述如下：**商品混凝土生产企业自产的商品混凝土，可以选择按3%简易计税，不抵扣进项，可以开增值税专用发票，一经选定36个月不变。**

这个政策自开始执行以来，搅拌站销售商品混凝土就全部选择了简易计税。简易计税导致其涉税管理工作非常简单，也不用处理复杂的增值税专用发票。

增值税实施后，下游基建客户可以抵扣进项，导致产业链的成本构成发生极大变化，如何形成商品混凝土价格呢？

下面首先通过一个案例来计算一下实施增值税为商品混凝土带来的成本与收入变化。

【案例】营改增前，一批商砼的价格为1 000万元，搅拌站采取3%简易计税。同样的这批产品，营改增后的价格与成本变化如何？

搅拌站应纳增值税=1 000万元÷（1+3%）×3%=29.1万元。

搅拌站收入=1 000万元÷（1+3%）=970.9万元。

建筑客户的商砼成本=1 000万元。

以上就是营改增前商砼生产者的收入和购买者的成本。可以看到，建筑业客户的成本高于搅拌站的收入，当然搅拌站不交营业税，这个差额是其交纳的增值税。

增值税实施后会带来什么变化呢？

首先，如果搅拌站继续选择3%简易计税。此时，对于搅拌站而言，其纳税情况没有变化，但建筑商因为可以抵扣进项，所以会要求提供增值税专用发票，从而导致建筑商的成本因抵扣进项而下降。

搅拌站应纳增值税=1 000 万元÷（1+3%）×3%=29.1 万元。

搅拌站收入=1 000 万元÷（1+3%）=970.9 万元。

建筑客户的商砼成本=970.9 万元。

可见，搅拌站的收入情况没有变化，但建筑客户的成本有所下降，下降了 29.1 万元。这仿佛是营改增红利，但这并不是真正的营改增红利。

真正的营改增红利，要求生产商品混凝土的搅拌站不选择简单计税，而是进行一般计税，以此求得抵扣链条上的增值税全部从价格与成本之中分离出来。

在本案例中，如果搅拌站采用一般计税，情况就完全不同了。

搅拌站应纳增值税=1 000 万元÷（1+13%）×13%=126.2 万元。

搅拌站收入=1 000 万元÷（1+13%）=885 万元。

建筑客户的商砼成本=885 万元。

与一般计税相比，客户成本下降=970.9 万元−885 万元=85.9 万元。

简单比较，与简易计税相比，建筑客户的商品混凝土成本下降了 85.9 万元，当然也意味着搅拌站的收入下降了 85.9 万元。

但是，搅拌站收入下降 85.9 万元，并不意味着搅拌站利润也下降 85.9 万元，因为当适用一般计税之后，搅拌站的进项可以抵扣了，进项的抵扣可以导致其成本下降，从而形成一个增加利润的因素。

搅拌站有多少进项可以抵扣呢？

这个是不一定的，主要看归属于这 1 000 万元的商品混凝土，搅拌站可以取得多少成本费用的进项发票，它主要取决于混凝土的成本构成。

下面简单估计一下。

第一步，就是分析成本，分析搅拌站商品混凝土的成本构成。施工企业的会计往往会说自己不是搅拌站会计，怎么懂商品混凝土的成本结构呢？

营业税时代，大家的确可以这样只关注自己的一亩三分地；增值税的实施把我们与上下游企业串在了一起，所以必须要关注供应商的成本构成。自己如果不懂，就进行研究或者找公司工程技术人员共同分析。

商品混凝土的成本主要由水泥、砂石、其他配料、设备、能源、人工构成。不同的标号结构有所不同，但其中水泥、砂石的占比是最大的。

第二步，就是分析进项，分析各项成本的进项取得情况，从而分析出各成本的下降幅度。不同的成本项目，其进项的金额、进项取得的难度都是不同的。

其中，水泥取得增值税专用发票并不难。因为水泥厂营改增前一直按 17%、16%、13%缴纳增值税，并没有所谓“简易计税”的选择权。而砂石的增值税专用发票取得相对困难，或者只能取得 3%的增值税专用发票，或者甚至无法取得发票，有些边远地方甚至连发票都收不到。

除此之外，其他的配料、设备、能源等，取得进项税发票也不难。所以，搅拌站实际上是可以取得较为丰富的进项税发票的，而只要它取得了 1 元的进项税发票，其成本就可以下降 1 元，考虑到城建税与教育费附加，其成本可以下降 1.1 元。

我们假定，归属于这 1 000 万元的商品混凝土，搅拌站的水泥、配料、设备、能源等可以取得约 80 万元的增值税进项税金，则其对应的成本可以下降 80 万元。当然，具体进项税金的金额一定是讨价还价的结果。讨价还价的内容，就是搅拌站到底是取得多少进项。建筑企业认为有 60 万，搅拌站只承认有 40 万元，最后达成一致，50 万元。

基于这个假定，就可以对其在一般计税下的盈利情况进行估算了：

对于 1 000 万元的混凝土，当搅拌站适用简易计税时，其实际收入为 1 000 万元÷1.03=971 万元。

搅拌站如果适用一般计税，则可以通过进项抵扣 50 万元，获得成本的下降，导致利润上升 50 万元。所以，一般计税后，如果保证搅拌站不含税收入不低于 971 万元−50 万元=921 万元，则相比于简易计税，搅拌站就只赚不赔了。

搞清楚了这一点，就知道，一般计税时，含税价=921 万元×（1+13%）=1 041 万元。

相比于简易计税的 1 000 万元，仅需要涨价到 1 041 万元，就可以保证搅拌站的利润只增不减。考虑到在讨价还价时，搅拌站一定会对可以取得的进项税金打埋伏，所以，它的成本应该下降不止 50 万元，从而也

可以分享部分营改增红利。

反观建筑公司，混凝土的成本显著下降了。

1 041 万元混凝土抵扣进项后，不含税成本为 1 041 万元÷1.13=921 万元，相比于简易计税的 971 万元，不含成本下降了 50 万元！

这 50 万元，正是因为一般计税而盘活的搅拌站进项税金。

下表为简易计税与一般计税的对比表，可以看到，通过一般计税和进项抵扣，搅拌站利润不降反升的情况下，建筑商成本得到一定幅度的下降。

	搅拌站收入	搅拌站额外成本下降	建筑商成本
搅拌站简易计税	971万元	0	971万元
搅拌站一般计税	921万元	≥50	921万元

这才是进入增值税环境后最佳处理。上述计算思路没有考虑城建与教附，一般计税后，搅拌站多交增值税会导致城建税、教育附加税多交，而建筑商由于多抵扣少交增值税，会导致城建税、教育附加税少交。双方利益依然是此增彼减，肥水并不会流到税局的田里。如果考虑城建税、教育附加税因素，价格还应该进一步调整。

对于此批混凝土，一般计税后，搅拌站交增值税=921 万元×13%-50 万=70 万元。相比于简易计税的 29 万元，多交 41 万元，对应多交的城建税、教育附加税约 5 万元，这 5 万元的城建税教育附加税让建筑商得到了节约。

所以，不含税价应该再涨 5 万元，达到 926 万元，含税价为 1 046 万元，可以基本平衡双方的利益。

实际上，城建、教附是价内税，本身构成价格，上涨 5 万元只是大致的框算结果，对搅拌站有利。如果要计算比较准确的金额早非常复杂，并且对最终结果影响也不大，由于议价仅是测算，所以不必太精确。

精确计算的话，基于附加因素导致的涨价金额为：

[（不含税价×增值税税率×附加率）-进项×增值税税率-简易计税的附加]÷（1-增值税税率×附加率）

本例按上式计算，不含税价为 921 万元，计算结果为 4.88 万元，与上面估算的 5 万元基本没有差异。

所以，增值税下，搅拌站与建筑商应该在一般计税的前提下，坐下来商谈价格，以求得利益上的双赢。

如果不懂得增值税对收入、成本、利润的影响，只是把眼睛死死盯住税金，甚至还容易误入歧途。

讲一个营改增初期，建筑公司与搅拌站之间对错误筹划，就是眼里只有增值税、没有利润、没有涉税风险的典型案例。

刚刚营改增时，一些建筑业看到了取得增值税专用发票对自己的好处，于是希望获得 17%的增值税专用发票。但搅拌站却依然对简易计税抱残守缺，生怕开出 17%的发票自己税交多了。

于是，双方商定：搅拌站要求水泥厂直接把水泥的增值税专用发票开给建筑公司，由水泥厂与建筑公司间补一个采购协议，当时的税率是 17%，也算一大笔进项税金了。除水泥外其他的金额，再由搅拌站开 3%的“混凝土加工费”增值税专用发票。

虽然不是全额 17%，但相比于全额 3%，进项也是多了好多，足以令他们弹冠相庆：“这样做很划算”。

这种“筹划”相当于把搅拌站销售混凝土，变成了委托搅拌站加工混凝土，这样做真的靠谱么？

当然不靠谱！

搅拌站能够按 3%简易计税，必须是“销售自产的商品混凝土”，而不是提混凝土供加工服务。这种情况下，如果双方按加工处理，签订加工协议，搅拌站将按加工货物纳税，不能适用简易计税，其税率必须是 17%（现在是 13%）！所以，其适用税率错了。

看看当时的政策：

《财政部国家税务总局关于部分货物适用增值税低税率和简易办法征收增值税政策的通知》（财税【2009】9 号）

一般纳税人销售自产的下列货物，可选择按照简易办法依照 3%征收率计算缴纳增值税：

商品混凝土（仅限于以水泥为原料生产的水泥混凝土）。

错归错，这样做的后果与风险又如何呢？

仔细分析，对于建筑公司来说，如果处理得当，风险实际上并不是太大。

如果建筑公司被税务机关查到，税务稽查并不能直接认定这张发票有问题，甚至无法直接认定上面的3%征收率有问题，因为它必须首先去查搅拌站，证明搅拌站是一般纳税人、必须适用一般计税等，如果没有对搅拌站的处理结论，对建筑公司的《税务处理决定书》上，无法认定发票税率开错。

于是就要查搅拌站，或者税务稽查首先查到的就是搅拌站，这一查，搅拌站自然就出事——适用税率错误。

但要注意，适用税率错误不说明增值税专用发票是虚开的，而是按错误的适用税率计价、纳税并开出了发票，所以并没有虚开发票的风险，或者说发票本身并不违规。

搅拌站被查后，就有两个一后果，一个是补税、滞纳金、罚款，这一点适用《征管法》第 64 条；另一个就是将因此开错的发票收回、红冲，重新开正确的发票，将整个业务纠正过来。

这样，建筑公司退回原发票（或者开提供证明，证明自己红冲该发票及其进项税金），重新取得 17%的发票。咦，竟然赚了！

这个错误的“筹划”很像是建筑公司忽悠了搅拌站，或者说歪打正着地“忽悠”了搅拌站。

纳税筹划是一件专业的工作，其设计、实施到后果的应对上，都必须要慎之又慎，如果没有真正把握增值税政策与增值税的原理，是不可能完成正确纳税筹划的。

2.3　砂石如何计价

建筑用的砂石是非常特殊的一类资源产品，其特殊性主要表现在税收政策与经营实际两个方面。

在税收政策上，增值税实施之前，销售自产建筑用砂石，可以选择3%简易计税，一经选定 36 个月之内不得改变。当然也可以不选择简易计税。

正如本书第一章所述，增值税实施后，建筑业与房地产开发企业缴纳增值税需要抵扣进项，此时按 13%一般计税，比按 3%简易计税，总体上要划算一些。

但是，广大砂石企业或个体户内部管理、核算水平较弱，难以承受企业所得税的查账征收，而一般计税的要求之一就是会计核算健全。当前，它们往往希望核定征收，所以，也就倾向于增值税简易计税，以规避会计核算健全的压力。所以，在实操中，取得13%的自产砂石增值税专用发票，对于建筑商来说还是非常困难的。

自产建筑用砂石可以选择3%简易计税，但如果是非自产的砂石，则必须适用13%的税率。一些建筑业会计会犯难，如果对方开出3%的增值税专用发票后，怎么知道对方是不是自产呢？有些供应商既有自产砂石，也有外购砂石，又该如何区分呢？

不需要区分，你也无法区分、相关约定写进合同，对方非自产责任由对方承担。

从经营实际上讲，砂石供应商非常复杂，有规范的砂石场，有不规范的砂石场。对于路桥公司来说，一条数百上千千米的路，必须就地取材，从不同的砂石场采购砂石，面对的税收环境、发票、价格可能参差不齐。在有些偏远的地区，根本不可能取得增值税专用发票，甚至连发票也无法取得。

所以，建筑商面临的不仅仅是13%的增值税率问题，也不仅仅是3%的增值税专用发票问题，甚至是能不能取得发票的问题，砂石成本下降的幅度远不如混凝土。

对会计人员而言，如果无法取得增值税专用发票，其后果就是，砂石的成本会上升。如果能够取得13%的增值税专用发票，砂石的成本最低，3%的增值税专用发票次之，如果不能取得增值税专用发票，则砂石的成本最高。因为你还有随之而来的所得税损失与纳税遵从成本。

但以上只考虑了增值税的因素。一般而言，如果对方不提供发票，其价格往往低于提供发票的价格，所以，当无法取得增值税专用发票时，应将其理解为一项成本的变化，从这个意义上讲，没有必要以对方的名义去税务机关代开3%的增值税专用发票，因为不付这个增值税金，与既付出又抵扣这个增值税金是一回事，谈好的不含税成本并不受影响。

但是，在企业所得税上，砂石没有发票，有被税务机关质疑成本的风险。此问题涉及企业所得税与以票控税的深层次问题，此处不做深入与展开。对于确实无法取得发票，以及无法代开发票的砂石等成本，就其风险与注意事项说明以下几点：

第一，从税法层面讲，“因为没有发票不能扣除砂石成本”是没有法律依据的。税务稽查可以以砂石采购开支不是真实的、砂石采购开支的金额不合理、此砂石与建筑收入没有直接关系等法定原因，不准无票砂石在税前扣除，但不能仅仅以“没有发票而不准在税前扣除”作为依据。

第二，没有取得发票的行为，属于违法行为。对于没有取得发票的情况，如果税务未来能够证明以下两点，则有被罚款的风险。①企业与对方串通不收发票；②因为此不收发票的行为，导致对方少缴税。以上两点必须要有证据证明，可以被处罚款，罚款金额为对方少缴税金额 1 倍以下。如果无法证明以上两点，未取得发票虽然违法，但不应被罚款。

第三，缺失发票，相当于缺失了一项重要的砂石开支证据，从而将导致税务稽查怀疑砂石采购的真实性、金额合理性。所以，税前扣除只能依据其他的证据资料，包括：支付凭证、合同、造价、砂石的运输与管理等资料，而这些资料也缺失或证明力不足，税务是有权不准扣除的，或者按自己认定的金额扣除，这个权力是有的。如果所涉缺票金额太大，企业与税务稽查都无法确定材料的用量，则企业所得税应该核定征收。

所以，越是缺失发票的支出，越要把其他证据做好。若既缺失发票，又通过现金支付，对于砂石的运输没有核算，对砂石的入库、出库、使用情况没有核算，则砂石的所得税扣除风险就更大了。

现实中，大多数建筑企业的以上证据是不足的。尤其是挂靠、合作的项目，会计几乎无法取得除发票之外的关于支出真实性、合理性的证明，这是企业所得税上的难题。

第四，以上三点是基于当前税制与税法的结论。但是，在实操中，以票控税的思想在税务征管上根深蒂固，可能导致税务人员直接粗暴地以发票金额扣除，此时会让企业与税务机关形成争议，如果企业不会争议、不敢争议，则合理的权益将可能得不到保护。

第五，企业所得税上缺失发票的问题，只会在税务稽查环节中被发现。

另外说明，以上五点既适用于砂石开支，也适用于一切成本与费用开支的缺票问题。

缺票的砂石，在增值税上理解为成本与价格的问题，实际上是采购活动中与供应商的议价问题。一般来说，如果你愿意出足够高的价格，增值税专用发票是可以取得的。关键是自己看看划算不划算。

2.4 劳务用工成本

建筑业的成本概括为人、材、机三项，劳动密集程度较高，人力资源是重要的成本项目。

增值税从某种意义上理解，是以产品价值中的m+V，即利润和工资计税，所以人力资源成本的进项抵扣较少甚至没有，所以增值税实施后人力成本很难下降。

建筑业用工方式比较灵活多样，一般而言通过公司雇员、劳务派遣、劳务分包三种方式实现对人力的需求。

有种观点把挂靠也理解为一种用工方式，是不正确的。挂靠是一种经营模式，只是出借自己的资质、名义、品牌、账户等的行为，不属于用工的方式。

公司的管理人员、技术人员、商务人员等，一般都是自己的雇员，他们与公司建立了劳动关系。

按增值税政策的规定，公司员工为公司提供的取得工资的服务不是增值税征收范围，所以员工拿工资不需要交增值税，也就不需要开增值税发票，公司凭工资条列支，并按工资薪金税目扣缴个人所得税。

劳务派遣用工，是指员工与劳务派遣公司建立劳动关系、签订劳动合同，然后，再由劳务派遣公司根据与建筑公司签订的劳务派遣合同，将这些员工派遣到建筑公司，由建筑公司管理并安排工作。他们的工资可以由建筑公司直接支付给个人，也可以由建筑公司支付给劳务派遣公司，再由劳务派遣公司支付给个人。劳务派遣公司从此服务中收取自己的服务费。

从法律上看，劳务派遣工不是建筑公司的员工，而是劳务派遣公司的员工，因为他们的劳动合同是与劳务派遣公司签的。但是，按《会计准则-职工薪酬》的规定，判定员工不能只看劳动合同这类法律形式，而要根据这些人员实际的工作内容与性质来判断。这些劳务派遣人员为公

司提供的服务，与员工提供的服务是类似的，都听从公司安排、受公司管理、在公司计划与控制之下工作，所以，在会计上这些人也必须纳入到公司员工的范畴之中。

同样基于增值税试点的政策的规定，这些人员取得工资，也不交增值税，也按工资薪金所得税目扣缴个人所得税。

但是与建筑公司自己的员工不同，劳务派遣员工的工资、社保、福利等开支，加上劳务派遣公司的管理费收，共同构成了建筑公司与劳务派遣公司的交易金额，所以，当劳务派遣公司收取这些薪酬加管理费时，需要交增值税，他们应该向建筑公司开具增值税发票。

【案例】例如，某建筑公司接受某劳务派遣公司的服务，派遣公司向建筑公司派遣员工100名，本月建筑公司向劳务派遣公司支付派遣费60万元，其中员工工资、社保50万元，派遣公司管理费10万元。

一般纳税人的劳务派遣公司提供派遣服务，增值税税率为6%，可以抵扣进项。考虑到劳务派遣公司的进项税金非常少，所以，政策允许其简易计税且差额纳税，即按扣除了员工工资、社保后的金额纳增值税，征收率为5%，同时不能抵扣进项。

派遣公司如果坚持一般计税，此时其进项可以抵扣，销项税金=60万元÷（1+6%）×6%=3.4 万元。并可以全额向建筑公司开具增值税专用发票，发票上劳务费为56.6万元，税金3.4万元。

建筑公司收到这张增值税专用发票后，可以抵扣进项，但不能将56.6万元全部作为“劳务费”入账。因为如前所述，这些派遣员工实质上也构成了自己的员工，所以必须对其中的工资、社保进行分离，通过“应付职工薪酬科目”进行核算。派遣工虽然是派遣公司的员工，但其实际的工作量与考核等数据都在建筑公司，所以其工资表是由建筑公司计算、制定的。

借：应付职工薪酬-工资社保	50万元	
应交税费-应交增值税（进项税金）	3.4万元	
管理费用-劳务费	6.6万元	
贷：　银行存款		60万元

同时，将应付职工薪酬的金额，按派遣工实际的工作内容分配到相关项目的成本之中或管理费用之中。

标准的纳税派遣合同下，员工的社保、个税等事宜，都应该由派遣公司去扣缴，当然，双方如果合同另有合法的约定，也可按合同处理。

此时，建筑公司的用工总成本是 56.6 万元。派遣公司的管理费收入为 6.6 万元，派遣公司如果取得有微薄的进项，比如固定资产、房租、汽车、汽油、水电等，也可以抵扣，从而导致成本费用还有一点点下降空间。

如果劳务派遣公司选择差额简易计税，则其只对自己的管理费收入，即总收入中扣减员工工资、社保的部分计税，征收率为 5%，不仅差额纳税，并且税率还低一些。但正如前文分析，由于不能抵扣进项，相对于一般计税，其成本有一定上升，因为公司或多或少都会有一些进项税金，差额纳税会将这些进项税金转入成本之中，所以差额纳税是要吃一点亏的。

由于劳务派遣公司的进项税金相对于其收入规模实在太低，故实操中更多的劳务派遣公司，倾向于选择简易差额计税。

简易计税的话，如果相关的价格不变，则劳务派遣公司应纳税额=（60-50）÷（1+5%）×5%=0.5 万元。此时，只能对差额部分开具增值税专用发票。具体操作时，可以开一张差额的增值税专用发票，被扣减金额开增值税普通发票或者不开票；或者在系统中以“差额纳税”方式直接开全额发票，但税金按差额计算。总之，对于建筑公司而言，可抵扣的增值税只有 0.5 万元。

建筑公司的会计处理与前面一致，只是金额发生了变化。

借：应付职工薪酬-工资社保　　50 万元
　　应交税费-应交增值税（进项税金）　　0.5 万元
　　管理费用-劳务费　　9.5 万元
　贷：银行存款　　60 万元

可见，当允许劳务派遣公司差额纳税后，建筑公司的用工总成本升高为 59.5 万元，比之前一般计税高了 2.9 万元；派遣公司的收入也升高为 9.5 万元，比之前一般计税高了 2.9 万元。

看起来是建筑公司吃了亏，实际上是派遣公司占了便宜。相当于派遣公司通过这一方式从建筑公司挖取了 2.9 万元的利润。

所以，站在建筑公司利润的角度来看，如果派遣公司欲采取简易计税差额纳税，那么与全额纳税一般计税相比，价格应该下降 2.9 万元×

1.05=3 万元。这样，双方的收入、成本与一般计税保持不变。但如果考虑到派遣公司多少有一点进项的话，那么一般计税的确要划算一点。

一般建筑公司会在议价时会这样约定：一般计税价格高些、简易计税价格低些，以此平衡双方的利润。总体来看，一般计税至少不会比简易计税吃亏，其收益就是劳务派遣公司仅有的那一些进项税金。

所以再强调一下，通过一般计税，盘活进项税金，可以减少成本，提高利润，通过合理定价，实现上下游双赢。

实务中，不少建筑公司把劳务派遣公司当成了“发票仓库”，如果项目上发票不够，就找劳务派遣公司开，根本不知道背后的风险。

比如，缺 1 000 万元的发票，就找劳务派遣公司开 1 000 万元的劳务发票入账，双补签派遣合同，劳务公司差额纳税，将其中的管理费做得很小，比如 10 万元。相当于建筑公司花 10 万元就取得了 1 000 万元的劳务发票。

一定要注意，在没有真实的派遣业务情况下，这是严重的违法行为，甚至涉嫌犯罪。如果 1 000 万元是增值税普通发票的话，就达到了被追究刑事责任的门槛——虚开金额超过了 40 万元。一旦税务或公安有证据证明业务不真实，就会面临极大的风险，甚至有牢狱之灾。

当然，如果这 1 000 万元开出的是增值税专用发票，也是虚开，但令人哭笑不得的是，由于差额纳税，上面所开的税金很少，仅 0.5 万元左右，反而没有达到刑事责任的红线——虚开税款 5 万元。

建议读者在发票上应该有战战兢兢、临深履薄的态度，建立起涉税内控管理系统，以防止项目上不懂税务风险的人员为所欲为。

2.5　营改增后的合同金额

增值税与营业税的最大区别就是增值税金在价格之外，所以，合同中关于金额的一切约定都必须明确，是含税金额，还是不含税金额。

最明显的例子就是，合同约定的违约赔偿款、合同奖励款等，税前与税后存在金额上的差异，约定不明确，在合同履行时，可能产生不必要的争议与损失。

例如，某合同有如下约定：“…… 甲方（建设方）违反本合同第

23 条第 1 款，应向乙方（施工方）支付赔偿金 1 万元……”

这样的约定在营业税时代没有问题，但在实施增值税后，就存在歧义的可能。即，这 1 万元的违约赔偿金是否含有增值税。

对于乙方来说，收取违约赔偿金，实质上一项施工收入的“价外费用”，此违约赔偿金有增值税纳税义务，应并入到工程款收入中缴纳增值税并开发票，所以收到 1 万元的赔偿金，其实际收入仅 1 万元÷1.09=0.9 万元。对于甲方来说，由于乙方会向其开具增值税专用发票，所以实际上形成的赔偿额仅有 0.9 万元。

但如果乙方认为赔偿款 1 万元应该是不含增值税的赔偿款，增值税是额外替税务局收到的销项，则甲方实际支付的赔偿款就应该为 1 万元×1.09=1.09 万元，乙方应开具含税合计 1.09 万元的发票。

反之，乙方向甲方支付的违约金，也同样存在争议的可能。

例如，合同约定，乙方（施工方）应向甲方（建设方）支付 1 万元赔偿款。甲方收取这 1 万元赔偿款，不构成增值税的价外费用，所以不需要交增值税和开具发票。只需要向乙方开出收据，实际的赔偿收入为 1 万元。

但是，乙方可能将此赔偿理解为对合同收入的冲减，即是一项降价、折让行为，应该通过低开发票，或者红字发票的方式来实现。这样，由于销项税金的下降，乙方赔偿的实际金额与甲方实际收到的赔偿款都为 0.9 万元。

双方业务端如果对其中的差异没有进行明确的约定，导致可能在合同履行中产生分歧。

所以，合同中约定的所有金额，都应该明确其是含税金额还是不含税金额，并且最好在不违反增值税规则与发票开具规则的前提下，同时对收据、增值税专用发票进行约定。

比如，凭收据收取，凭合法增值税专用发票收取，通过配合开具红字增值税专用发票收取，低于增值税专用发票等。

2.6 总结：增值税思维

结合以上内容，建议读者必须要摒弃营业税思维，防止营业税思维

对增值税的影响。

关于增值税思维，可以形成以下几点简单的理解：

1. 增值税是价外税，税金在价格之外，也就在收入、成本与利润之外。

2. 增值税实际上由客户缴纳，采购时支付的税金——采购方的“进项税金”；也是销售方的销项税金——这个税金是客户支付的。

3. 增值税在转入成本的时候，由企业承担，比如：进项转出，比如因未取得合规的抵扣凭证而被迫计入成本，比如没有实际取得销项税金的视同销售行为，此时销项被转入成本。

4. 在按“含税价”谈收入、造价时，增值税金只影响价格，通过对价格的影响，即对收入与成本费用的影响，间接影响利润。

所以，实施增值税后，建筑业面临的最大问题是新的价格体系的建立问题。

价税分离降低销售方收入的同时，也等额降低了采购方的成本。

当下游客户采用一般计税时，上游客户一般计税比简易计税划算，双方可以通过合理的价格，共享增值税带来的利润。

第 3 章　增值税管理下的工程造价

建筑工程的造价进入了增值税时代。

营改增之前，营业税是包含在工程造价之中的。营改增后，建筑业改征增值税，那么造价是否包含增值税呢？

3.1 混乱的工程造价

从税务的原理看，工程造价应该不再包含增值税，但是，在实操中，并不能一概而论，实施增值税后，造价变得非常混乱。由于造价是用于比较与支付的，所以其应用也将变得混乱。

所谓增值税在价格之外，实际上是指“可以抵扣的增值税在价格之外”。如果增值税本身不能被抵扣，则也必须包含在价格之内。同时，作为建设方，如果其在增值税上适用于简易计税，比如：群众、政府、小规模纳税人等作为建设业主方，则其进项就不能抵扣，此时，增值税就进入到了造价之中。

笔者前面问：“营改增后，房价是涨还是降？”

标准的回答是：“降”。

因为营业税在价内，价格含了税金，所以房价较高；增值税在价外，价格不包含税金，所以营改增后房价就低了。

但这些只针对销售方而言，比如对于开发商来说，房价的确是下降了。

而对于简易计税的购买方来说，比如：群众、政府、小规模纳税人等，由于不能抵扣进项，所以房价依然含了增值税，是涨是跌就不能一概而论了。

实施增值税管理后，施工方与建设方、招标方与投标方，都必须注意到这种不确定性的影响。

3.2 营业税下的工程造价

大体来说，建筑工程由成本、费用、税金、利润组成，其中成本主要由人、材、机三大类构成。费用主要是由管理费用、风险金等构成，税金则是营业税及其附加。

【案例】某土方工程，工程方量为 1 000，人、材、机的单价分别是 20 元、40 元、10 元。那么，这个工程造价是多少呢？

先算成本，成本=（20+40+10）×1 000=70 000 元

再算费用与利润，假定费用与利润率为 50%，则

费用、利润=70 000×50%=35 000 元

那么不含营业税及附加的金额就是 70 000+35 000=105 000 元

营业税与附加是多少呢？由于营业税在价内，而营业税对总价征税，所以，对营业税本身也是要征营业税的，这样计算就有点麻烦，需要解方程。

假定营业税率 3%，附加率 10%，则

（105 000+营业税及附加）×3%×（1+10%）=营业税及附加

解上面的方程：营业税及附加=105 000×3.41%=3 583 元

所以，项目经理往往会认为，营业税的税率为 3.41%，用成本、费用、利润等不含税金额乘以 3.41%，就可以算出营业税来。

实际上，这是当附加为 10%时，营业税及附加的一种计算过程而已。会解方程的人就知道，如果附加是 12%，则计算营业税及附加时，就需要乘以 3.48%了。

工程总造价=105 000+3 583=108 583 元

以上就是营业税下工程造价的确认流程。可见，一旦成本与取费率确定，营业税与附加是一个确定的数，那么工程总造价也就确定了。

一个经验丰富的造价人员，可以非常精确地计算出工程的正确造价。

那么，增值税下造价，还会这么精确吗？下节将进行详细讲解。

3.3 增值税下的工程造价

增值税下造价怎么算？营改增尚未正式开始的前一个月，住建部办公厅就发有一个指导性的文件，对此进行了一个大体的规范，简单讲就是：

在建筑业税率为 9%的情况下，按不含增值税的成本费用计算出不含税造价，再乘以（1+9%）即可。

当然，乘以（1+9%）说明这个造价是含增值税的造价，并且是在一般计税下的含增值税造价。

那么，如果项目适用简易计税呢？显然应该乘以 3%了。并且其据以计算的成本应该是含增值税的成本了。税率有调整，则按新税率计算。

因为增值税是价外税，所以计算起来比营业税方便。但是，此时有两个方面的问题需要会计们注意。

首先，计算造价的基础是不含税的成本费用。

其次，虽然增值税不含在造价之中，但附加却依然含在造价之中，所以方程还是要列的，并且比营业税更复杂。

计算增值税下工程造价时，必须要明确计税方式、税率与征收率。如前所述，由于简易计税的存在，不能对工程造价一律限定于含税还是不含税，并且增值税税率不同，则工程造价就不同。这一点要首先明确。

3.3.1 施工方一般计税下的工程造价

还是依前例：某土方工程，工程方量为 1 000，人、材、机的单价分别是 20 元、40 元、10 元。那么，这个工程造价是多少呢？

要计算增值税下的造价，就必须要知道不含税成本。读者不能这样认为：当材料税率为 13%时，不含增值税成本=含税成本÷（1+13%）。这样理解就过于书本化了。但是，实际上，甚至在一些文件上，也是这样套公式计算不含税成本的。

因为以上公式，实际上是在套用《增值税暂行条例》及《营改增试点实施办法》中不含税销售额的计算公式。但这一公式并不能直接用来计算不含税成本，因为对于成本而言，是否含增值税，首先取决于这个增值税能不能抵扣。

人、材、机中的增值税含量是不一样的。首先是税率，材料、设备租赁税率是13%，税率调整前采购的，还可能是16%、17%，但是，简易计税就是3%。并且，就算确定了税率或征收率，还面临一个问题，上面的进项能否抵扣？是否取得了增值税专用发票？取得的增值税专用发票是否合规？抵扣手续是否符合要求等。所以，按含税价÷（1+税率）这个公式计算出来的不含税成本，是不可靠的。

再如人工费，税率可为0，比如自有员工；税率可能为9%或3%，比如劳务分包；税率也可能为6%，比如劳务派遣，而劳务派遣的话，对方很可能适用差额纳税，则实际上征收率为差额的5%。

再如，费用中可能也会取得不少的可抵扣进项税金，但其金额显然是不确定的。

那么，增值税下，该如何来确认不含税金额呢？

不含税金额=含税金额-可抵扣的增值税进项税额

这个可抵扣的增值税进项税额，并不是一个可以通过书面定义来预估的金额。第6章将详细讲解哪些是可抵扣的税额，现在简单来说就是：可抵扣凭证上注明的税额。

也就是说，对于相关的支出，能否取得增值税专用发票，取得的增值税专用发票是否符合发票的规范，增值税专用发票上所列的税金有多少，抵扣所必须的认证等程序能否完成，这些问题都影响到进项税金能否抵扣，进而影响成本和造价。

所以，在进行工程预算时，可抵扣进项税金的估计是非常重要的，同时又是非常不确定，影响它的因素非常多。如果遇到供应商在后来的业务中无法提供可抵扣的增值税专用发票，则会导致成本上升。

如果遵循谨慎性原则，则对可抵扣进项税额的估计，应该从低估计，对于新的供应商，应该有一定的进项风险控制。

另外，正如第1章所讲，我们关注的并不是增值税税金本身，而是成本与收入。增值税时代，加强与供应商的合作，甚至自己建立采购中心，统一完善供应工作，是提高工程造价预测准确性的途径。

【案例】在荒郊野外某销售沙石的村民告诉你，要 3%的发票价格是 10.5 万元，不要发票价格是 10 万元。如果他给你代开了增值税专用发票，税率 3%，那么你的成本就是 10.5 万元 ÷ 1.03=10.2 万元，进项税金 0.3 万元。不要发票的成本是 10 万元，在增值税上不要发票显然要划算一些。

当然，不取得发票是一种违法行为，如果村民被税务局查到因此少缴税，不取得发票的行为有被罚款的风险。注意，如果不能证明该村民因此少缴各项税收，则不能处罚不取得发票的采购方企业。另外，不取得发票，在企业所得税上，因为没有发票，其金额可能受到税务检查人员的质疑，带来所得税的风险，这些都要通盘考虑。

还是前面土方工程的例子，某土方工程，工程方量为 1000，人、材、机的单价分别是 20 元、40 元、10 元。那么这个工程造价是多少呢？

如果估计，在人、材、机等成本费用上，可以取得 4 000 元的进项税金——这主要是判断供应商的计税方式、价格判断、可取得发票的实际情况等，综合得出进项税金的估计值。那么，增值税下的一般计税造价就形成了。

含税成本=（20+40+10）× 1 000=70 000 元，这个与前面营业税的计算是一样的。

可抵扣进项税金估计额=4 000 元，这是一个估计值。

不含税成本=70 000−4 000=66 000 元

加上费用、利润等后，不含增值税造价=66 000 ×（1+50%）=99 000 元

比较复杂的是增值税的附加，由于增值税不是按项目计算的，而是按整个公司进行计算的，所以要准确计算一个项目的应纳增值税是不可能的，从而要计算出一个项目准确的应负担的附加税额，也是不可能的。

我们只能按项目自身的销项与进项，来匡算一个附加税的值。与营业税不同，这个附加税的值仅代表其应负担的附加税金额，并非实际缴纳的附加税金额，可以作为造价计算的一个参考。

当附加综合税率为 12%、建筑业一般纳税税率为 9%时，则是以下方程式：

[（不含增值税造价+附加）× 9%−进项] × 12%=附加

解上述方程：

附加 =（99 000 × 9% − 4 000）× 12% ÷ 0.988 = 595.75 元

于是，税前造价=99 000+595.75=99 595.75 元

含增值税造价=99 595.75 ×（1+9%）=108 559 元

同一个工程，施工方一般计税，如果建设方、总包方也是一般计税，则其成本为 99 595.75 元；如果是简易计税，则是 108 559 元，建设方简易计税会导致项目成本上升。

3.3.2 施工方简易计税下的工程造价

简易计税之下，工程造价与营业税相比变化不大，成本费用中的进项税金不抵扣，全部计入成本、费用之中，所以计算时不再剔除可抵扣的增值税金。同时，应纳增值税不含在价格之中，所以其附加税的计算相对营业税来说更为简单。

接上例：简易计税之下，某土方工程工程方量为 1 000，人、材、机的单价分别是 20 元、40 元、10 元。那么，这个工程造价是多少呢？

含税成本、费用=1 000 ×（20+40+10）=70 000 元

费用、利润=70 000 × 50%=35 000 元

那么不含税成本=70 000+35 000=105 000 元

（不含税成本+附加）× 3% × 12%=附加税

则，附加税=379.37 元

应交增值税=（105 000+379.37）× 3%=3 161.38 元

不含税造价=105 000+379.37=105 379.37 元

含税造价=105 379.37 ×（1+3%）=108 540.75 元

同样的例子、成本单价，三种造价比较如表 3.1 所示。

表 3.1　三种造价比较　　单位：元

	不含税造价	含税造价
营业税		108 583.00
增值税简易计税	105 379.37	108 540.75
增值税一般计税	99 595.75	108 559.00

可见，如果比较含增值税造价，则一般计税高于简易计税；如果比较不含增值税造价，一般计税低于简易计税。

一般而言，营改增后，招投标必须要分清是按含税价格招标，还是按不含税价格招标。

比如政府工程，由于政府不能抵扣进项，并且政府更关注资金总额，故包括增值税在内的投资额都构成价格，此时必将采取含增值税的工程造价。在这种情况下，简易计税比一般计税要划算。

但是，政府项目一般难以通过“甲供”等模式来实施，所以能否进一步节约成本还需要双方协调。比如，当前水电垄断的情况下，一般在电力、自来水方面都会在事实上构成甲供，如果工程造价中能够将此剔除在外，也可以对工程成本带来节约。

如果建设方为一般纳税人，则其招标应该以不含增值税的造价进行，一般计税与简易计税相比具有更大的竞争力。

3.4 增值税下价格比较

增值税下的价格存在不确定性，并且一般计税与简易计税差异较大，这给价格比较带来了复杂的变化。

由于可抵扣增值税金不进入价格、不影响损益，所以，一般计税情况下，对不同等价格进行比较时，应该使用剔除可抵扣税额的不含价格进行比较。

但是，增值税虽然不影响损益，却会影响附加税而附加税会影响损益。采购时支付的税金，由供应方代收，不是附加税的计税基础；申报时支付给税务局的税金，作为实际缴纳的增值税，是附加税的计税基础，会导致多交附加税。

所以，对不同税率、征收率下的成本价格进行比较，应该按不含税金额并减去附加税的影响来比较。

供比较成本=不含税价格−增值税×附加率

【案例】某商品一般纳税人供应商报价8 000元，税率13%；小规模纳税人供应商报价7 000元，征收率3%，都可以开增值税专用发票。哪个便宜？便宜多少？

一般纳税人 8 000 元，税率 13%，其不含税价为 7 079 元。

小规模纳税人 7 000 元，征收率 3%，其不含税价为 6 796 元。

小规模纳税人的价格略为便宜。但是，由于简易计税下的进项少，采购时交的增值税虽然少，但会导致未来申报时缴纳的增值税偏高，从而导致附加税偏高，而附加会进入成本之中，进而影响利润的。

当附加税综合税率为 12%时，从一般纳税人处采购，进项税金导致附加节约 7 079×13%×12%=110 元；从小规模纳税人处采购，进项税金导致附加节约 6 796×3%×12%=24 元。

所以，本例考虑到附加因素，比较如表 3.2 所示。

表 3.2　不同计税方式的成本比较　　单位：元

	成本	附加税	可比成本
一般计税8 000	7 079	110	6 973
简易计税7 000	6 796	24	6 772

可见，从成本上讲，向一般纳税人采购，成本上节约 201 元。即，本例商品中，一般纳税人比小规模纳税人便宜了 201 元。

当然，采购的决策，除了成本价格外，还需要综合考虑到其他因素，比如：质量、品牌、供应等非税收因素。

同时，就税收因素而言，除了前面的供比较价格公式外，从一般纳税人处采购，现金流提前多流出 1 000 元，这也是不利因素，未来如果增值税专用发票出现问题导致不能抵扣，从一般纳税人处采购的损失也要大一些。

3.5 税率变化下的工程造价变化

增值税是价外税，如果工程造价是含税价，则一旦税率发生变化，就会影响造价的变化，即造价与税率联动。

考虑到现实中工程招投标标往往以含税价进行，所以会计要正确把握在增值税税率变化时造价变化。

【案例】某工程含税金额 1 亿元，成本 0.8 万元，合同签订于 2018 年 1 月，增值税税率变化政策时点如下表：

营改增后	2018年5月	2019年4月	××××年×月
11%	10%	9%	？%

所以，2018 年 1 月，工程总价=1 亿÷1.11=9 009 万元

假设，在关键时点，相关经济业务为：

2018 年 1 月收款 0.2 亿元，开票；

2018 年 4 月底完工进度 40%；

2018 年 5 月底完工进度 45%，开票收款工程款 0.3 亿元；

2019 年 3 月底完工进度 80%；

2019 年 4 月底完工进度 90%，开票收款工程款 0.4 亿元。

如何进行正确的税会处理？

1．2018 年 1 月收款、开票

确认 1 月增值税销项=2 000÷1.11×11%=198.2 万元

借：银行存款　　2 000 万元

　　贷 ：工程结算　　1 801.8 万元

　　　　应交税费-应交增值税（销项）　　198.2 万元

2．2018 年 4 月，完工进度达 40%。

四月累计确认收入=9 009 万元×40%=3 603.6 万元

四月累计确认成本 0.8 亿元×40%=3 200 万元

3．2018 年 5 开票收款工程款 0.3 亿元，月底完工进度 45%；

2018 年 5 月份税率调整为 10%，假设此时客户没有回过神，双方未进行额外的约定。

确认 5 月增值税项=3 000 万元÷1.1×10%=272.7 万元

借　银行存款　　3 000 万元

　　贷　工程结算　　2 727.3 万元

　　　　应交税费-应交增值税（销项）　　272.7 万元

2018 年 5 月，由于税率变化，导致工程造价即合同的不含税金额发生变化。

工程新造价=2 000 万元÷1.11+8 000 万元÷1.1=9 074.5 万元

看得出来，当不含税金额不变的情况下，工程因为税率下调，而导致价格有所上升。

造价的变化，属于会计估计变更，采用未来适用法进行调整，所以，之前已在损益中确认的收入金额，不受影响。

按新的造价，确认 5 月的收入与成本：

五月应确认收入=新造价×累计完工率-四月累计确认的收入

五月应确认收入 9 074.5 万元×45%-3 603.6 万元=479.9 万元

同理，五月应确认成本=8 000 万元×45%-3 200 万元=400 万元

关于成本。成本金额是不含价，如果会计能够确认，税率下降、导致成本升则应该按调整后的成本金额来计算。成本的调整首先是与供应商的价格谈判，会计应跟进这一过程，当有证据证明价格会因此下调或上升时，即时重新确认成本总额。

本例，会计判断成本无变化。

借：主营业务成本　　400 万元

　贷：工程施工-合同毛利　　79.9 万元

　　主营业务收入　　479.9 万元

4．2019 年 3 月底完工进度 80%；

三月累计确认收入= 9 074.5 万元×80%=7 259.6 万元

三月累计确认成本 8 000 万元×80%=6 400 万元

5．2019 年 4 月底完工进度 90%，开票收款工程款 0.4 亿元。

2019 年 4 月，税率调整为 9%，造价因税率下调而变化：

假设！客户此时回过神来，以税率变化属于政策重大变化为由，要求重谈合同价格，双方于是进行重新谈判，经领导拍板，调整含税总价为 9 900 万元，即，含税价降 100 万元，未付款总额为 4 900 万元。

结合税率调整与价格调整，重新计算工程不含税总价：

新工程造价=2 000 万元÷1.11+3 000 万元÷1.1+4 900 万元÷1.09=9 024.5 万元

四月收入金额=新工程造价×累计完工率-三月累计确认的收入

四月收入额=9 024.5 万元×90%-7 259.6 万元=862.5 万元

四月成本额=8 000 万元×90%-6 400 万元=800 万元

借：主营业务成本　　　　　　　　　　　　800 万元
　贷：工程施工-合同毛利　　　　　　　　　62.5 万元
　　　主营业务收入　　　　　　　　　　　862.5 万元

同时，开票收款，按 9%的新税率：

2019 年 4 月收款确认销项=4 000 万元÷1.09×9%=330.3 万元，并开票

借：银行存款　　　　　　　　　　　　　4 000 万元
　贷：工程结算　　　　　　　　　　　　　3 669.7 万元
　　　应交税费-应交增值税（销项）　　　　330.3 万元

6. 未来，在本项目增值税纳税义务履行完毕前，如果税率再有调整，依然按此原则进行处理，即：

按增值税纳税义务发生时间确认增值税销项；

按实际的不含税收款总额，调整为工程不含税收入，并在调整当期确认；

按实际的不含税付款额，调整工程的不含总造价，并在调整当期确认。

3.6 税率调整带来的"麻烦"

从以上造价计算原理可知，增值税税率一旦调整，则工程造价也会随之变化。增值税税率是法定的指标，一旦国务院决定调整，施工与建设双方都没有可以讨价还价的余地。

实施增值税后，建筑业增值税率一直像挤牙膏一样在调整，由 11%调到 10%，又由 10%调到 9%，未来还会不会调？很可能还会调。

如果当初合同是按不含价签订的，则非常方便，施工方该确认多少增值税销项，就直接加上去；如果当初合同是按含税价签订的，并且确定税率，这就必须调整合同上的金额了。

按不含税价签订工程合同，其约定往往是：不含税造价为多少，施工方按税法规定，另行收取增值税销项税金。此时，税率调整后，只影响税金，不影响价格。

例如，合同约定的不含税造价是 1 亿元，如果税率为 10%，则建筑方总付款金额为 11 000 万元，造价 10 000 万元、税金 1 000 万元。如果税率调整为 9%，则不含税金额依然是 10 000 万元，施工方另收销项税金 900 万元。对于一般计税人来说，其成本为始终为 10 000 万元。

如果合同约定的是含增值税价格，一旦遇到税率调整，麻烦就来了，因为这涉及工程价格的调整，对建筑方来说是成本的变化，对施工方来说是收入的变化。

例如，签订合同时，建筑业税率为 10%，合同总价 1.1 亿元。合同执行到中途，建筑业税率调整为 9%，剩下的钱该怎么付？票该怎么开呢？

这时当然首先是分析合同，有没有对税率调整之事进行专门的约定，如果有约定，按约定处理。如果没有约定，或者合同的约定是错误的、或者约定是没有可操作性的、或者约定是显失公允的，那么，双方就有得一吵了。

争吵的输赢取决于许多因素，原则上客大则欺店、店大则欺客，处于强势地位的一方，以及更懂税的一方，就是胜算的一方。本书只讲解，严格依税法的规则来说，应该如何调整价格。

先讲原则：增值税销项源于施工企业的纳税义务，所以，必须要分析一下施工企业的纳税义务，在施工过程中，这一点不并容易。

就本例来说，我们必须分析，在 4 月之前，业务与合同执行情况如何、施工方增值税申报情况如何。

增值税纳税义务的发生，与工程的实际进度没有关系，它仅仅取决于三个因素：提前开的发票、实际收款时间、合同约定的收款时间。简单把握建筑业增值税纳税义务发生时间就是：工程开工后，开票时间、收款、合同约定应收款时间，三者哪个先到达，就按哪个时间点纳税。

比如，2019 年 2 月，根据合同约定应付工程款 3 000 万元，则不论该 3 000 万元是否实际支付，施工方都对该 3 000 万元产生增值税纳税义务。

实务中，如果甲方付了此 3 000 万元，施工方往往会按 3 000 万元纳税，并按 3000 万元开票。此时税率为 10%，则不含税价=300 万元÷（1+10%）=2 727 万元，销项税金 273 万元。

但是，如果甲方拖欠了这笔进项款，这种开发部下 99%的施工企业会因为没有收到此 3 000 万元应收款，而不申报对应的 273 万元销项税金，也不开对应的增值税专用发票。这种处理方式从营业税时代就一贯如此，已经被大家视为为了金科玉律——但却是错的。

笔者在这里强调一下，这种因为没有收到应收的工程款而不申报增值税销项的做法，是错误的，施工企业已经违法了。

销项税金是以政府的名义向甲方收取的，甲方拖欠工程款是双方的事，可以好说好商量。但拖欠销项税金却是法律的事，政府完全不允许。虽然是甲方出钱，但法定的纳税义务却挂在施工方。就是说，如果此时税务稽查检查施工企业，并查到已经过了合同约定的收款时间没有申报增值税，就可以认定施工企业违法少缴税了。对于坐实的少缴税金额进行补税、滞纳金、罚款，光罚款就占到应补税金额的 50%~500%。如果认为少缴税 200 万元的话，光罚款最低就是 100 万元。

就算纳税之后再被税务严格查出来 3 月没有申报的事，也变成了延迟申报、延迟纳税的问题，并且还主动进行申报改正。这与没有申报的行为有着天壤之别，最多加收几个月的滞纳金，罚款也只是两千元，或者因为主动改正而不罚。

正因如此，当没有收到合同约定的工程款时，施工企业大多采取不交税的态度，什么时候收钱什么时候交税。不懂税的人以为本该如此，懂税的才知道，这是在赌税务稽查什么时候来查你！

但是，如果遇上税率调整，情况就不一样了。同样是 3 000 万元工程款，3 月的税按 10%交，就是 273 万元；拖到 4 月以后税率变成了 9%，再交就是 248 万元，两者差了 25 万元。

如果再被税务稽查查到，就不是一个“延期申报”“延期纳税”的问题了，而是少缴税 25 万，甚至可能是偷税 25 万元的问题了！

这就考验施工企业会计了，4 月以后收到 3 000 万元，是按 10%纳税还是按 9%纳税？

如果按 10%纳税，因为 4 月以后的税率是 9%，按 10%纳税显然是纳之前的税，则相当于主动交待了延迟纳税问题，要同时补滞纳金，按日 0.5‰，折合年利率 16.25%，一并专门进行纳税申报。

如果按 9%纳税，如前所述就是少缴税或偷税了，若被查实就会有补税、滞纳金、罚款了！并且，不仅税务认为你不能按 9%纳税，如果甲方聪明，也不会同意你按 9%纳税，原因很简单，依税法规定，纳税义务时间是 3 月，所以必须按 3 月的税率 10%纳税。

在税务和甲方的双重是夹击下，施工企业的风险就出来了。

正确的处理方法如下。

第一种方法：3 月时，虽然未收到工程款，也进行申报，履行自己的纳税义务。

至于开不开票，看心情。开票是合法的，只是感觉有些吃亏，既没收到钱、又垫了增值税、还开票，好人做到底了。不开票是合理的，但小有违法，因为未来再开票就属于“延迟开票”了，对施工企业来说后果并不严重，反倒是开发商未来被查时有不能抵扣的风险。

未来收款时再开票，是补开票的行为。当初按 10%纳税，现在也按 10%开票，并在申报表中“未开票收入”中红冲就行了。

第二种方法，当 3 月甲方拒绝付款时，由业务部门出面，进行洽谈，约定新的付款时间的书面字据，双方盖章签字，作为建筑工程合同的补充。比如，将付款时间调整到 8 月份，这样，纳税义务也就被调整到了 8 月份，施工方这才推卸掉了 3 月的申报义务。

当然，如果纳税义务被推到了 8 月，那么税率也就自然由 10%变成了 9%，到时候按 9%开票、申报、纳税，也是合法正确的。

当然，这样一来，适用 9%的税率扣，相当于价格有所上涨。如果甲方同意当然就一切顺利。如果甲方不同意，可能还需要双方对工程的价格约定、付款违约金约定，也进行适当的修改。总之，只要双方谈得成，结果就是合法的。

第 4 章　哪些进项可以抵扣

前两章的知识点：进项税金代表着利润，当进项被抵扣时，相关的成本、费用、损失的金额下降，利润上升。所以，进项抵扣是增值税处理的重点。本书不会像教科书一样循规蹈矩先讲收入再讲抵扣，本书首先从进项抵扣入手，帮助大家把握增值税管理的基础规则。

4.1 进项税金的定义

按《增值税暂行条例》第八条的定义，进项税金是指：采购时支付或负担的增值税额，为进项税额。

这一定义是从进项税金的实质进行定义的，但实际上，所有会计都知道，没有增值税专用发票，或者没有其他可抵扣的发票，这个进项是没有意义的。

《增值税暂行条例》第八条同时规定：下列进项税额准予从销项税额中抵扣，并且列举了 4 种情况，这 4 种情况实际上对应着四大类增值税抵扣凭证：增值税专用发票、海关进口增值税专用缴款书、农产品销售发票、扣缴税款的完税凭证。

从表 4.1 可以看到，可抵扣的增值税额，都是注明在票面的金额，或者由票面的买价×9%所计算出的金额。从本质上理解，可抵扣进项税金，就是票上注明的金额。

表 4.1　四类增值税抵扣凭证

抵扣凭证	可抵扣的进项税额
增值税专用发票	票面注明的增值税金额
海关增值税缴款书	票面注明的增值税金额
农产品销售发票	票面注明买价计算出的金额
完税凭证	票面注明的增值税金额

可以抵扣的增值税，是完全基于“形式”来定义的，即只要是四类抵扣凭证上注明的金额，就是可以抵扣的增值税。并不关注成本费用实际的情况，也不关注所采购货物、服务的用途，只要是票上的就可以抵扣。

所以，增值税进项抵扣的第一个原则，可以总结为：“见票抵扣”。

它有两个意思，第一个意思是，没有“票”——前述四类凭证，就不能抵扣。哪怕你实际上支付了增值税金，只要没有票，或者票不符合规定都不能抵扣。只认“票”这种法律形式，不认业务实质。

如果采购时支付了进项税金，但发票丢失了、损毁了，进项就不能抵扣，因为进项抵扣只认发票形式，不认经济实质。此时，只能在发票形式上进行补救，按税务总局的规定：此时可由开票方出据已纳税证明，然后凭复印件认证、抵扣就可以。这个程序如果走得下来，就可以抵扣，这个程序如果走不下来，比如对方注销掉了，就无法抵扣了。

第二个意思是，有票就可以抵扣，当然，票要符合规定。而不管你实际上是如何采购的，实际上用于哪个用途。只要有符合规定的抵扣票据，就可以抵扣。

这就是我们首先要建立起的进项抵扣规则思维——见票抵扣。

增值税进项税额的定义，是完全的形式重于实质，如果有谁认为：“必须要明确用于生产经营，才能抵扣”，这样的观点是错误的，错在增加了法定之外的限制。增值税进项抵扣的规则本来是非常严格的，但实操中，在传统增值税行业里，这种必须要用于生产经营、必须与取得收入有关才能抵扣的错误要求依然比较常见。

作为新晋的增值税纳税人，建筑企业会计有一个好的开头，就是空白的经验和头脑，没有认识误区和错误常识的干扰，反倒容易把握规则要点。我们必须要把握进项抵扣的第一步，见票抵扣。

这是增值税进项税金以及可抵扣进项税金的法定定义，所以是首先要明确的一个规则。

4.2 增值税抵扣凭证

可抵扣的进项税额，必须是注明在抵扣凭证上的增值税金额，或者由注明在上面的买价计算出来的金额，所以抵扣凭证的把握就相当重要了。

下面先介绍四大类抵扣凭证的把握。

1. 增值税专用发票

增值税专用发票，非常好辨别，因为上面就印有“增值税专用发票”这几个字，增值税普通发票上面印的是“增值税普通发票”。

所有行业，包括建筑、房地产、水电等销售都使用这种发票作为抵扣凭证。

农产品行业除了使用增值税专用发票外，还可能会使用增值税普通发票作为抵扣凭证。

另一个例外是“机动车销售统一发票”，它属于增值税专用发票的范围，上面注明的增值税是可抵扣进项税额，虽然它的名字不是“增值税专用发票”。

之所以如此，是因为公安机关要凭这个统一发票为车辆登记办理行驶证，需要一些特殊的信息。为了与公安对接，税务机关需要这张发票。

需要注意的是，“二手车销售统一发票”，不在可抵扣的凭证之列，也就是说，除非取得增值税专用发票，否则购买二手车无法抵扣进项。

按说，发票的作用只能用于税收领域，因为它是《税收征管法》规定的一种凭证。按《征管法》和国务院 587 号令的明确要求，发票由税务机关独家管理，并且不准超范围使用发票。但实际上，其他部门使用发票的情况还是比较多的，除了公安用机动车过户，一些房产登记机构也会提出发票的要求。甚至于银行按揭贷款、企业售后服务，这些商业企业都纷纷要求提供发票。比如有的商家宣称：发票是退货保修的凭证，这就是自己擅自扩大了发票的使用范围，实际上都是违法行为。

作为专业的会计人员，对发票的法律地位应该做到心中有数。

发票是一种立过法的凭证，其使用、保管等都有着明确的法律、法规要求，必须严格遵行，一旦违反，就属于违法。这是发票与其他一切凭证的本质区别。比如，丢失发票之外的任何票据，都只需要复印或重开就行了，但丢失发票却是一项违法行为，有被行政处罚的后果。

人们日常接触到的绝大多数抵扣凭证都是增值税专用发票。

2. 海关进口增值税缴款书

进口货物，外国的供应商不确认我国的增值税销项，也不向我们开增值税专用发票。但是，我们要对进口行为交增值税，所以进口环节的增值税是进口时由进口单位向海关缴纳的。

海关收增值税后，开出“海关进口增值税专用缴款书”，缴款书上的税款就是我们可抵扣的进项税款。

这个海关进口增值税专用缴款书，可以非常形象地向人们展现进项抵扣的本质，自己交多少，自己又抵多少，总额上一分不赚、一分不亏，但在资金占用上要吃一点亏。

3. 扣缴税款完税凭证

一是增值税专用发票，二是进口增值税缴款书，三是农产品抵扣凭证。

目前增值税只存在一种需要扣缴的情况，就是向境外支付时，如果境外收款方的收款行为有增值税纳税义务，且其境内没有代理商，则我们付款方有增值税扣缴义务。

当然，也有扣缴附加税义务，也很可能有扣缴企业所得税的义务。所得税知识不在本书介绍的范围，大家可以关注笔者的其他著作。

那么，如何判定境外收款方有增值税纳税义务呢？这一点，此处只需要把握：如果他有纳税义务，我们就有扣缴义务。扣缴后，税务局会给完税凭证，凭此抵扣进项。与海关进口增值税专用缴款书类似，也是交多少、抵多少，两清。

增值税政策同时规定：**纳税人凭完税凭证抵扣进项税额的，应当具备书面合同、付款证明和境外单位的对账单或者发票。资料不全的，其进项税额不得从销项税额中抵扣。**

这些资料的要求是“具备”，并非一定要向税务机关申报、备案，只要把这些资料收集够、保存好就行了。

4.3 农产品抵扣凭证

农业是一个特殊的行业，其特殊性就是免税多，所以导致农产品也变得非常特殊。农产品的抵扣由专门的一类发票来处理。

政府对农业生产以及蔬菜及部分肉蛋产品的批发与零售的增值税实施“免税”政策。

我们知道，单纯的增值税免税并不是一项优惠，因为免税时的进项不能抵扣，这些进项照样进入了价格之中由客户买单支付，而客户却不能抵扣，所以反而“吃亏”。

蔬菜及部分肉蛋产品的批发与零售，直接面对最终消费者，而最终消费者或者最终消费环节本身也不能抵扣进项，所以免税带来的问题不大。但自产农产品的下游客户有可能是增值税一般纳税人，包括生产企业、流通企业、建筑企业等，如果让他们不能抵扣进项，则免税比征税还要吃亏。

为了让自产农产品享受到实实在在的优惠，增值税的规定是：享受免税的农产品，虽然没有交增值税，但允许采购企业按上面的买价×9%确定进项税额，进行抵扣。

由于业务比较复杂，所以，对于农产品，不论是否免税，其抵扣的凭证要求分为以下几种情况来把握。

1．农民个人销售自产农产品

农民个人销售自产农产品，免增值税。此时，农民可以去税务机关代开免税的增值税普通发票，这个免税的普通发票可以抵扣，按其买价×9%计算进项税额。

【案例】农民销售自产桂花树 50 万元，代开出 50 万元的免税增值税普通发票。则对于采购方施工企业来说，进项=50 万元×9%=4.5 万元，桂花树实际成本变为 45.5 万元，成本下降 4.5 万元。

但是现实中，农民不太可能去代开发票，所以，采购企业可以自己开具“农产品收购发票”。这是一种反向开的发票，由付款方向农民个人开，通过开票系统可以直接开具，这样就非常方便了。

接上例：农民销售自产桂花树 50 万元，由购入公司向农民开 50 万元

的农产品收购发票。进项也是4.5万元。由于是自己开，所以非常方便。

农产品收购发票的开具有两个条件：一是只能针对自产农产品，如果是外购的农产品转卖给你，不能这样开；二是只能针对农产品生产者个人，如果是向农产品生产企业采购，不能这样开。所以，开票时，要记录下农民的个人身份信息。

那么，如何证明农民卖的桂花树是他“自产”的呢？

企业不可能有公检法的执法手段，所以一般来说，农民说是自产的，你也只能相信。

这问题的基本原则是：谁主张谁举证。

如果税务机关怀疑这不是他自产的，则由税务机关举证。税务如果查明该农民不是自产桂花树，而是从别人那儿买的，则农民构成以欺骗手段少缴税，因为非自产不能免税。他代开的免税发票，或者你自开的收购发票，就都属于错开发票，发票内容错了，不符合发票使用的规定，所以不能抵扣，金额进成本。

进一步讲，如果税务或公安有证据证明公司明知该农民不是自产，而与之串通这样开票，则此张发票构成虚开，虚开用于抵扣税款的发票，是犯罪行为，农民与公司都有刑事处罚的风险。

反之，如果税务或公安不能够证明串通开票，否则不能认定为虚开发票，公司除了不能抵扣进项之外没有被处罚的风险。

税务如果要求采购企业提供农民的“自产”证据，并要求若无证据不允许抵扣呢？

这是违法的。因为税法规定的可抵扣进项的条件不包括还要提供证据或其他资料。如果税务不相信一个农民有能力种植并销售50万元的桂花树，则必须去进行检查落实，而不能仅以自己的怀疑就认定“不能确定为自产”从而要求不得抵扣。因为**《征管法》第35条授权的税务机关核定权，不包括对“自产与否”这样的事实性质进行判断或核定。**

当然，如果企业采购量大，往往也不可能逐一向农民直接采购，而会通过二道贩子、流通企业来采购，这样就不能使用免税增值税普通发票和农产品采购发票了。

2．向商贸企业或二道贩子采购

商贸企业或二道贩子向农民收购了桂花树后再销售给企业，这种模式下，商贸企业或二道贩子都不能免税，需要提供增值税专用发票才能抵扣进项。

如果商贸企业是一般纳税人，则直接开增值税专用发票，就是第一类抵扣凭证，抵扣增值税专用发票上面注明增值税额。

如果商贸企业是小规模纳税人或者是个人，那么，其销售外购农产品的征收率为 3%，必须去税务机关代开增值税专用发票，采购方才能抵扣。

按上例：小规模纳税人公司销售外购桂花树 50 万元，应纳税额=50 万元÷1.03×3%=1.5 万元。其自开或代开出买价为 48.5 万元，税额为 1.5 万元的增值税专用发票。这个增值税专用发票属于可抵扣凭证，其抵扣的金额为含税买价乘以农产品税率=50 万元×9%=4.5 万元。

与向生产者个人采购相比，进项依然是 4.5 万元、成本依然是 45.5 万元，但销售方却多交了 1.5 万元的税，他多交的税，一定会算到你的价格中来，所以比较起来还是直接向生产者个人采购更便宜。

注意，二道贩子如果是自然人，则无法自开、从税务机关代开增值税专用发票，所以，未来就不要与自然人做生意了，或者要求其注册为商贸公司或个体工商户，总之，必须要提供 3%的增值税专用发票。

刚实施增值税时，一些会计因为不知道这一政策，直接按增值税专用发票上注明的税额抵扣，就“亏”大了。

3．向一般纳税人采购免税自产农产品

农业生产者也可能是一般纳税人，比如农业公司、农业合作社等。他们销售自产农产品免税，所以，他们应自开免税的增值税普通发票，此时与第一点的农民个人销售自产农产品，从税务代开免税的增值税普通发票是一样的，采购企业直接抵扣其买价×9%的税额。

那么，向他们采购征税的农产品呢？

（1）向一般纳税人采购征税的农产品。

应征税的农产品包括其外购的农产品，也包括其自产的应税农产品，由于一般纳税人要按 9%征税，所以，必须开 9%的增值税专用发票。但拿到9%的增值税专用发票只能抵扣上面注明的税额，不能像3%的增值税专用发票一样，按价税合计金额抵扣9%。

接上例，如果是向一般纳税人商贸公司购入这50万元的桂花树，则对方销项=50万元÷1.09×9%=4万元，所开增值税专用发票上，价格为46万元、税金为4万元。可抵扣4万元，成本为46万元。比从小规模纳税人商贸公司处采购要贵一点。

但是，商贸公司作为一般纳税人，他可以按9%抵扣采购桂花树的进项，从而导致成本比小规模略低，所以，与小规模纳税公司相比，有降价空间。

（2）采购非自产的免税农产品。

这个主要指蔬菜及部分肉蛋产品的批发与零售环节，此时对方只能开增值税普通发票，采购方不能抵扣进项。

4．政策过渡时期的特殊抵扣凭证

目前依然处于营改增试点时期，实际业务中，某些行业抵扣凭证的使用情况还满足不了抵扣政策的要求，所以，财政部与税务总局临时出台了一些特殊的抵扣规定，将特殊情况下的增值税普通发票、甚至非发票凭证，暂时纳入可抵扣凭证的范围。

（1）收费公路过路费发票

由于暂时还无法在过路费、过桥费的收取中，使用增值税专用发票，所以，财政部、税务总局规定，过路费发票可用于计算抵扣进项。

计算抵扣时只能按简易计税方式抵扣，高速公路征收率为3%、其他一、二级公路、桥、闸通行费征收率为5%。

例如，取得高速公路通行费发票，总金额300元，则可抵扣进项=300÷1.03×3%=8.74元，通行费成本为292.26元。

考虑到大量公路都是在营改增试点前修建的，所以几乎所有公路交税时都适用简易计税，按3%或5%的征收率抵扣，纳税人吃亏不大。

但要注意，可抵扣的必须是通行费发票，其他非发票的收据，包括财政收据等，都不能用于计算抵扣。最简单的分别方法，就是看票面是否有当地税务局的发票监制章。

（2）客运费发票

营改增之初，纳税人支付的客运费不能抵扣进项。2018 年出台《关于深化增值税改革有关政策的公告》（财政部与税务总局 2018 年第 39 号公告）删去了这一不得抵扣的规定，客运进项纳入了可抵扣范围。

但是，仓促之间抵扣凭证的配套成了问题，所以除了可以用增值税专用发票抵扣进项外，同时规定，可以用四类凭证抵扣。

一是客运业的增值税电子普通发票，注意，必须是电子普票，必须是客运业，抵扣上面注明的税款。比如：通过网约车平台开具的增值税电子普票。

二是航空电子客票行程单，可以计算抵扣进项，计算的金额为行程单上注明的运费和燃油附加费之和，各类基金不在可抵扣之列。计算抵扣的税率为运输业的 9%。

例如，行程单上注明的运费是 1 000 元，燃油费 50 元，则可抵扣进项=1 050÷1.09×9%=86.7 元。

电子客票行程单也是发票，所以也要看上面的税务局发票监制章。外国航空公司在国外飞行的机票不是中国的发票，所以不能用于抵扣。

三是火车票，按票面金额计算，税率为 9%。

有意思的是，我们平时坐火车的车票，并非是发票，而是铁路部门自己印刷的票据，不受《中华人民共和国发票管理办法》的管理。不仅不是增值税专用发票，甚至不是发票，却可以抵扣进项，仅此一例。

四是其他水陆运输发票，只要上面“注明了旅客身份信息”，就可以用 3%的征收率，计算可抵扣进项税额。发票上如何注明旅客姓名？没有特别要求，所以不论是在抬头上，还是在备注上注明，都算注明。

但是，按《发票管理办法》的规定，发票必须一次性开具，所以必须是一次开具出的发票才行。发票开出后，再在上面另行注明旅客信息的，不符合发票管理的规定，所以不能抵扣。

4.4　一位财务总监的“筹划”

2016 年营改增后，笔者在一次针对建筑企业财务人员的培训课上讲到这个内容时，一位财务总监在课上问了笔者一个问题：

“蓝老师，针对您刚才讲的，我突然产生一个想法。我们施工时，有时会占用农民的地，于是给赔偿款，赔偿的内容中，包括了地上农作物的青苗赔偿。我在想，对于这个青苗赔偿款，可不可以开农产品收购发票？如果不能开的话，能不能不进行赔偿，改成直接购买，开农产品收购发票，这样岂不是就有进项了吗？”

这脑洞开得，真令人佩服。

农民取得青苗赔偿款，不是卖青苗的行为，而是因青苗被毁得到的赔偿行为，所以不属于增值税应税行为，不能开发票，这一点在讲到纳税义务时还会进行细致分析。

但是，虽然青苗赔偿不是增值税应税行为，但施工企业的确可以与农民约定，把其地上农作物给买了，这样就不用再赔青苗费了。而“卖”这个行为，当然是增值税应税行为，可以开农产品收购发票，可以抵扣进项。

作为一个从没有做过增值税的财税总监，能够一眼看到这一点，的确值得称赞。

开出农产品收购发票后，就取得了进项，这个进项也可以抵扣。

但是，正如本书前面所分析的，进项本是价外的东西，不影响损益。从公司利润角度来理解问题，根本上是希望通过这一行为，降低赔偿的支出金额。因为赔偿支出中的青苗部分产生了增值税进项，导致赔偿支出下降，这样公司利润就上升了。

但是，落实这一筹划，就会发现问题并没有这么简单。

如果改赔为买，那么支出的青苗费就从“赔偿”变成了“采购”，从会计上讲，就从“营业外支出”“施工成本”变成了“存货成本”。营业外支出、施工成本都必将转入损益，所以其金额的节约就是利润。但是，如果计入存货成本之中，就必须要思考一个问题，如何结转损益呢？

所以，我问他：“你买了这些青苗，准备拿来干什么呢？”

“……”

如果存在那里不动，实际上会虚增公司的利润。永远存在那里也不是一个办法。

如果存在那里被偷了，下一章会讲到，这是非正常损失，会导致进项转出，这事就白干了。

如果存在那里被烧毁了，这情况就非常复杂了，要细致分析甚至与税务人员进行商议，才能确定进项能不能抵扣。

如果找得到一个方式，让工程上使用了这批农作物，替代了其他东西，进入施工成本，当然是最佳的选择。

筹划需要开脑洞，但不是开一个脑洞、灵光一个点子就能搞定的。当然，能够想到这一点是值得表扬的。后面 3 章还会讲解进项抵扣的其他规则，学习完后，你就可以全面分析这一筹划的效应了。

第 5 章 合规发票与抵扣程序

5.1 凭证的合规性要求

前面讲述了四大类抵扣凭证，上面注明或计算的税额就是可抵扣的进项税额。

但是，抵扣凭证必须要符合规定才能抵扣。

《增值税暂行条例》第九条规定：

第九条 纳税人购进货物、劳务、服务、无形资产、不动产，取得的增值税扣税凭证不符合法律、行政法规或者国务院税务主管部门有关规定的，其进项税额不得从销项税额中抵扣。

这是一个非常严格的授权性规定。即，一旦前述四类抵扣凭证不合规，则进项不能抵扣。抵扣凭证不合规，可以理解为相当于没有取得抵扣凭证。此时，不考虑业务的实质问题，进项抵扣只认发票。

理解这一条，重点是理解符合谁的规定。

要求的规定共有三个：法律的规定、法规的规定、税务总局的规定。因为税务总局是国务院税务主管部门。

注意： 各省、市、县税务机关的规定、财政部的规定等，都不适用于这个第九条。税务总局的规定，必须要以税务总局的规章、规范性文件表述为准。

那么，什么样的发票算不符合法律、法规、税务总局有关规定的呢？

税收领域的法律包括：《征管法》《企业所得税法》《个人所得税税法》《车船税法》等，对发票都没有提出过具体规定。

主要规范发票的法规是《中华人民共和国发票管理办法》（587 号国务院令）。对发票的开具、使用进行了一系列的规定，其中有些规定是非常基础的，此处特别强调以下几点。

（1）发票要按规定的时限开具。

如果发票应该于 3 月 5 日开，但却于 5 月 5 日开，这种延迟开具的发票也算不符合规定的发票。

那么，如何判断发票应该在何时开具呢？

按税务总局的规定，增值税专用发票在纳税义务发生时开具。

修订后的《增值税专用发票使用规定》（国税发【2006】156 号）：

“**第十一条**　专用发票应按下列要求开具：

（三）发票联和抵扣联加盖发票专用章；

（四）按照增值税纳税义务的发生时间开具。”

所以，只有正确判断供应商的增值税纳税义务发生时间，才能正确判断发票的开具时间。

正确判断增值税纳税义务发生时间是一项非常专业的工作，第 9.1 节会专门讲解。纳税义务发生时间的判定涉及进度、合同、资金流等内容，所以，对于开具延迟的增值税专用发票，稽查人员往往也较难发现。但较难发现不代表没有风险，所以应尽量促使对方在规定的时间开具发票。

【案例】施工企业采购钢材一批，合同约定：供应商在收货后给予 60 日账期，发货日为 2 月 27 日，收货日为 3 月 5 日，付款日为 5 月 5 日。因开发商拖欠工程款，施工企业也形成了拖欠，实际付款日为 9 月 5 日。

此案例下，发票开具的正确时间为 5 月 5 日，具体分析会在第 12.2 节进行讲解。如果对方于实际收到货款的 9 月 5 日才开增值税专用发票，就属于延迟开票，不符合前述国税发【2006】156 号文的要求，从而有不得抵扣的风险。

有人问，假设 5 月 5 日开具发票后，8 月发现其内容有误，于是按规定进行冲红。于 8 月重新开出发票。此 8 月开的发票是否是延迟开具呢？

由于这是基于开票有误的情形，导致的重新开票，所以重新开的时间就是 8 月，不算延迟开具。所以，增值税实施后，要严格关注供应商的纳税义务发生时间。

（2）发票要按规定的栏目开具。

简而言之，就是凡发票上印的栏目，都应如实填写，不能填错、不能不填。

比如，增值税专用发票上有购货者地址、电话，就必须要填写，如果未填写地址、电话，或者地址、电话填写错误，则属于不符合规定。

有人会问：发票上还有“收款人”“审核人”，这些是不是必须填写？审核人填写一个“管理员”行不行？

所有栏目都必须填写，其前提显然是这些栏目确有内容可填。如果有收款人就必须要填收款人，如果有审核人就必须要填审核人。但是，如果开票时没有收款人、如果开票时没有审核人，当然就不能乱填。

法律、法规、税务总局没有规定开增值税专用发票必须要收款，必须要审核。

以审核来说，开增值税专用发票，并不需要审核，也不需要公司设立审核的岗位。从公司内控制度出发，有条件的情况下，设立审核岗位是有利于控制风险的。但如果不设，也是合法的。

至于收款人，除非是收取现金，否则的确不存在收款人。

如果没有审核人、收款人，却画蛇添足地乱填一个人，实质上反而还违规了，因为在发票上填写了不真实的信息。这一点需要开票方注意。

那么，现在的开发票，还需要填写代码，如果代码填写错误，这个发票算不算不符合规定，不能抵扣呢？

这个不能看开票系统，只能看发票本身。如果票面上的有代码开具错误，发票属于不符合规定的发票，进项不能抵扣；如果票面上的无代码或没有错误，发票就不算不符合规定的发票，没有理由不准抵扣进项，这只是开票方开票系统操作中的不规范问题。

（3）全部联次一次性开具。

这个对手工发票是有意义的，不能分开联次开票。

收票方如果用笔在发票上进行批注、标注、签名、添补等，都是收票方的行为，不是开票方开具发票行为，所以不属于二次开票，不属于违规行为。

（4）加盖发票专用章。

这一点由于比较重要，所以现在几乎所有企业都能做到。但是，有人困惑于一个小问题：如果发票专用章盖了两个，行不行？或者说，发票专用章，应该盖在金额上，还是税额上？这些担心都是不必要的，都是谣言导致的认识误区。

法无禁止就可为。法规对于盖章的规定，只规定了**“并加盖发票专用章”**，并未限定于只盖一个，也未限定于必须盖在什么位置上。所以只要不会导致发票字迹不清晰，多盖一百个也不违反规定。

这类谣言还包括：开发票时，错盖成了公章，于是补一个发票专用章，也是违规的，因为没有规定要盖公章。

这些都是错误的认识。我们可以简单想想，比如多盖了一个公章，未来税务稽查认定你违规，那么违反哪一条呢？因为他找不到在开发票时“不得加盖公章”这样的禁止性规定，也就无法认定开票人违法。

举个例子，十几年前，地税的运输业营业税发票是可以抵扣增值税进项的，税务总局曾细致入微地规定：**“开具《货运发票》时应在发票联左下角加盖财务印章或发票专用章或代开发票专用章；抵扣联一律不加盖印章。”**（国税发【2006】67 号，已废止），注意其中的“左下角”表述。

这就属于非常明确的规定，只能盖在发票左下角，盖在左边中间都是不符合规定的，有规定就必须按规定来，没有规定想怎么干都可以。当然这类精细且苛刻的要求目前已经看不到了。

另外，实操中的确有观点认为，不能多盖章，因为多盖一个章，说明不是“一次性”开具。这类观点是错误的，开票是开票，盖章是盖章，两者不是一回事，并且多盖一个章也不能说明不是一次性开具的。

我们必须用法律的眼光来处理涉税、涉发票的问题，而不能听信传言，因为这些问题本质上是我们履行法律义务的问题。

（5）如实开具，不能虚开。

所谓虚开，就是发票的内容，与实际的经营业务不一致，虚开的发票也是不符合规定的发票，不能抵扣的。

注意，网上的电子发票，如果多打印几张并报销来入账，是违规使用发票的行为，但重复报销的发票不属于虚开。

（6）不能使用假发票、变造发票。

随着电脑开票、网络发票的使用，假发票、变造发票的情况已经不多见了。

（7）不能使用作废发票。

需要注意的是，发票是否作废，不能随便猜测。一般来说，作废某类发票的规定，都要由税务总局或者印制该发票的税务机关来决定。比如，本市税务机关已经取消作废了某类手撕发票，这并不能说明我们从外地取得的这类手撕发票就是作废了的，作废与否取决于该省税务机关是否有明确规定。

以上就是《发票管理办法》对发票使用的一些规定。

增值税专用发票由开票系统开具，并且有特殊的管理要求，在开票过程中，如果违反了相关规定也可能导致发票不能抵扣。

增值税专用发票开出后，如果没有跨月，开票方如果能够收回全部联次，就可以将该张发票作废。或者说，作废增值税专用发票的前提条件有两个：一是没有跨月，二是收回全部联次。

但在实操中，有些开票方会因为种种原因，在不满足以上两个条件的情况下，作废增值税专用发票。按税务规则，这样的作废是违规作废，作废无效，其开票时确认的销项税额不能冲销。当然，对于收票方，这张发票也是可以抵扣的。

但是，实操中，一旦上游违规作废了发票，系统就会警示，不允许下游收票单位抵扣进项，这种情况甚至会导致非常复杂的后果。

在不满足作废条件的情况下为什么也可以作废发票。我们可以理解为这是因为系统设计的不完善或者系统有意设计为这样。并且不通过税务人员，对于错误作废的发票还不能补救处理。所以，因为会计人员一个操作失误，就可能导致自己和客户在增值税上产生巨大的麻烦。这一点，一般纳税人一定要有所警觉。

除此之外，税务总局对于发票、抵扣进项增值税专用发票的使用，还提出了一些自己的要求。

首先，发票必须要填购物单位的税号，没有税号不符合规定。其次，增值税专用发票必须在增值税纳税义务发生时开具。再者，建筑业发票、不动产销售业增值税专用发票，必须要在备注栏注明工程所在县及项目名字。销售和出租不动产，要备注具体地址。第四，货运业增值税专用发票，必须要备注起止运地，如果业务较多、备注不下，也必须另附纸注明。

具体来说，比如混凝土运输费，一般都是包含在混凝土的价格之中，不单独计税。但如果遇见单独计税，并且是货运业应税行为，就要提供货运发票，注意此时也必须要有该运输业务的起止地点。

有的施工企业会计问："我们开的发票要备注工程所在县和项目名，那么，我们取得的钢材、水泥等发票上面是否也必须备注地址呢？"

答案是，没有明确规定要备注就不必备注。没有备注，也不违反规定，那么发票就是合规的从而可以抵扣。

除了对发票本身的规定外，税务总局还对发票开具、使用过程中的程序进行了规定。

5.2 专票的认证程序

取得合规的增值税专用发票这类抵扣凭证，必须要进行"认证"，才能用于抵扣。认证一般在金税系统上操作，也可以到税务机关进行认证。认证相当于主动通知税务局："我取得了这张发票，我准备抵扣进项。"发票必须在开具出来 360 天之内进行认证，逾期就不能认证了。由于认证是抵扣的前置程序，没有认证不得抵扣，所以逾期也就意味着不能再抵扣了。

逾期认证发票属于会计工作的一项失误，如果因逾期无法认证，导致无法抵扣进项，就会加大公司的成本，所以，必须要注意，确保增值税专用发票不要逾期。

如果增值税专用发票逾期，按税务总局的规定，如果是因"客观原因"导致的，可以向税务机关申请，税务机关逐级上报，由省局进行认证。具体规定参看税务总局 2017 年 36 号公告及 2011 年 50 号公告。按其程序要求办理，属于程序性规定，本书不再赘述。

如果这条路也行不通，比如，是因为主观原因导致逾期，那该怎么办？

此时应该积极与供应商沟通，达成一致。仔细检查发票开具是否有误、是否要退货等，如果发现存在上述情况，则说明应该红冲发票，并重开发票。

以前的开票系统不好用，要开具红字发票，前提是收票方进行了认证，未认证的情况下，无法通过开票系统完成红字发票的开具，也就无法重开发票。目前的金三系统升级后，开具《红字发票信息单》已不需要以认证为前提，所以可以以开票有误等原因，由购买方或销售方填写《红字发票信息单》，从而红冲掉发票，重新再开。

这样逾期的问题就解决了。当然，一切必须要属实。

实际上，随着金三系统上线，认证在实质上已经没有监管的意义了，整个发票的流动都全部在税务机关的掌控之中，所以税务机关放松了这一程序要求，对于纳税信用评级高的纳税人，可以“点选认证”，所以就轻松多了。长远看，认证必将渐渐成为一个象征性地纳税遵从要求。

认证发票后，当月必须抵扣，也就是说，其抵扣数据必须出现在次月的申报表上。如果没有及时抵扣，也就不得抵扣了。

对于因为“客观原因”导致的没有及时抵扣，税务总局给出了救济的办法，由企业向主管税务机关申请，由主管税务机关审核后允许抵扣。此时，应该去税务机关办理。具体程序及要求，参看《国家税务总局关于未按期申报抵扣增值税扣税凭证有关问题的公告》（国家税务总局公告 2011 年第 78 号）。按其程序要求办理，属于程序性规定，本书不再赘述。

5.3　三流合一的真相

增值税进项抵扣的判定过程中，“三流合一”甚至“四流合一”是一些人经常挂在口头的概念。它的意思大致是说：资金流、发票流、货物流甚至合同流要统一。不统一就不能抵扣。

实际上，三流合一的概念并没有法定内涵，因为它本身并不是一个法定的概念，只是有些好事者对某些经验的一个总结而已。

正确的纳税态度是“纳税法定”，所以，正确对待三流合一的态度就是认清它的非法定性，不要把三流合一作为一个影响纳税义务的概念来对待。

1995 年，增值税实施不久，增值税专用发票监管手段还比较弱，税务总局对于进项抵扣，提出了一个新的要求，这就是后来所谓三流合一的全部理论来源。

《国家税务总局关于加强增值税征收管理若干问题的通知》（国税发〔1995〕192 号）第一条第（三）项：

（三）购进货物或应税劳务支付货款、劳务费用的对象。纳税人购进货物或应税劳务，支付运输费用，所支付款项的单位，必须与开具抵扣凭证的销货单位、提供劳务的单位一致，才能够申报抵扣进项税额，否则不予抵扣。

形象地说，税务稽查如果能够用证据证明，你抵扣的一张增值税专用发票违反了这一项，那么可以不准你抵扣进项，作进项转出，这就是所谓的三流合一的全部税法渊源。

从这一项，其实上看不到三流合一的问题。这个文件的这个规定，我把它归结为更为简单的表述就是："采购货物、支付运输费用，开票方必须是收款方，才能抵扣。"这并不是什么三流合一，最多只能说：开票方=收款方。

再强调一下，其法定要求仅仅是"开票方=收款方"。先看一个别人替我们付钱的案例：

如果我公司向供应商采购货物，供应商发票开票后，因其他债权债务等原因，另一家公司替我们支付了货款给供应商，这种情况下，我们取得进项能不能抵扣？

显然这种情况与国税发〔1995〕192 号规定的内容无关，也就与三流合一无关。因为只需要"开票方=收款方"就行了。这个案例中，供应商收到了货款，就不算违反 192 号文的规定。

这个国税发〔1995〕192 号第一条第（三）项的内容，正确理解时分为两部分，第一是适用的范围，第二是如何判断收款方。

关于适用范围，国税发〔1995〕192 号的上述规定，仅仅适用于采购货物和支付运输费用。也就是说，营改增业务中，除了支付运费，其他服务、销售不动产、销售无形资产等，都不可能适用到国税发〔1995〕192 号，也就是说，都不受所谓三流合一的影响。

纳税法定是严格的法定性，对于直接影响纳税义务的规定，不是立法者本身不通过法定的立法渠道，不能扩大其解释。

关于如何判断收款方，此时不能将问题理解为“直接收款”“直接付款”“收现款”之类，收款方只要取得采购方支付的对价，或者取得了索取货款的凭证，不论是直接取得还是间接取，甚至是一直挂应收款，都属于取得了货款。

【案例】甲、乙两公司签定供销合同，甲公司向乙公司销售钢材，价格 3 000 万元，已完成供货，甲向乙开具了 3 000 万元的增值税专用发票。乙支付货款时，却将款打给了另一家丙公司。那么，这 3 000 万元的进项税金能否抵扣？

思考与理解这类问题，要分为两步：第一是思考“是否虚开”，第二是思考“能否抵扣”。

这个案例涉及的第一个风险是“虚开增值税专用发票”的风险，也就是说，要判断这张 3 000 万元的增值税专用发票的内容与实际交易是否相符。如果真是虚开增值税专用发票，当然不能抵扣，还涉嫌犯罪，与所谓的三流合一的概念没有关系。

虚开的判断必须要基于对业务的实际情况进行判断，不对业务进行判断只就发票的开具、资金的支付而言，是不可能得出虚开定性结论的。

这一点读者一定要明白，因为实操中不少人甚至包括不少税务人员，仅仅通过开票、付款、合同就敢判定虚开与否，是没有法律依据的。虚开是涉及行政处罚与刑事处罚的大事，不经证据链证明、不经税务稽查依法定程序做出书面决定，或者不经刑事法院做出刑事判决，是不可能定性虚开的。

对于虚开判定的问题，将在本书第 14 章“发票及其风险”中进行专门的讲解。这里我先假定，不存在虚开问题。即业务是真实的、合同是真实的、钢材的采购行为是真实的，价格是真实的。仅存的问题是，购买方将款付给了另一家公司。

按前述国税发〔1995〕192 号第一条第（三）项的规定，有一个非常简单的分析：甲公司是开票方却不是收款方，即甲公司不是“所支付货款的单位”，那么乙公司取得的进项税额，不能抵扣。

但是，甲公司如果销售了货物，能不收货款吗？如果真不收货款，说明很可能不是真实的销售行为，所以此时应该定性为涉嫌虚开，不仅进项不能抵扣，还涉嫌犯罪。

如果甲公司确实销售了货物给乙公司，则甲公司肯定会收取货款，但除了直接向乙公司收钱外，其他多种方式也是有可能的。

比如，甲公司委托丙公司收款，丙公司收款后，再将货款付给甲公司，或者用以抵销甲公司对丙公司的负债。这样，甲公司实际也是收取了货款。货款的支付对象依然是甲公司，所以进项可以抵扣。

在实操中，往往需要甲公司出一份要求付款给丙公司的付款指令，或者向乙公司提供委托丙公司收款的协议，或者直接约定货款由丙公司代收，这些约定只要是真实的，则都说明乙公司支付货款的对象是甲公司。

当前，付款方式越来越丰富，除了直接付现金外，委托银行付款、应收账款对冲、第三方平台支付、汇票背书转让、委托第三方收款或付款等，这些交易的资金流都是合法的，其最终法律结果都是供应商收取了货款，所以都不算违反了国税发〔1995〕192号第一条第（三）的规定。

所谓三流合一这种伪税法概念，在现实中的最大祸害，就是把许多正常经营的情况划到了不可抵扣的范畴里了，所以是读者必须要重点把握的问题。

把握三流合一的问题，总结为以下三点。

（1）三流合一不是的法定概念；其税法渊源是国税发〔1995〕192号第一条第（三）项；其内容是：开票方必须是收款方；其范围只针对采购货物和支付运费。

（2）支付与收取货款的行为，既包括实际上款，也包括形成债权，也包括其他形式的支付：比如银行代付、第三方平台代付、第三方企业代付、债权债务对冲、汇票背书转让等。其中，分公司销售开票付款给总公司，也是一种典型的、正常的代付业务。

（3）三流合一与虚开是两个完全不同概念。三流合一或国税发〔1995〕192号的规定，是建立在非虚开的基础之上的。而虚开的判定必须对实际经营业务的真假进行判定和证明。

笔者在多年的咨询经验中总结出：如果在不虚开的情况下，几乎不应存在仅因三流合一而不能抵扣进项的情况。

三流合一是实战中错误处理较多的节点，下面举 3 个实战案例。

【案例 1】某施工企业与一家总公司签订了货物购销协议，但实际交易时，却是该公司在当地的分公司收款、开票。

税务稽查认为，这张增值税专用发票不满足发票三流合一的要求，进项不能抵扣。

笔者指导企业的申辩理由是：三流合一不是法定的不得抵扣的依据，请税务人员明确具体的适用政策依据。同时强调，国税发〔1995〕192 号文只规定收款方不是开票方则发票不得抵扣，此交易中收款方与开票方都是该公司在当地的分公司，所以不能套用国税发〔1995〕192 号。

从法律关系上看，总公司与分公司是统一的法人，总公司对外的合同由其分支构成具体执行，既合乎商业常规，也合乎相关法律。

稽查在最终的处理决定中，剔除了这一项。

【案例 2】某施工企业采购一批钢材，供应商发货时联系了运输公司，并垫付了运费，运输公司向施工企业开了发票，并交给了供应商。供应商结账时提供了自己的销售发票和运输公司的发票，将货款与运费一并结走。

某税务稽查认为：运输公司开了运费发票，但收款方是供应商，开票方不是收款方，按国税发〔1995〕192 号的规定，这张发票不能抵扣。

笔者指导企业申辩的理由是：运费由供应商先行代垫，运输企业通过供应商收到了施工企业的运费。同时，这也构成了施工企业对供应商的负债，施工企业再付给供应商款项结清负债，所以，运费的实际收款方是运输公司。

实际上，运输公司收到了运输，是施工企业以供应商代支付的方式向运输公司支付的运费，所以，不存在收款方不是开票方的问题。

如果说开发票的运输公司没有收到运费，要求税务稽查提供运输公司没有收到运费的证据。

结果是，这个进项得到了抵扣。实际上，供应商代垫运费，是非常常见的业务。

【案例 3】某工程公司的油漆委托个人运输。由于属危化品运输，个人只得挂靠到有资质的运输公司，借用其资质提供运输服务。工程公司向司机个人支付运费，司机提供运输公司开具的发票结账。这个发票能否抵扣？

税务稽查认为，这个运输业务中，收款方是个人，开票方是运输公司，收款方不是开票方，所以按国税发〔1995〕192 号的规定，进项不得抵扣。

笔者指导企业申辩的理由在于：个人与运输公司之间，存在挂靠关系，所以运输公司与司机个人组成了一个增值税主体。按《营改增试点实施办法》第二条的规定，这一服务的实际提供者是司机个人，但纳税义务人是运输公司，的确应该由运输公司开发票。（营改增之前货运业纳营业税可以用于进项抵扣，《营业税暂行条例实施细则》关于挂靠的规定也是一样的。）

同时，由于构成了挂靠关系，司机个人通过挂靠关系在这一业务中完全代表了运输公司，其收款、运输的行为都由运输公司承担法律后果，与司机产生关系就是与运输公司产生关系。按与运输公司的合同关系，本来就该由运输公司收款，实际情况是由其全权代表人——挂靠的司机个人收款，法律关系上也就相当于由运输公司收款，我们与运输公司之间的债权债务关系得到了履行，所以，运输公司的确是收款方。所以不违反国税发〔1995〕192 号的规定。

这位税务稽查人员很有想法，他后来提出：你们说得也在理。但必须要首先证明存在挂靠关系，所以，必须要提供挂靠协议。由于实际运输业务里，有许多司机参与，也挂靠到不同的几家运输公司开票，所以稽查要求一一对应地提供《挂靠协议》作为建立挂靠关系的证据。

能够证明是挂靠的，就可以抵扣；如果不能证明是挂靠的，就不能抵扣。

后来，补充提供了一些挂靠协议。但由于有的运输公司有自己的顾虑，毕竟出借资质是不敢见光的，再加之具体处理时，挂靠司机与运输公司的一一对应上出了点问题，所以，最后还是有两单运输业务无法提供运输公司的挂靠协议。按税务要求，要转出运费的进项。

需要注意的是，如果不存在事实上的挂靠关系，运输公司又凭什么

会开发票呢？这实际上这是下一步的争议要点，因为挂靠关系并非一定要由书面挂靠协议证明，还可以有其他证据证明。但这已超出本书的范围了，有兴趣者可参看拙著《税务稽查的应对与维权》。

但是，如果真的没有挂靠关系，而是司机承运后随便找了家运输公司开一张增值税专用发票来抵扣，这就不仅是一个不得抵扣的问题了，而是一个构成虚开增值税专用发票的问题了，风险放大了。

不过，如果稽查只抓住三流合一不放，只要求进项转出，就是把“虚开增值税专用发票”行为理解为“三流不合一”行为了，也就相当于把涉嫌犯罪向公安移交的处理，改成了不抵扣进项的处理，税务稽查的执法风险同样也是很大的，后面站着检察院呢。

企业权衡了一下，决定不再与稽查争了，认这两单进项不抵扣，免得在虚开方面让问题复杂化。适用国税发〔1995〕192 号进项转出，说明税务稽查至少默认了发票不是虚开的。

5.4 虚开与失控

虚开发票，尤其是虚开增值税专用发票是一件非常严重的错误行为，因为涉及了行政违法与刑事犯罪。

尤其在虚开增值税专用发票上，因为虚开即构成犯罪，所以认定一家企业虚开增值税专用发票，相当于认定一家企业犯罪，所以，如果没有进行严格取证、没有经过法定的处理程序，这虚开的认定是不能随便说的。在法院判决之前，只能说：某企业涉嫌虚开增值税专用发票。

虚开的判定，是一件很有难度的事，绝不像一些会计想象的那样，动动嘴皮、翻翻文件就能认定你虚开。

正因为虚开的定性很有难度，所以涉嫌虚开就成了实务用得比较多的情况了。所谓涉嫌，就是认为有嫌疑，并不需要进行定性。

税务机关的计算系统进行了一些设置，如果达某些条件，增值税专用发票虽然无法被认定为“虚开”，却会被认定为涉嫌虚开——“失控增值税专用发票”。最常见的就是，开票方走逃。

失控增值税专用发票的认定是税务机关内部的事务，进一步说是计算机系统的一个设置，它并没有权力定性发票虚开，实际上也没定性这

张发票虚开，所以不需要进行举证，也不需要对纳税人走相应的手续，直接在系统里标注为失控增值税专用发票即可。

按税务总局的专门规定，失控增值税专用发票，“暂时不得抵扣进项”，注意，法定的表述只是暂时，待查明之后，如果不涉及虚开，还是可的抵扣的。只是猴年马月就不知道了。

对于失控专票，税务总局规定其不得抵扣，是有法律依据的。

《增值税暂行条例》及《营改增试点实施办法》的规定，都对税务总局进行了授权，如果纳税人取得的增值税专用发票不符合税务总局的规定，就不得抵扣。比如《营改增试点实施办法》第二十六条：

第二十六条 纳税人取得的增值税扣税凭证不符合法律、行政法规或者国家税务总局有关规定的，其进项税额不得从销项税额中抵扣。

失控发票，就被税务总局规定为一种不得抵扣的情况，所以税务的确有权不允许纳税人抵扣。

需要注意的是，失控发票首先不属于虚开发票，其次，失控行为不是纳税人、开票人或收票人的行为，而是税务机关发票管理系统的行为，所以，失控本身不是违法的行为，也就是说，失控增值税专用发票，并不是违法的发票，依然是合法有效的发票。

所以，不能因为失控增值税专用发票，就认为其对应的成本费用不得在企业所得税、土地增值税计算中列支。失控专票的后果，仅仅进项暂时转出。

同理，不论失控专票当初是哪月入账并抵扣的，哪月被认定失控，就在哪月转出进项，然后按正常的规则计算当月增值税。所以，它导致多交的税，不属于以前少缴税，一定不存在滞纳金和罚款。

比如：2017 年 9 月收到一张增值税专用发票，税款 10 万元，当月认证并抵扣。2018 年 3 月，接税务通知，该增值税专用发票失控，并要求转出进项，这是税务机关的权力。

于是，企业应该在 3 月作进项转出。

进项转出的会计与税务处理，与平时进项转出是一样的，进项税金被转入相关成本费用之中。转出 10 万元进项后，直接按当月进项转出进行处理，该交多少税，就交多少税。不存在滞纳金及罚款的问题。

那么，税务什么时候查清情况呢？

如果税务机关后来查明，这张增值税专用发票的确是虚开的，则应该将此案件移送公安，公安接手后，此发票在税务上依然处于失控状态。得等到法院判决认定虚开犯罪之后，才能定性为虚开。定性为虚开的话，税务就可以加收滞纳金了，但罚款已经变成由法院判处的罚金了。当然，罚款与罚金都不能在企业所得税前扣除。

如果税务机关认为金额不大，不移送公安呢？这时税务人员也将背负执法风险。但是，不是说税务机关就不能直接认定虚开，如果税务机关自行认定企业虚开，出相关的《税务处理决定书》就可以认定虚开了，程序比法院的判决要简单。此时如果导致少缴税的话，就可以加收滞纳金并罚款了。

如果企业不服的话，在缴纳了滞纳金后，可以对《税务处理决定书》提起行政复议和诉讼。

接上例，如果 2018 年 5 月，税务稽查经立案检查，认定企业虚开增值税专用发票，依法定程序出具《税务处理决定书》，则说明完成了虚开的行政定性。由于税款已经于 2018 年 3 月补交完毕，所以只存滞纳金和罚款。

此时与认定失控不同，不是税务局系统的问题，而是企业实际上接受了虚开的增值税专用发票，所以，进项转出的时间应该在收票认证抵扣之月。

滞纳金计算，就要还原到收票时的 2017 年 9 月，应该于当时转出进项，然后计算是否存在少缴税，一直算到 2018 年 3 月。至于罚款，直接按实际少缴税的合计金额，处以一定比例的罚款。

企业如果不服，可以要求听证。听证会后如果税务不改变处理，补交了滞纳金后，企业就可以进行复议、诉讼了。

取得虚开的增值税专用发票行为本身，按《发票管理办法》规定也要罚款，如果税务又这样处以罚款的话，就罚了两次，企业可以以《行政处罚法》中“一事不二罚”的规定，提起复议或诉讼。赢不赢，看自己的能力了。

那么，如果税务经检查，无法定性为虚开呢？

现实中，如果税务机关经检查，尤其是对业务真实性进行审查，如果判定此发票不属于虚开，就可以取消“失控”，通知企业可以抵扣。企业当期进行抵扣即可，其税务与会计处理与其他抵扣进项一致。

如果税务机关经检查，虽然不能认定为虚开，也不能认定不是虚开，为减少自己的执法风险，往往会一直“暂时不准抵扣”下去。从税法角度看，失控的检查是没有期限限制的。

所以此时，如果企业有信心认为不会被认定为虚开，可以通过催促、投诉甚至行政复议等途径，要求税务提供明确的定性结果。

当然如果自己本身就信心不足，自然还是以不多事为妙。具体如何处理，可以把正反两方面的情况向公司领导汇报，由公司领导决定。

失控增值税专用发票就像是打雷，时不时就可能会遇到。相当于说明你的影子歪了，但身子正不正，自己应该很清楚，虚不虚开一般来说都是心中有数的。

但是，还有一些情况，比如：开票方没有申报纳税，但也没有逃跑；开票方自己取得了虚开的进项发票；开票方违规进行了发票的作废，等等。这些情况都不属于虚开，但也都可能被搞成“失控”。一旦失控，就相当于无息、长期借钱给税务局了，一旦被认定不能抵扣，就相当于成本涨价了，所以，接收增值税专用发票时要小心。

第 6 章　哪些进项不能抵扣

6.1　把握抵扣的基本态度

在增值税上有一句话可以寓褒贬，就是“哪些进项可以抵扣？”

这样问的，就是增值税的外行。可能一个老会计、老税务人员、老专家、老教授也会这样问，但它的的确确是一句外行话。

对于内行来说，此疑问必须这样表述：哪些进项不可以抵扣！

当我们取得合规的增值税抵扣凭证时，所有问的问题就变成了：哪些进项不得抵扣。

也就是说，只要凭证合规，就可以抵扣。可抵扣就不是问题。不可抵扣才是问题；可以抵扣不需要理由，而不能抵扣才需要理由。《增值税暂行条例》和《营改增试点实施办法》列举了不得抵扣的清单，凡不在清单之上的进项税额一律抵扣。

笔者再强调一次，当拿到合规的抵扣凭证后，你只能问：哪些进项不可以抵扣？

【案例】有家企业为中层管理人员配置高性能笔记本电脑，价格为 1 万元，要求员工承担 3 000 元。取得 1 万元的增值税专用发票，有 1 700 元进项税金。员工只报销了 7 000 元，发票认证后，会计准备转出 30%即 510 元的进项。

这样处理行不行？这样的处理是错误的，因为转出进项无法可依。

本书第6.2节～6.3节将讲到法定的不可抵扣进项清单，全都不适用于这种情况：即专用于免税、简易计税、社工福利、个人消费、非正常损失。既然不属于以上各项，进项就不应转出。

会计认为：但这个进项是员工支付的啊？公司抵扣了怎么也感觉不稳当。

如果事实是：电脑是公司和个人共同买的，那么增值税专用发票就应该分别开给公司和个人，这样全额开给公司，发票甚至涉嫌了虚开，你敢这样认定此事实吗？

所以，应该认定的事实是，公司采购了电脑、并取得发票，这样就不是虚开的了。如果将其中30%转让给个人，严格说应该确认销售收入，开0.33台的销售发票，确认一笔销项，而不是转出进项，虽然增值税上效果差不多是一样的。

越是稀奇古怪的业务，越要认真分析业务实质，通盘进行风险考虑和纳税筹划，否则很容易处理不当。当然，如果处理得当的话，最佳情况应该不仅不应该进项转出，销项也不应该确认。

当需要判定一张增值税专用发票上的进项能否抵扣时，可以按以下步骤分析。

（1）判断增值税专用发票是否有虚开的风险。

（2）判断增值税专用发票开具是否有违规的地方。

（3）看增值税专用发票是否进行了认证与抵扣操作。

（4）看所开具的内容、所涉及的用途，是否属于《增值税暂行条例》和《营改增试点实施办法》所罗列的不得抵扣清单。

6.2 免简福固不得抵扣

用于免税、简易计税、职工福利、个人消费的进项，不得抵扣。本节可分为以下5点来进行讲解。

6.2.1　已取消的非增值税应税行为

营改增试点后，与原《增值税暂行条例》相比取消了一项：用于非增值税应税项目进项不得抵扣，其中的非增值税应税项目就是指营业税应税项目。

营业税已经停征，但是试点过渡时期，还是会涉及试点前的营业税项目。这一条已经被取消，那么如果用于试点前的营业税项目，则进项并不在不得抵扣之列——这里不得不用了双重否定，这样才严谨，表示的就是：可以抵扣。

比如，某工程试点前开工、延续到试点后才完工，则前期纳营业税，后期纳增值税。由于营业税与增值税都是按“收款时间”或“合同约定收款时间”来确认销售额，所以根据收款与合同约定，就很容易分清纳营业税的销售额有多少，纳增值税的销售额有多少。

但是，如果纳营业税的工程，在试点后取得合规的增值税专用发票，这些增值税专用发票上的进项税金用于了之前的营业税项目，但由于《营改增试点实施办法》并没有用于非增值税应税项目不得抵扣的规定，所以，一般计税的话，进项可以抵扣。

本章结束时，将专门举一个与此相关的案例，帮助大家加深对进项抵扣认识的误区。

6.2.2　免税项目不得抵扣

增值税在免税的同时，进项不抵扣，说明增值税的免税不一定就是优惠，进项不能抵扣相当于进行了征税。所以，增值税的免税行为，实际上是一个征税行为，征进项税。

对建筑业来说，没有多少免税的优惠。在境外提供建筑服务，适用免税。所以，此免税项目的进项都不能抵扣，当然境外的建筑服务，开支一般都发生在境外，也没有多少进项。但是，在国内采购的用于境外承包工程的设备、材料，可以享受出口退税。

6.2.3 简易计税项目不得抵扣

简易计税的定义，就是适用征收率，且不得抵扣进项，所以这一不得抵扣的规定也很好理解。

如果建筑公司既有一般计税的项目，也有简易计税项目，则必须对简易计税项目的进项税金进行专门的核算。而一般计税项目，不需要专门核算，即我们只需要把简易计税项目对应的进项转出即可。

简易计税项目直接耗用的货物、服务、劳务的进项，直接不得抵扣。这一般指直接成本、间接成本、间接费用，这些成本费用归属明确，从而不得抵扣。

对于在简易计税与一般计税之间无法划分的进项税金，则需要通过法定的计算公式进行分摊，这一般是指会计无法准确分摊的成本费用、期间费用、营业外支出等方面的进项。

按《增值税暂行条例》和《营改增试点实施办法》的规定，此时需要计算“不得抵扣”的进项，其原则依然是：全部进项都暂时理解为可抵扣，然后从中计算出不得抵扣的进项。

分摊标准为当月销售额，当然是指不含增值税的销售额。

不得抵扣的进项税额＝当期无法划分的全部进项税额×（当期简易计税方法计税项目销售额+免征增值税项目销售额）÷当期全部销售额

主管税务机关可以按照上述公式依据年度数据对不得抵扣的进项税额进行清算。

例如，当月有 1 万元进项税金无法在简易计税与一般计税项目中划分，则按公式分摊计算。当月总销售额 2 000 万元，其中简易计税 1 500 万元，那么：

不得抵扣进项=10 000 元×（1 500 万元÷2 000 万元）=7 500 元

即本月要再转出进项 7 500 元，成本增加 7 500 元。

如果会计分析合同发现，本月简易计税销售额占比为 75%，但次月的占比将降为 25%，那么就可以暂时不认证这 1 万元的增值税专用发票，待次月再认证，如果次月简易计税销售额占比降到 25%，则不得抵扣的进项就只有 2 500 元，从而节约了 5 000 元成本，增加了 5 000 元利润。

当然，如果发现四个月后，当月没有简易计税销售额，全是一般计税销售额，则可以把增值税专用发票留待四个月以后认证抵扣，就可以全部抵扣了。

这一处理方式，被美其名曰“纳税筹划”或者“合法避税”。

这样当然是对的。因为政策本身就允许企业在增值税专用发票开出 360 天后进行认证，选择哪一天认证都是合法、合规的，都是正确的。也就是说，“纳税筹划”或者“合法避税”都是无可挑剔的，是税务工作精细化的做法。

但是，税务机关显然不乐意企业这样操作，所以政策上留了一手，叫“反避税”。企业有权合法避税，税务也有权反避税，大家各干各的事。只是，合法避税必须合法，反避税必须有法定授权。《增值税暂行条例》和《营改增试点实施办法》就进行了这样的反避税授权：

主管税务机关可以按照上述公式依据年度数据对不得抵扣的进项税额进行清算。

这是一个典型的授权型规定，注意其中的“可以”两字，显示出这是税务的权力，既可以进行年度清算，也可以不。

一般来说，如果税务机关对于全年的不能划分的进项按全年的销售额比例进行汇总计算，发现以前抵扣多了，它就可能要求把多出的部分转出来；反之，如果清算后发现以前抵扣少了，自然就不作声了。

企业按最优情况进行认证处理，税务想什么时候清算就由其清算。由于企业是按《增值税暂行条例》《营改增试点实施办法》规定的公式计算不得抵扣进项税额的，所以不存在违法的问题，也不存在多抵扣少缴税的问题。如果按税务清算要求转进项，则转出进项即可，直接按常规进行增值税计算，并不存在补税的问题。当然也不会存在诸如滞纳金、罚款、违法定性、信用扣分之类的问题。

一般来说，按全年数据处理，导致的是一个平均的结果，企业应该是可以接受的。

6.2.4　职工福利和个人消费

职工福利与个人消费进项不得抵扣，因为这类应用本身就是对货物、服务的最终消费，与普通消费者消费货物与服务一个道理，是不能抵扣进项的。所以这一规定也是比较好理解的。

职工福利是什么呢？这是需要关注的问题。

《增值税暂行条例》与《营改增试点实施办法》都没有定义什么是职工福利，所以应该按职工福利的通常定义来理解，并且这一理解应该就是指：货物与服务被最终消费。

正确理解职工福利，要注意一个常见误区：凡是花在职工身上的费用都是职工福利，这是错误的，是没有依据的。

正确理解职工福利，就是要认识到，凡是直接为生产、经营服务的支出就不属于职工福利。职工福利是为职工生活、保健所发生的支出，是员工享受的一项类似于取得工资、经济利益的待遇。

举例：上下班通勤车。一般当公司地址在新区时，通勤车就必不可少。通勤车的开支，包括买车、租车、修理、油费、路桥费等，是不是属于福利呢？

不属于福利！

这是企业转运劳动力的支出，是正常的生产经营行为，与转运设备并没有本质的区别。不能因为员工乘坐了，就算员工取得了一个经济利益，这是错误的，员工只是被运输而已，并不算享受了福利待遇。公司管理层一个电话，不需要征求任何人意见，就可以把全车员工送到另一个地方去，所以它完全不是一个消费行为，而是一个生产行为。

不属于福利，不仅指增值税，还包括个人所得税和企业所得税，都不能按福利处理。

工棚、倒班房、办公室内床椅家具、员工宿舍呢？这些算不算福利费支出？

建筑工地的工棚、企业倒班的倒班房，这都是生产必备的设施，是直接的生产成本支出，也不是员工取得的经济利益。高管办公室所配的床，如果是用于加班而非用于生活，则也不能按福利处理。

员工宿舍，当然是职工福利，与工棚、倒班房的区别就在于，宿舍是配给员工生活的，而工棚、倒班房是配给员工工作、加班工作的，其目的完全不同。

如果把名义上的倒班房，实际上作为宿舍分配给员工使用，当然也就属于职工福利了。所以，判定是否属于职工福利，不能只看名字，而要分析其用途，是为生产经营服务的，还是直接作为员工的一项经济利益。

这其中的确有难以完全分清的情况，比如，总经理直接把办公室当成了自己的宿舍，怎么办？这就要看主要的用途了。企业不应该承担个人的开支，不仅在增值税上，在会计上也不应该承担。应结合实际情况分析，必要时形成书面结论。未来税务稽查人员有不同理解，也应该从实际情况来分析，而不能仅凭是否被员工个人“使用”，就判定是职工福利。

再举个例子，员工的制服。

一定要注意，制服完全可以被理解为非福利。因为穿它的目的在于统一形象，在于对内或对外的形象表达，所以不是职工福利。进项可以抵扣。制服不要发给员工，而应该是配给员工，所有权依然在公司，只是让员工必须在工作时按公司制度规定穿戴。

当然，如果是“劳保用品”，则当然也不构成福利。劳动保护是法定的要求，是生产过程的必备支出，也不是员工取得的经济利益。只是劳保要是真正的劳务。

盛夏时节一线建筑工人的降温开支是生产经营的开支，其实物采购中的进项可以抵扣。但机关办公室人员的降温开支，就是福利了。

职工福利在增值税上的另一个把握要点就是，它可能同时会被判定为“视同销售”。

中秋节发月饼，许多会计知道应该扣个税，因为发月饼与发工资本质上没有区别。但是，实际上的风险远不止这些，还涉及增值税。

发月饼后，这些月饼就用于了职工福利，所以看起来是进项不得抵扣。但是，按《增值税暂行条例实施细则》的规定，此时由于月饼的所有权从公司转移到了员工个人手中，形成了所有权的转移，所以要视同销售，计征增值税销项。

这样发月饼的事件就由“职工福利”被税法强制转变成了“销售”，既然不再是职工福利，所以其后果就是：进项可以抵扣了。

因此，买月饼时，应该索取增值税专用发票，这样同时确认进项与销项金额是一致的，不会导致额外的纳税义务发生。

如果月饼的所有权没有转移，比如，直接通过员工食堂，作为配餐或聚会支出，在公司消费掉，其所有权没有转移，所以不视同销售，而应该作为职工福利进项转出。

再讲一个例子，异地项目工地建筑工人的食堂三餐及加班餐，此类开支是福利支出，还是生产支出？

是生产支出，进项不在不得抵扣之列！

因为这不是一项福利，而是因为实施项目必须的开支，如果员工顿顿都要回公司吃饭，这个房子也就无法修了。凡是在异地工地现场的食堂、工棚，都不是福利，是生产经营直接的、必要的、合理的、正常的开支。

对比理解，公司总部、机关的食堂开支，就是福利费开支，除了因加班安排的加班餐支出外，都属于福利费。它并非公司生产经营直接且必要的支出，而是提高了员工的工薪待遇，补贴了员的生活。

现实中，错误扩大福利费范围的事，还比较多。

然后再讲个人消费。个人消费并不是指人对某项货物与服务的消耗，个人消费对应的是“公务消费”，即只要是因公的消费，就不是个人消费。实际上，个人消费是指本该由个人负担的、非公务消费。

举例：办公室的桶装水和零食，取得的进项可不可以抵扣？

桶装水消费就是因公消费，因为它是必须的、常规的办公室消费；而配备的零食则不是，属于个人消费，要么由个人承担，要么作为福利处理。

再说一个，企业的交际应酬支出，这一支出本质上也是因公支出，不属于个人消费，但是，《营改增试点实施办法》专门规定：**纳税人的交际应酬消费属于个人消费，**所以交际应酬消费被直接强制划归个人消费，从而进项不能抵扣。

需要注意的是，交际应酬是指提升与相关人员关系的工作，最常见的就是招待。我们必须从业务实质上去判定一项支出是否属于交际应酬。

比如，客户来公司参加会议，公司承担其往返的机票与住宿。这是不是交际应酬？这是不是业务招待费？

不是。不能把交际应酬与业务招待费等同于“花在客户身上的钱”。而要看其开支的目的，是提升客户关系，还是具体的业务开支。

客户来公司参加工作会议，是一项会议业务，不能理解为“请客户坐飞机”“请客户住旅馆”，而应理解为工作会议费中必要、合理的支出。

6.2.5　固定资产、无形资产、不动产

对于前述免税、简易计税、职工福利与个人消费的进项不得抵扣，按《营改增试点实施办法》的规定：

其中涉及的固定资产、无形资产、不动产，仅指专用于上述项目的固定资产、无形资产（不包括其他权益性无形资产）、不动产。

如果某固定资产、无形资产、不动产，没有专用于免税、简易计税、职工福利、个人消费，则其进项不属于不得抵扣的范围。这些进项包括：购买时的进项、自制时的进项、租入时的进项等。

例如，公司自建一个职工饭堂，则其中的进项不能抵扣，因为专用于职工福利。

但是，如果公司将饭堂大厅，既用作饭堂，也用作会议室，平时摆会桌、餐时摆餐桌，自然这个不动产就不再是专用于职工福利了。所以，整个饭堂作为一个独立的固定资产，并未专用于职工福利，所以进项可以抵扣。

在具体进行判断固定资产等进项能否抵扣时，关键是把握“专用于”三字。如果能够证明“兼用于一般计税”，当然就可以否定专用于简易计税了。此时，并不存在专用于一般计税与简易计税的比例问题。需要判定的是：在当期，该固定资产等是否同时用于了一般计税。

另一方面，兼用于一般计税，并不是指一定要取得一般计税的收入，只要实质上用于一般计税项目，就可以否定专用于简易计税。

例如，某建筑公司有一个简易计税项目与一般计税项目都已开工，公司一辆汽车同时被两个项目使用，不论本月一般计税项目是否产生销售额，此固定资产都不属于专用于简易计税，所以其进项可以抵扣。

接上例，4 月份，公司一般计税项目完工，只存在简易计税项目，则此时该汽车由于专用于简易计税项目，所以进项税金将不能抵扣，必

须要作进项转出。

《营改增试点实施办法》对此的规定是：

第三十一条 已抵扣进项税额的固定资产、无形资产或者不动产，发生本办法第二十七条规定情形的，按照下列公式计算不得抵扣的进项税额：

不得抵扣的进项税额=固定资产、无形资产或者不动产净值×适用税率

固定资产、无形资产或者不动产净值，是指纳税人根据财务会计制度计提折旧或摊销后的余额。

按此规定，转出进项的金额是针对该固定资产净值比例计算的进项税金。

汽车原值 20 万元，购入时税率 13%，进项税金 3.4 万元已抵扣。专用于简易计税当月，汽车净值为 12 万元。

不得抵扣进项=12 万元×13%=1.56 万元

注意：转出的 1.56 万元进项税金，进入固定资产的原值之中，即也相应的加大了固定资产的净值。本例汽车净值变成了 15.6 万元。

借：固定资产　　1.56 万元
　贷：应交税费-增（进转）　　1.56 万元

接上例，一个月后，公司又有一般计税项目，该汽车同时用于该一般计税项目，转出的进项税金又可以于下一个月再转回。即，如果 5 月份用于一般计税，6 月份可计到进项税额之中。

可转回进项=可以抵扣的资产净值÷（1+适用税率）×适用税率

接上例，假如 6 月汽车净值为 13 万元，则：

可转出回进项=13 万÷1.13×13%=1.5 万元

借：应交税费-应交增值税（进项税额）　　1.5 万元
　贷：固定资产　　1.5 万元

同时将 1.5 万元于当月填写入《申报表》的进项税额的“其他”栏目之中。

上例中，会计处理是借、贷都是固定资产，这将导致固定资产原值发生变化，并且会影响到折旧金额的变化，所以比较复杂。并且进项转出、转入，是否可以调整固定资产原值，会计上也可能有不同理解。但

是，考虑到增值税政策在此时直接以“净值”为计算依据，为防止与税务机关出现不必要的争议，建议还是通过固定资产科目来进行处理。

【案例】某建筑公司目前只有简易计税项目，所有进项税金都无法抵扣。购买一台设备，是否应该索要增值税专用发票？

应该索要增值税专用发票。因为设备可能服务于多个项目，所以，未来如果用于一般计税项目，则其进项可以抵扣，所以必须要取得增值税专用发票进行认证，认证后进行抵扣，抵扣的同时再作进项转出。这样未来当转用于一般计税项目时，净值率对应的进项就可以抵扣了。

目前，先前不能抵扣的资产后来转用于可抵扣的项目，进项可以转回的，只有固定资产、无形资产、不动产。其中固定资产的定义，并非会计准则的定义，《营改增试点实施办法》对其有专门的定义：

“固定资产，是指使用期限超过 12 个月的机器、机械、运输工具以及其他与生产经营有关的设备、工具、器具等有形动产。”

所以，周转材料、工具、脚手架、模具、扣件等，如果使用期限超过 12 个月，在进项抵扣上也可以按固定资产处理，只有“专用于”的情况下，进项才不能抵扣。

另外，计算不得抵扣的进项税额，或者计算未来可以转回的进项税额时，都涉及“净值”这一概念，相应的，对于会计上未按固定资产处理的周围材料，其净值应该指尚未摊销完毕的价值金额。

6.3　非正常损失不得抵扣

6.3.1　非正常损失的把握

非正常损失的进项不得抵扣。把握这个规定的最关键之处，就是哪些属于“非正常损失”。

首先要明确，必须是“损失”才不得抵扣，如果未有损失，则不适用于此条。

在实操中曾遇到这样一个案例：公司自建一个仓库，非法占用了农民的土地，没有任何报批报建手续，属于典型的违章建筑，面临被拆除的风险，并且已经被当地相关部门下达了限期拆除通知。

税务稽查人员在检查中认为，这个违章建筑应该因违法而被拆除，所以其进项不得抵扣。

稽查这样的处理是错误的。因为税务稽查时，该仓库并未被拆，虽然被下达了拆除通知，但并未形成损失，所以不属于非正常损失，完全没有不得抵扣的理由。

一般来说，建筑本身违法与否，不是税务机关职能所能够认定的。就算被有职能权力的机关认定违法，甚至通知拆除，但在实际被拆除之前不会产生损失，没有损失就不能以“**非正常损失不得抵扣**”为依据，要求转出进项。

当然，该仓库如果最终被拆除，就构成损失。

如果该仓库原值 60 万元，拆除时净值 30 万元，净值率 50%，已抵扣的增值税 4 万元，则应转出进项 2 万元。此 2 万元转出到固定资产清理或营业外支出之中。

所以，企业要注意，一旦被拆除，损失的不仅是建筑物本身净值，还包括它上面的进项。

除了对“损失”的把握这外，另一个要点就是：非正常损失。

非正常损失并不是基于常规理解与会计理解，而是有着明确的税法定义的，《营改增试点实施办法》对其的明确规定是：

“非正常损失，是指因管理不善造成货物被盗、丢失、霉烂变质，以及因违反法律法规造成货物或者不动产被依法没收、销毁、拆除的情形。”

这一规定分为两个部分。“**因管理不善造成货物被盗、丢失、霉烂变质**”，这是之前《增值税暂行条例实施细则》的规定。后面部分是营改增后新增加的规定。两者用“以及”二字相联，所以是并列关系。

前一部分把握要点是损失的原因是“管理不善”，损失的具体形式只有三种：被盗、丢失、霉烂变质。除此外的损失，都不属于增值税定义的非正常损失。

所谓管理不善，就是指对货物本身的管理存在过错，是一项管理行为。比如，管制制度有漏洞，管理人员犯错误等，都属于管理不善。

反之，如果是市场原因、决策失误、技术原因、政策原因等，不可

抗力等都不属于管理不善的范畴。比如：经营食品与药品的企业，其产品有保质期，过期食品药品只能报废，这种损失首先就不属于管理不善，而是市场原因、经营原因、经营决策导致的，所以不论产品最终是否霉烂变质，都不在不得抵扣之列。

被盗、丢失、霉烂变质，是一个正向的列举，没有“等”字，所以不能被扩大理解。比如，在仓库抽烟失火烧毁货物，这虽然构成了管理不善，但却不属于被盗、丢失、霉烂变质三项中任何一项，所以也不能据此转出进项。

在途的货物由运输公司运输，如果运输过程中被盗，显然是管理不善导致的丢失，这就典型地属于非正常损失。虽然它是运输公司的管理不善导致，而非本公司的管理不善导致，但由于管理不善并未限定于哪个主体，所以进项也不能抵扣。进项税金也必须同时构成损失金额，一并向对方或保险公司索赔。

第二部分，**“因违反法律法规造成货物或者不动产被依法没收、销毁、拆除的情形。”**

注意：这一项并非是指进项抵扣必须要合法。现实中的确有一种观点认为，只有合法开支的进项才能抵扣，这是对税法原则的严重践踏。

不得抵扣的条件首先是要“违法”，违法与否只能由有执法资格的国家机关，按法定的程序做出违法的书面决定，才算违法。其他任何单位或个人的理解，都不能作为违法的定性。

其次是因为违法，而被依法没收、销毁、拆除。没收、销毁、拆除会导致损失，这个损失对应的进项才不能抵扣。

就违法建筑而言，如果被相关执法部门依法做出生效的决定书，认定违法，并且依法对建筑进行了拆除，那么其进项就不能抵扣。

反之，如果该建筑物虽然违法，但却同时被违法强拆，则也不能引用此条得出不得抵扣的结论，因为只有依法的拆除，才不得抵扣进项。当然，企业必须要证明强拆行为违反了相关的法律，只要证明了这一点，就没有转出进项的依据了。

再举个例子：某企业购入的商品存在质量或专利问题，进价 200 万元，进项税金34万元。销售了一半，剩下一半被相关部门认定违法，并依法进行了销毁，同时处以罚款。那么，这34万元的进项税额中，有多少不能抵扣？

已经销售的一半，因为不存在被没收、销毁的情况，所以没有任何转出进项的依据。被依法销毁的一半，则应转出进项，所以其中有17万元的进项应该转出。

6.3.2 非正常损失的内容

对于不同资产的非正常损失，有着不同的不得抵扣进项范围，按《营改增试点实施办法》规定：

“（二）非正常损失的购进货物，以及相关的加工修理修配劳务和交通运输服务。

（三）非正常损失的在产品、产成品所耗用的购进货物（不包括固定资产）、加工修理修配劳务和交通运输服务。

（四）非正常损失的不动产，以及该不动产所耗用的购进货物、设计服务和建筑服务。

（五）非正常损失的不动产在建工程所耗用的购进货物、设计服务和建筑服务。

纳税人新建、改建、扩建、修缮、装饰不动产，均属于不动产在建工程。

本条第（四）项、第（五）项所称货物，是指构成不动产实体的材料和设备，包括建筑装饰材料和给排水、采暖、卫生、通风、照明、通讯、煤气、消防、中央空调、电梯、电气、智能化楼宇设备及配套设施。”

把握这类损失进项转出的要点就是，凡是规定不得抵扣的，就不得抵扣，凡是没有规定的，就不在不得抵扣之列。

比如，工地上一批材料丢失，不仅要将采购该批材料对应的进项转出，还要将其运输中的进项转出。如果是与其他材料一同运输，则要将其运输核算出来，按比例作进项转出。但是，如果该批材料还对应有一笔检测费支出已抵扣进项，则检测费并不是在转出进项的范围之内。

在具体计算时，必须要结合该批材料已抵扣的进项税额情况进行确

认。比如，经会计检查，该批丢失的材料中，有一半当初取得的是增值税普通发票，没有抵扣进项；另一半当初取得的是增值税专用发票，已经认证并抵扣进项。那么，只能将已抵扣的进项转出，没有抵扣的进项不存在转出的问题。

在实操中，税务检查人员往往会用营业外支出金额，直接乘以税率，以检查是否对损失进行了进项转出。此时企业就必须提供内部核算数据，以证明损失的材料中，哪些抵扣了进项，哪些没有抵扣进项。

如果企业材料管理混乱，不能准确确定该批丢失的材料具体的进项税额，则应该按其实际成本×税率来计算进项税额转出的金额，这样一来对企业而言往往就可能吃亏。

6.4 特别规定不得抵扣

除前述两个不得抵扣的大类外，《营改增试点实施办法》还规定了几类特殊的不得抵扣的情况：

（1）“购进的旅客运输服务、贷款服务、餐饮服务、居民日常服务和娱乐服务进项不得抵扣。”

这一条在《关于深化增值税改革》（财政部税务总局 2018 年第 39 号公告）中，被修改为：“购进的贷款服务、餐饮服务、居民日常服务和娱乐服务”。

这变化非常重要，大家一定看仔细了：39 号公告生效之后，旅客运输服务，已不在不得抵扣之列了！

关于旅客运输的进项抵扣变化

这个 39 号公告的具体规定，非常有意思，笔者必须要着重讲解。首先看下文件原文：

关于深化增值税改革有关政策的公告

财政部 税务总局 海关总署公告 2019 年第 39 号

六、纳税人购进国内旅客运输服务，其进项税额允许从销项税额中抵扣。

（一）（此处是关于过渡期的抵扣凭证的规定）

（二）《营业税改征增值税试点实施办法》（财税〔2016〕36 号印

发）第二十七条第（六）项和《营业税改征增值税试点有关事项的规定》（财税〔2016〕36号印发）第二条第（一）项第5点中“购进的旅客运输服务、贷款服务、餐饮服务、居民日常服务和娱乐服务”修改为“购进的贷款服务、餐饮服务、居民日常服务和娱乐服务”。

本文件第一句话是：购进国内旅客运输服务可以抵扣，是不是说，国外的，或者跨国的旅客运输服务，就不能抵扣了呢？

还真有不少人这样理解：总局规定国内客运可以抵扣，当然国外的、跨国的就不能抵扣。

这个错误是因为缺乏税务规则思想导致的。

所引文件的第（二）项，才是本规定的核心：直接取消了客运服务不得抵扣进项的规定。所以，所有客运服务，都不在不得抵扣之列，自然包括国内客运服务，当然也包括其他所有客运服务。

税务总局专门说“国内旅客运输服务”可以抵扣，可以理解为一个暗示，暗示只能抵扣国内客运服务，但纳税人要有主见，不能信暗示，必须依税法规定判定，国内客运可以抵扣，并不说明其他客运不能抵扣。

当然，国外的客运基本抵扣不了，但原因不是国外客运不能抵扣，而是无法取得符合规定的抵扣凭证。如果真取得合规的抵扣凭证，税务稽查执法中准备引用哪个文件的条款来要求进项转出呢？“购进国内旅客运输服务可以抵扣”并不能要求别人转出国外客运的进项。

依法治税的原则就是，税务总局也必须遵守它制定的税务规则。

强调的第二点是，39号公告出台时，就有一种说法：必须是公司合法雇佣的员工的客运费，才能抵扣。非员工不能抵扣。

这一说法就算被冠以“内部口径”，也是没有法律效力的。既然客运服务已经全部从不得抵扣范围中排队，只要凭证合规，是公司支付或承担的进项，就不再属不得抵扣之列。

有人问我：那么，公司老板女儿并非公司员工，她的机票，进项能否抵扣？

答案是：如果机票是公司买的，就属于公司的进项，可以抵扣。

再来看，公司为老板女儿支付或承担的这个机票，用途是什么？如

果是个人消费，则不能抵扣、进项转出。除之外，只要不是明确列举的不得抵扣项目，就都可抵扣。

我们就要建立起这样的抵扣观念和税法观念来思考问题。不要相信暗示、谣言或者什么内部掌握。自己的进项自己抵扣，不需要申请税务局允许。

税务的应对是检查。未来，税务稽查执法时，想要求进项转出，必须引用明确的、具体的、合法的法律、法规、规章、规范性文件条款，才能转出纳税人的进项。只要它引用不出来，《税务处理决定书》就根本无法写出来，转出进项的决定也就无法做出来。

（2）贷款服务进项不能抵扣。不管是金融机构贷款还是民间贷款，利息的进项都不能抵扣。

注意：按《营改增试点实施办法》中应税服务注释的解释，贷款服务同时还包括贴现服务、融资性售后回租服务，所以贴现与回租其支付的进项也不能抵扣。

这一限制显然会提高公司的融资成本，因为增值税进入了利息。目前可以抵扣的利息只剩下一种业务：融资租赁。

融资租赁本质上是融资，形式上是租赁。但在增值税上，强行按租贷业处理，这样一来，就可以抵扣进项了。

如果用款企业贷款的目的是购置固定资产，就应该尽量通过融资租赁方式进行。由融资租赁公司采购固定资产，再租给企业使用。

此业务增值税上按租赁业务处理，所以进项可以抵扣。为降低融资成本，融资租赁是一个首选的选项。

另一方面要注意，贷款服务进项不得抵扣。但除贷款之外的其他金融服务，其进项都不在不得抵扣之列，应取得增值税专用发票。

（3）餐饮服务进项不得抵扣，这一项主要把握两个要点。

① 餐饮服务不提抵扣。但除餐饮之外的服务，比如住宿服务、购买食物等，不在不得抵扣之列。

② 如果会议费用开支中，包含了餐饮开支，其进项能否抵扣？

这个不能一概而论，要通过合同来判断。实质是判断服务提供方是提供了一个含餐的会务服务，还是提供了一个会务服务和餐饮服务。这个可以通过双方的合同、发票来确认，只要企业没有外购餐饮服务，就不在不得抵扣之列。税务机关无法干预企业的具体业务。

如果提供的是包含餐饮在内的会务服务，餐饮只是会务内部的一个成本内容，则本质上是会务服务，只开一张会务费发票，进项不在不得抵扣之列。

如果的确是提供了不包餐的会务费，餐费另行提供，则是两个兼营的业务，尽管两个服务的税率相同，但也应该分别纳税、分别开票，这样餐饮的进项就不能抵扣了。当然，餐饮也开不出增值税专用发票。

居民日常服务和娱乐服务进项不得抵扣。

除以上四点之外，《营改增试点实施办法》还规定了一个兜底的条款，这是本轮营改增的创新规定：

“（七）财政部和国家税务总局规定的其他情形。”

这为未来增加不得抵扣项目提供法律依据。当然，这需要由财政部、税务总局的文件来明确。地方各级税务机关是无权规定不得抵扣进项的其他情形的。

但这一条在法律上是存在问题的，因为营改增试点后最新修订的《增值税暂行条例》对于不得抵扣进项的列举是这样的规定的：

“（四）国务院规定的其他项目。”

最新修订的《增值税暂行条例》已经包含了营改增内容，所以，《营改增试点实施办法》的规定不能与《增值税暂行条例》相冲突，此处这个财政部和税务总局规定其他不得抵扣情形的条款，显然直接与《增值税暂行条例》冲突了，所以应该是无效的。

未来财政部、税务总局如果发文增加某个项目进项不得抵扣，则应该质疑其权力。

6.5 常见应纠正的误区

进项抵扣是增值税处理的重要环节，也是非常复杂的处理环节。增值税从 20 世纪 90 年代开始到 2016 年，许多传统增值税企业 20 多年也没有把进项抵扣真正把握住，许多企业缺乏从规则角度把握进项抵扣的能力。

正确把握进项抵扣，就是要严格按进项抵扣的法定规则来判断如何抵扣，不能在法定规则之外，再加上一些人为的、惯例的、暗示的、税务要求的非法定的限制。

笔者在 2016 年营改增试点之前设计的一个筹划案例，并非来源于真实情况，这个案例有点极端，目的是让大家感受到进项抵扣的精髓。

【案例】 某工程 2016 年 2 月 15 日开工，总造价 5 000 万元，合同约定，3 月 15 日付工程款 4 500 万元，尾款 500 万元于完工时支付。

但是，实际上甲方截至 4 月 30 日，一分钱也没有付，乙方自己 2 月份垫了一点点钱开了工，但后续因为没有收到工程款，实际上工程进展几乎停滞。

问题是乙方 3 月 15 日，该不该交营业税？

按《营业税暂行条例》及其实施细则的规定：工程开工后，应该在收到款、或者书面合同约定的收款日确认营业税销售额，缴纳营业税。所以，乙方实际上在 3 月 15 日，已经有了营业税纳税义务，应纳营业税 =4 500 万元×3%=135 万元。

注意：如果此时没有缴税，未来被税务机关检查发现，是可以要求补营业税，并且要加收滞纳金的。

如果乙方严格依法纳税，交了这 135 万元的营业税，那么，2016 年 4 月 30 日实施增值税管理之后，未来只对余下的 500 万元缴纳增值税。一般来说，作为老项目，乙方如果选择简易计税，未来对这 500 万元交 3%的增值税就行了，这样的处理也非常简单。但乙方并不按你设计的方法来做。

按上例：2016 年 5 月 15 日，甲方全额支付了 5 000 万元工程款。乙方据此采购工程物资，取得增值税专用发票，其中累计的进项税金 250 万元，即该工程拥有进项 250 万元。

乙方同时“不选择”简易计税，而是直接采取一般计税。5 月收到的 5 000 万元工程款中，其中 4 500 万元属于已完税的营业税。就算当时没有完税，也应该补纳营业税和滞纳金，而不能交增值税。

所以，对本项目而言，增值税销售额仅有 500 万元。现在税率为 9%。

所以，其应确认的增值税销项=500 万元÷1.09×9%≈41 万元。

看看，此时出现了销项 41 万元、进项 250 万元的倒挂现象。其原因就在于，工程款收入绝大部分已经在试点前交了营业税，所以现在销项就低了。

那么，这 250 万元进项能不能抵扣呢？这 250 万元进项的工程物资，所对应的收入 90%是营业税收入，只有 10%是增值税收入，那么 250 万元进项可以全额抵扣吗？答案是：“可以”。原因就在于：

（1）有合规的增值税专用发票，以及进行合规的认证等操作；

（2）这些工程物资，不属于任何“不得抵扣”的项目。

这些工程物资用于了简易计税？免税项目？职工福利？个人消费？也或这些工程物资非正常损失了？

都不是。既然不是，就不属于不得抵扣的项目，不属于不得抵扣的项目就都可以抵扣。

但这不合理，它们用在了营业税项目上，属于非增值税应税项目，这些都不能够抵扣。

试点前的《增值税暂行条例》在规定“不得抵扣项目”时，曾有列举：“用于非增值税应税项目”的进项，不得抵扣。并且同时解释，营业税项目就是非增值税应税项目，所以，如果按试点前《增值税暂行条例》的规定，250 万元中有 90%是不能抵扣的。

但是，试点前的《增值税暂行条例》的规定，不适用于建筑业服务，这是条例本身有严格规定的：

“**第一条**　在中华人民共和国境内销售货物或者提供加工、修理修配劳务以及进口货物的单位和个人，为增值税的纳税人，应当依照本条例缴纳增值税。”

可见，只有销售进口货物、加工修理修配劳务，才按试点前的《增值税暂行条例》纳税，建筑业不按条例纳税。所以，条例的“非增值税应税项目”，管不了建筑业。何况《营改增试点有关事项的规定》以及随后修订的《增值税暂行条例》也取消了用于非增值税应税项目不得抵扣的规定。

并且，《营改增试点有关事项的规定》同时明确，建筑业按试点政

策纳税，而试点政策就是本章前面讲的内容，其不得抵扣的项目不包含非增值税应税行为。

结论非常清楚：250 万元可以全额抵扣。不论它看起来多么的不合理、不恰当，但我们是“依法纳税”不是“依理纳税”，所以该怎么办就怎么办。

注意，分析一个进项能不能抵扣，不能人为在法定的条件之外再加限制。比如，有一种观点认为：这不能抵扣，如果抵扣了国家就吃亏了。

纳税不是一个纳税人与政府相互算计的事，而是纳税人履行自己的法定义务、征税人履行自己的法定责任的过程。能不能抵扣不是去计算国家和纳税人谁吃亏的问题，而是依法来确定的问题。

大家可以再回味一下这个案例，它虽然有点极端，但却能很好地帮助大家认识和把握进项抵扣中的规则。

如果案例中的施工企业最终因老项目，选择简易计税，那么，它的收入总额=4 500 万元+500 万元÷1.03=4 985 万元。

如果案例中的施工企业按一般计税计税，那么，它的收入总额=4 500 万元+500 万元÷1.09=4 958 万元。

可见，与简易计税相比，其收入下降 27 万元。但进项税可以抵扣 250 万元，抵扣进项相当于成本下降 250 万元，利润要比简易计税高出 223 万元。

下面再举一个公交公司的案例，方便大家加深对进项抵扣的认识。

【案例】公交公司可以选择简易计税，一般也都选择简易计税，3%的征收率。此时，所购置的公交车，进项是不能抵扣的，因为专用于了简易计税项目。

但是，公交公司一般会对外承接车身广告，按营改增试点政策的规定，这种把车身外表提供给广告公司用于广告发布的行为，按租赁业纳税，当时税率 17%，2018 年 5 月 1 日起降为 16%，2019 年 4 月起降为 13%。

别被这么高的税率吓坏了，如果车身一旦出租，该汽车就不再“专用于简易计税”了，整个汽车的进项就都可以抵扣了。

公交公司可以通过测算，选择一、两辆汽车来抵扣进项，因为广告收入不是太多的话，多抵扣进项反而积压了资金。这样一来，由于车辆进项被抵扣导致固定资产原值下降，公司的利润又上升了。

有观点认为，公交车主要用于公交运营，广告费的收入与公交运营收入相比，比例太低，不应该因为这一点点一般计税使用，就抵扣全车的进项，否则不公平。

这样的理解显然不是依法纳税的态度，是有悖于法治中国建设的。试点办法并没有规定“专用于”是什么意思，比如，试点办法没有规定：“专用于简易计税是指其对应的简易计税收入金额占90%以上”之类，所以，只要没有专用于，就可以全额抵扣。这就是进项抵扣的判断特点。

以上两个案例中，持不得抵扣观点的就是进入了两个最常见的认识误区。

（1）进项抵扣必须要与生产经营有关，要与取得增值税收入有关，要与确认增值税销项有关。

（2）进项抵扣中，专用于简易计税、免税、福利的固定资产、不动产，有比例的限制。

其他常见的误区还包括以下几个。

（1）进项抵扣必须是实际付了钱的。

实际上，企业只需要取得增值税专用发票等抵扣凭证就行了。至于是否事实“付钱”，并非抵扣的前置条件，因为税收政策没有这样规定。

企业虽然没有付钱，但却形成“负债”，形成负债就是一种“承担”方式。只要承担了，就是可以抵扣的进项。与是否实际付款没有关系。

（2）如果开票方没有进项，却开出了销项，则采购方不能抵扣。

这种观点看起来荒谬，但在实操中却很盛行。比如，供应商开出了一批板材的增值税专用发票，如果供应商自己没有该批板材的进项票，那么采购方就不能抵扣。

其荒谬性是显然的。只要增值税专用发票是规范的——核心理由就是，业务是真实的，所以增值税专用发票不是虚开的——只要这一点满足，则进项就是可以抵扣的。

至于供应商没有进项，原因可能很多，包括：没有取得发票、盘盈、

货物经加工或包装后名称改变等，这些都与采购方无关。

（3）失控增值税专用发票不能抵扣。这一点第 5 章已经进行过分析，失控只是税务机关自认为存在问题发票的一个定义，并不能代表该发票真的有问题。所以只是“暂时”不得抵扣。

（4）用于差额纳税的项目，进项不能抵扣。这也是没有依据的。差额纳税的情况在营改增后比较多，但它只针对销售额的确认。如果简易计税下的差额纳税，比如建筑业，当然不能抵扣，这不是因为用于差额纳税的项目，而是因为用于简易计税，从而不能抵扣。

但如果一般计税下的差额纳税，比如：房地产企业开发商销售自己开发的商品房，可以享受土地价款扣减的差额纳税，并没有不得抵扣的规定，所以就可以抵扣。再如，炒股挣钱了，虽然不多，但赚钱了就要差额计算增值税销项，虽然是差额，但进项依然可以抵扣。

（5）违法开支的进项不能抵扣。

这一点在讲解非正常损失时已经有所阐述，这里再专门进行强调一下。

不得抵扣进项的项目中，并没有违法开支的项目进项不得抵扣的规定。违法与否，需要相关有管理权、执法权的部门来依法认定，在被依法认定之前，税务工作中没有任何理由和权力对业务的合法性进行判断。

所以，增值税进项抵扣在违法问题上是非常超然的。如果被依法处罚，导致了“没收”“拆除”，从而产生了损失，这个损失对应的进项，不能够抵扣。它实际上是包含在“非正常损失不得抵扣”的范围之中的。

举个例子，违章建筑如果被依法强拆，则其会产生损失，这个损失对应的进项，包括对应的材料、建筑劳务、设计劳务等进项，不能抵扣，应该转出。但是，如果公司预计会被依法强拆，而自己提前动手将其拆除，并导致相关部门无法依法做出强拆的决定，则此拆除导致的损失，就不属于依法拆除的损失，其进项就不在不得抵扣之列。

当然，实操中的认识误区还有很多，有些是高深的，有些是幼稚的，很难一一罗列完整。但是，只要牢牢把握“纳税法定”“抵扣法定”，把握税前抵扣的基本规则，就可以在令人眼花缭乱的环境中把握住正确的做法。

第 7 章　进项抵扣的操作与处理

进项抵扣，从会计上讲，就是在完成必要的认证等程序后，将可以抵扣的税款填写在申报表上，并进行申报的工作，当然这其中涉及进项抵扣的判定、会计处理。

7.1 进项抵扣的主体

进项抵扣的主体，就是一个独立的增值税一般纳税人。进项抵扣不分项目、不分时间、不分类型、不分收入匹配，只要是属于纳税人的进项，就全部归入一个统一的进项税额之中。

如何判定什么是一个独立的增值税一般纳税人呢？

最简单的办法就是：它有一个独立的税号。

一个公司不一定是一个独立的增值税纳税人，如果它有分公司、子公司的话，则分公司、子公司有可能是独立的增值税纳税人。

最简单的办法就是看分公司、子公司是否进行了独立的税务登记，虽然现在三证合一了，但从法律上讲，只是证据与手续的合一，该登记的还是在税务机关登了记的。

子公司，一定是独立的增值税纳税人，因为它肯定是在母公司之外独立进行了工商税务登记。

分公司，则不一定。有的分公司是独立进行了分公司的登记，领取了相应的执照，则是独立的增值税纳税人。有的分公司实际只是内设的分支机构，不满足必须登记的条件，可以不登记，此时与总公司就是统一的纳税人。

按现行税务登记规则的规定，分支机构如果进行了工商登记，则必须进行税务登记，形成独立的纳税人地位；异地分支机构如果没有进行工商登记，但在当地进行了“生产经营”，则也必须进行税务登记。所以，企业要正确判断分支机构是否是独立的增值税纳税人。如果是独立的增值税纳税人，又是独立的一般纳税人，则分公司要单独计算自己的销项和进项。

对于多数建筑公司来说，异地经营是常事，比如在异地盖房子、在异地修路等。

异地经营时有两种模式，一种是在异地成立分支机构，以分支机构的名义在当地开展业务，此时，这个机构就是一个独立的纳税人。

另一种模式是，以总公司的名义在异地开展业务，此时需要在当地税务机关办理外出经营登记——之前开具外出经营管理证明。此时，在异地经营的项目部单位，就不是独立的增值税纳税人，而是与总公司一同构成一个增值税纳税人。

建筑业是一个需要资质的行业，一般甲方都只会与建筑总公司签订建安合同，所以，绝大多数情况下，建筑业都属于外出经营的模式，各项目部与总公司以一个整体确认增值税的进项与销项，项目部本身不是一个独立的增值税纳税人。

这种模式下，全公司都在总部注册地计算增值税，并在项目地进行预缴。全公司只有一个进项税额、一个销项税额，在增值税的核算过程中，不分项目、不分地域、不分时间段、没有所谓权责发生制的问题。公司取得的所有进项税，都计入一个“进项税额”之中，公司产生的所有销项税，都计入一个“销项税额”之中，由公司总部统一计算出应纳增值税，向总机构所在地的税务机关申报。

7.2 调节进项入账时间

取得合规的增值税专用发票后，会计必须要进行“认证”操作，认

证后，就可以抵扣上面的税金。

抵扣时，会计处理上将进项税金计入“应交税费-应交增值税（进项税额）”科目借方；次月申报增值税时，将上月取得的所有可抵扣进项税额，以及上期申报表上留抵的进项税额，分别填写到申报表上，向税务机关申报即可。

也就是说，当增值税专用发票完成认证后，进项税金就应该自动出现在次月的申报表上，并且正如前文所言，如果认证后，该进项没有出现在申报表上，则除非因客观原因导致且经主管税务机关批准，否则不准抵扣。

但是，实操中不少企业会人为控制进项税额，并不是实际取得多少可抵扣的进项税，就真的抵扣多少。这样做的目的，不外乎两个：平衡税负和合理避税。

1. 平衡税负

平衡税负的原因在于回避增值税零申报、回避增值税税负达不到税务机关要求，从而人为不抵扣部分进项税，以怕引起税务机关的注意。

比如，某月公司销项 300 万元，进项 260 万元，如果纳税的话只缴纳 40 万元，其税负约率为 1.5%，而会计在路旁听说，税务机关针对他们行业的税负率要求是 3%，1.5%才一半，明显低了。为了不引起评估和关注，会计就决定，少认证一点增值税专用发票，少抵扣一点，把税负基本就控制在 3%左右。

为此，他经过测算，如果纳税额 80 万元，则税率基本维持在 3%上下，此时进项只能抵扣 220 万元，所以，就会选择另 40 万元的进项不进行认证，从而可以不抵扣，把税负人为控制在了 3%的水平。

第 1 章就曾讲过，所谓的“税负率=实际纳税增值税额÷收入”，是一个没有意义的概念。增值税进项取得是不均衡的，所以其每月的增值税应纳税额肯定是波动的。所以，稳定税负率的要求实际上既没有法律依据，又没有理论依据。

但是，会计人员怕啊，胆量的事是无解的，所以这种延迟认证的情况，在实操中还是非常多见的。

这里首先提醒一下，延迟认证时要做好登记、备忘工作，不要逾期，如果 360 天还没有认证，麻烦就大了。延迟认证只是一个提前交税的问题，而逾期如果不能认证抵扣，就是一个多缴税的问题了。

其次，延期认证，不能影响会计处理。一些会计新手在进行会计处理时，对于没有认证的发票，就不做账，这是错误的，实际上属于会计舞弊的行为了。企业可以推迟认证，但不能会计舞弊。

正确的做法是，对于增值税专用发票，该怎么进行会计处理就怎么进行会计处理。认证只影响增值税，认证专票上的进项是可抵扣的进项，要立即计入“应交税费-应交增值税（进项税额）”。未认证专票上的进项，是不可抵扣的进项，要暂时挂在其他科目上。目前推荐挂在“应交税费-未认证进项税额”。

【案例】采购钢材一批，已付款并入库。取得一张增值税专用发票，金额 100 万元，税额 17 万元，本月为控制税负不进行认证。分录为：

借：工程施工-合同成本　　100 万元
　　应交税费-未认证进项税额　　17 万元
　贷：银行存款　　117 万元

如果两个月后，认证了这张发票，直接从未认证进项税额转入进项税额即可。即：

借：应交税费-应交增值税（进项税额）　　17 万元
　贷：应交税费-未认证进项税额　　17 万元

2. 合理避税

这主要针对在简易计税项目、一般计税项目上无法区分的进项税额。

前一章曾讲到，如果进项税金对应的采购，既用于简易计税项目，又用于一般计税项目，且无法划分，那么应该按当月两类项目的销售额比例划分。

例如，某公司有两个项目，一个简易计税，一个一般计税。本月公司发生的咨询费、广告费、制作费、总部电费、总部油费等费用的进项 10 万元，无法在两个项目上划分，则应按当月两项目的增值税销售额来划分。注意，增值税销售额指增值税口径的销售额，也就是计算本月销项税或简易计税应纳税额的销售额。

假定，本月简易计税不含税收入 3 000 万元，一般计税不含税收入

1 000 万元，简易计税占 75%，则 10 万元无法划分的进项税金中，有 7.5 万元不能抵扣，此 7.5 万元必须作进项税转出，实际只能抵扣 2.5 万元。

会计当然可以选择不认证增值税专用发票，这是合法的，因为税收政策给出了 360 天的认证时间，并且没有在原因上给予限制。不认证的话，这 10 万元进项就暂时归集在“应交税费-待认证进项税额”中。

假定第 3 个月，当月简易计税销售额为 0，一般计税销售额为 3 000 万元，那么，可以选择在此月认证，由于 100%都是一般计税，则全额可以抵扣。相比于在取得发票当月抵扣，节约了 7.5 万元。

当然，这样做也要注意不要认证逾期，否则可能得不偿失了。

这个行为就是税务筹划。它并不违反法律、法规、规章的规定，所以不属于违法行为。并且，有时延迟认证，的确是为了平衡税负，或者仅仅就是工作失误或发票传递延迟。没有人能区分延迟认证到底在主观上是为了避税还是其他原因。

但是，税务方面会进行反避税的制约。《试点实施办法》就规定了反避税的措施：

“主管税务机关可以按照上述公式依据年度数据对不得抵扣的进项税额进行清算。”

也就是说，它授权主管税务机关，可以对纳税人全年的简易计税销售额、一般计税销售汇总进行比例计算，对全年无法分清有进项进行调整。

一般来说，税务计算后如果发现，调整的话不会导致补税、甚至会导致退税，就不会进行调整；税务计算后如果发现，调整的话会产生较大补税，就有可能进行调整了。

注意：不论你主观上是否进行了前述人为调整税负的操作，税务机关都有这个权力，纳税的事本身就是纳税人与征税人的博弈。

假定税务机关对某企业的这问题进行了全年计算，计算结果是认为应该多转出进项 10 万元。会计处理为：

借：管理费用　　　　　　　　　　　　　　10 万元

　　贷：应交税费-应交税费（进项税额转出）　　10 万元

一般来说，多转出进项 10 万元，会导致企业多交增值税 10 万元。交不交滞纳金？罚不罚款呢？

不罚款，不是违法行为，所以不能罚款。

不交滞纳金，因为企业是严格依法纳税，按《试点实施办法》规定的模式计算增值税，所以此行为不属于少交税行为。此行为实际上是税务机关按《试点实施办法》的授权，进行的一项征税行为，就算要缴税，其纳税义务时间也在税务调整的当月，只要当月正常纳税，就没有出滞纳金税款的行为，所以没有滞纳金。

7.3 进项转出的会计处理

7.2 节因税务机关调整，企业进项转出，转出的进项进入了损益，导致公司利润下降，所以，进项转出相当于被税务征了增值税。

对于当月转出的进项税金，应该在次月申报表上填写在“进项转出”一栏上，向税务机关申报。会计上，则计入贷方科目应交税费-应交增值税（进项税额转出）的之中。

对于不能抵扣的进项，取得增值税专用发票后，有会计疑问：既然进项不能抵扣，可不可以不进行认证呢？

当然可以。但是，这并不是好办法。

只要认证起来不难的话，还是应该先认证为好。原因有两个：一是减少税务机关的关注；二是某些起先不能抵扣的进项，有可能未来可以抵扣。

比如，固定资产专用于职工福利，其进项不能抵扣。但是未来，如果这个固定资产又转用于一般计税项目，不再专用于职工福利，则其进项可以抵扣。前文对此已有分析。

但是，如果之前固定资产因为是用于职工福利，而没有认证增值税专用发票的话，现在也就不能再抵扣了。所以，还是先认证为好。

我们标准操作是：收到增值税专用发票，先认证、抵扣；对于其中不得抵扣的进项，再做进项转出。并且，是在确认了达到不得抵扣条件之下，再做进项转出，这样可以最大幅度减缓进项税金的流失，获得资金的时间效益。

【案例】公司有一般计税项目，又有简易计税项目。如果简易计税项目 A，采购钢材一批，金额 1 000 万元，进项税金 170 万元，取得增值税专用发票。

由于用于简易计税项目不能抵扣，所以，应该将此增值税专用发票进行认证，然后计入进项税额，再计入进项税额转出。

借：工程施工-合同成本-A	1 000 万元
应交税费-应交增值税（进项）	170 万元
贷：应付账款	1 170 万元
借：工程施工-合同成本-A	170 万元
贷：应交税费-应交增值税（进项转出）	170 万元

看起来复杂，实际上都不过是会计坐着多做一两张凭证的事。

以上会计操作，对于传统的建筑业会计来说，比较容易懂，他们往往也是这样做的，但进入增值税之外，可能要改一改了。

当这批钢材被采购来的时候，它是否一定是用于 A 项目呢？这一点会计不要急着回答，因为说不定，它真会临时被其他项目拉过去用。

我们传统营业税的施工会计，一律按项目核算，所有材料一入场，就进入合同成本之中，甚至不管它用完了还是没有用完，不管它是不是还有余料。

增值税核算要求我们精细化。这批钢材可能全部拉到了现场，也可能没有。就算全部拉到某一现场，也有可能被拉出来。所以，会计要与项目部进行充分的沟通，对于用途暂不明确的钢材，应该先入库为好，待简易计税项目领用时，凭内部的领料单，领用多少，再转出多少进项。所以，前面分录应该进行调整。

采购并取得增值税专用发票，同时认证之后：

借：原材料	1 000 万元
应交税费-应交增值税（进项）	170 万元
贷：应付账款	1 170 万元

这样，170 万元全部计入进项抵税，如果进项越高，则交增值税的现金流出就越低。同时，保持钢材低成本，如果未来转用于一般计税项目、如果因积压被处理征 13%销项时，就不吃亏甚至还有赚。

未来A项目领用钢材，按仓库转来的领料出库单进行会计处理。例如，简易计税项目A本月领用了500万元的钢材，对应的85万元进项不能抵扣。

借：工程施工-合同成本　　585万元
　　贷：应交税费-应交增值税（进项税额转出）　　85万元
　　　　原材料　　500万元

这样的处理，即体现了内控的严密，又最大限度保障了公司的利益。未来的竞争日益激烈，建筑业又是一个资金压力巨大的行为，对于成本和现金流都应该有锱铢必较的态度。

7.4 进项转出导致补税

进项转出后，会不会导致补税呢？可能会，也可能不会，这需要把具体的情况与税法的规定相结合，才能得出准确的结论。

举例来说，2018年8月，一家建筑公司在接受稽查，发现2017年8月有一批材料被盗，该批材料独立采购和运输，曾取得增值税专用发票并抵扣进项17万元，企业当初没有作进项转出。税务稽查遂作出进项转出的决定。

稽查当月，公司有留抵增值税进项10万元，那么，应该补税多少？17万元还是7万元？滞纳金如何计算？

补税的问题相当复杂。

由于是2017年8月应该转出进项17万元，而没有转出，所以，现在被查处后，也应该在去年8月转出进项17万元。所以，必须要计算去年8月转出17万元后，是否应该补增值税。

假定去年8月公司没有留抵税额，那么说明去年8月少纳税17万元，则补税日期就是去年8月，这样要补税17万元，并且从去年8月开始计算滞纳金。

假定去年8月公司有留抵税额5万元，那么说明去年8月少纳税12万元，则去年8月要补税12万元。然后，因为8月的留抵税额被抵扣了，所以要重新计算去年9月的增值税情况，如果导致9月要补税5万元，则此5万元的滞纳金从去年9月开始计算。

总之，要把进项税额还原到少纳税当月去计算，如果对后期产生影响的话，还要逐期进行计算，从而计算出整体的应补税金额和滞纳金金额。

所以，哪怕被查当月有 10 万元进项，也可能会先补税、滞纳金、罚款，这主要取决于对以前月份的增值税计算。

补税处理时，还要注意，查补以前年度月度的增值税，进项转出后应该入成本，所以会减少以前年度的利润、或增加以前年度的亏损，可能导致所得税出现多交。如果导致多交的话，应该要求企业所得税进行退税。

这样增值税补税与所得税退税各走各的路，但补税会同时导致滞纳金和罚款，所得税退税最多只有一个银行同期存款利息，显然是吃亏的。

能否直接用多交的所得税抵少交的增值税，抵掉以后再计算增值税的补税、滞纳金、罚款呢？

这个问题取决于企业的办税实力。

因为政策在这个问题是有不确定性的，支持可以抵的理由是：少缴增值税，直接导致了多交所得税，所以少缴税应该要扣掉多交的所得税来认定。但是，正因为政策的不确定性，对企业涉税争议的要求很高，没有超强的办税水平还是很难办妥的。

另一个方面的问题是，如果被查的进项转出时间很长，要注意其时效性问题。

比如，2023 年，税务稽查来查账，查到 2017 年一笔应该转出的进项没有转出，比如用于简易计税没有转出进项，或者被盗丢失没有转出进项，此时能不能要求补税呢？

首先，进项应该转出而未转出，是一项纳税的错误。只要企业会计处理是正确的，没有在账上隐瞒相关转出进项的业务，那么此转进项的行为就不算偷税，税务机关查补税的时限就是五年。如果是偷税的话，可以无限期追溯。

然后分析，2023 年查到 2017 年的进项转出，已经六年了，所以此时要分析，这一笔进项转出导致在哪一年补税？

如果导致在 2017 年补税，则过了追溯期，不应再补税和交滞纳金了，也不能罚款。

如果导致在 2018 年或以后年度补税，则因为没有过追溯期，会产生补税和滞纳金，还可能被处以罚款。

7.5 进项的分期抵扣

从原理上讲，增值税进项税金不论其金额大小，都应该一次性抵扣。但是，营改增开始后，财政部与税务制定的《营改增试点实施办法》对于按固定资产核算的不动产，提出了分期抵扣的要求，即认证增值税专用发票后，只能抵扣 60%的进项税金，剩余 40%进项税金留待第 13 个月抵扣。

2019 年 4 月开始，这一政策被废止，所有进项都一次性抵扣，之前被分期抵扣的待抵扣税金，也一并于 2019 年 4 月抵扣。

7.6 进项的加计抵扣

按《关于深化增值税改革有关政策的公告》（财政部与税务总局 2018 年第 39 号公告）的规定，2019 年 4 月开始，增值税税率又进行了一次调整，原适用 16%、10%的税率，下调为 13%、9%，可以理解为，以上行业进行了一次减税。

但是，对于原适用 6%税率的纳税人来说，不但销项税率没有下降，还导致了采购 16%、10%产品与服务时的进项下降，成本上升。为了达到普惠降税的效果，对于一部分纳税人，采取了“进项加计抵减”的优惠政策。

《关于深化增值税改革有关政策的公告》规定：**自 2019 年 4 月 1 日至 2021 年 12 月 31 日，允许生产、生活性服务业纳税人按照当期可抵扣进项税额加计 10%，抵减应纳税额。**

这一优惠政策是有期限的过渡性政策，到期后怎么办呢？不外乎继续延长期限，或者终止。如果增值税未来再进行统一的改革，应该一并解决不同纳税人的不同优惠问题。

加计抵减针对的“生产、生活性服务”，指的是邮政服务、电信服务、现代服务、生活服务等四项服务，涵盖了除金融服务、销售无形资产之外的所有税率为 6%的服务，尤其是，还包括了税率为 13%、9%的租赁服务。

设备租赁服务的税率从 16%下降到 13%，并且还能同时享受进项加诸抵减，是一个较大的利好。公司如果有设备租赁站，应将其独立为一般纳税人，为项目提供租赁服务，开具租赁业增值税专用发票的同时，进项加计抵减，相当于白白增加一笔进项税额 10%的利润。

对于具体的纳税人来说，如果以上四项服务在规定的期间内，销售额占比超过 50%，则整个企业的一般计税项目都可以享受增值税加计抵减 10%的优惠。最优的结果显然是，该一般纳税人四项服务的销售占比刚好达到 50.01%，优惠的力度最大。

对于销售比例的计算，文件进行了具体而明确的规定：

2019 年 3 月 31 日前设立的纳税人，自 2018 年 4 月至 2019 年 3 月期间的销售额(经营期不满 12 个月的，按照实际经营期的销售额)符合上述规定条件的，自 2019 年 4 月 1 日起适用加计抵减政策。

2019 年 4 月 1 日后设立的纳税人，自设立之日起 3 个月的销售额符合上述规定条件的，自登记为一般纳税人之日起适用加计抵减政策。

纳税人确定适用加计抵减政策后，当年内不再调整，以后年度是否适用，根据上年度销售额计算确定。

纳税人可计提但未计提的加计抵减额，可在确定适用加计抵减政策当期一并计提。

以上参与计算比例的“销售额”，指增值税的应税销售额，既包括一般计税的销售额，也应该包括简易计税的销售额。从 39 号公告表述看，如果有适用差额计税的项目的话，应该按差额后的金额参与计算。

例如，2019 年 4 月设立的一家一般纳税人，4 月、5 月、6 月三个月满足占比超过 50%的条件，从 4 月开始，可以享受加计抵减。当然，如果 4 月时无法预计 4、5、6 三个月的销售额能否达标，则事实上无法加计抵减，必须待确认达标月份后，再从 4 月开始计算可加计抵减的金额。

按文件规定，对于满足条件的企业，按当月可抵扣进项税额的 10%“计提”加计抵减额。比如，当月可抵扣进项税额为 10 万元，则可计提

1 万元加计抵减额。

所谓计提，并不像会计计提相关成本费用一样进行损益处理，而是另外设计一个账表，对金额进行记录即可，并不需要体现在会计账簿上，因为在被实际抵减之前，这只是一个类似于“抵减额度”的金额。

税务总局要求享受进项抵减时，公司必须自行核算清楚加计抵减额的计提、抵减、调减、结余等变动情况，这是强制性独立核算要求。最简单可以用 EXCEL 做一个表格，设计如下表所示，逐月填写：

月份	本月进项税额	本月计提金额	本月转出计提金额	上月可抵减余额	本月可抵减限额	本月实际抵减额	本月可抵减余额
	①	②=①×10%	③	④为上期的⑦	⑤=②+④-③	⑥	⑦=⑤-⑥

当期按本月可抵扣进项税额的 10%计算可加计抵减额，如果本月要转出以前加计抵减期月度的进项，要一并按 10%冲减已计提金额，本月计提的金额加上上月未抵减完的金额，就是当月本期的加计抵减限额。

如果当月一般计税项目有应纳税额，即应交税费-应交增值税二级科目有贷方余额，其余额可以用本月可加计抵减的限额进行抵减，按抵减后的金额纳税。

注意，进项税额加计抵减只是对一般计税下应纳税额的抵减，不影响简易计税的应纳税额，也不影响异地预缴增值税。

例如，本月简易计税项目应纳税额 2 万元，增值税销项 15 万元，本月可抵扣进项 10 万元，上期留抵进项 2 万元，上月加计抵减余额 3 万元。

则，本月计提加计抵减额为本月进项的 10%即 1 万元，加上上月加计抵减余额，本月加计抵减限额为 4 万元。

由于本月一般计税项目应纳税额为 15 万元-12 万元=3 万元，故本月实际可加计抵减 3 万元，填在最新申报表相关栏次参与计算，剩下 1 万元加计抵减余额向后期结转。

本月累计应纳税额=简易计税 2 万元，一般计税项目无应纳税额。本月加计抵减余额为 1 万元。

对于实际加计抵减的 3 万元来说，相当于是政府给予的一个补贴，是直接减免的增值税，应该确认为一项补贴收入，企业所得税与会计处

理无发差异，会计处理为：

借：应交税费-未交增值税　　30 000 元

　　贷：其他收益　　30 000 元

如果未来进项加计抵减政策终止时，公司仍然有未抵完的可抵减余额，则一律报废。

但是，加计抵减作为一项必须有的减税政策补丁，不太可能短期内终止，到时候应该有其他变化、延期或者替代政策，甚至很可能还会有更进一步的政策调整，比如，进一步加大加计抵减力度，或者对某些行业给予更大的加计抵减支持等。

此政策享受的程序上，税务总局要求，当公司第一次享受加计抵减时，需要在申报时向税务局申报一个《适用加计抵减政策的声明》。该《声明》要求纳税人勾选自己所属的行业，填写四项服务比例的计算方式，并声明确保该《声明》的真实性，其中有“**我确定它是真实的、准确的、完整的**”的字样。

这个《声明》并不是审批、备案的要求，那么它有什么用呢？如果没有提供这个《声明》，或者内容不实，或者内容有误，有什么后果呢？

分两点理解：一是如果没有提交这个《声明》，相关税收政策文件并没有规定就不能享受加计抵减，所以满足条件就该享受，不满足不能享受。至于《声明》应该补充提交；

二是虽然纳税人声明保证其真实性，如果实际上内容不真实，或者不论主客观原因导致填写有错，此时能否享受加计抵减，也必须按 2019 年 39 号公告的要求来判断，如果不满足条件就不能享受，如果满足条件就可以享受。至于《声明》则应该进行改正。

以依法纳税的角度看，这实际上没有什么大用。

第 8 章　纳税义务与销售额

本书不拘于教科书的套路，并没有把纳税义务确认、销售、视同销售放在前面，而是按照增值税的税负特点为安排主线。在讲解了对增值税税负的理解、讲解了增值税进项抵扣的内容之后，本章切入增值税纳税义务确认，核心就是：销售与视同销售。

增值税纳税义务的标准表述来自于《条例》第一条：

"**第一条**　在中华人民共和国境内销售货物或者加工、修理修配劳务，销售服务、无形资产、不动产以及进口货物的单位和个人，为增值税的纳税人，应当依照本条例缴纳增值税。"

8.1　增值税纳税义务

增值税是流转税，对于商品与服务的流转行为征税，也就是对销售以及视同销售行为征税。判断增值税的纳税义务，可以把握两点：一是有偿销售产品与服务；二是存在税法规定的应税流转行为。

判断增值税纳税义务，不是看有没有收钱、有没有利润，而是首先判断是否存在法定的应税行为。

比较一下企业所得税。所得税是对税务利润征税，只要公司有税务利润，不论其来源，不论其获得利润的方式，都是应税的基础，统统计入所得额。当然，其中如果有免税的情况，属于优惠政策的调整。

再比较一下印花税。印花税是对签订合同这一行为征税。不论有没有收入、有没有利润，签了应税的合同，就要征税。

营改增之前，传统增值税对动产货物、加工劳务、修理修配劳务的销售征税。其中销售动产货物，也被简称为销售货物。

作为一个特殊扩展，同时也对进口动产货物的行为征税，这一征税本质上可以理解为对外国出口商征的增值税，只是由我国的进口商在进口环节缴纳而已。从原理上看，增值税本来就是由购买者实际支付的。

营改增之后，之前缴营业税的业务，改征增值税，增值税范围扩大了，营改增的征税范围包括销售应税服务、销售无形资产、销售不动产。

目前增值税征收的行为如表 8.1 所示。

表 8.1　增值税征收的行为

<table>
<tr><th>税目</th><th>说明</th><th>税率</th><th>依据</th></tr>
<tr><td>销售货物</td><td>动产货物，包括电、暖气等。</td><td>13%、9%</td><td rowspan="2">增值税暂行条例</td></tr>
<tr><td>销售劳务</td><td>加工、动产修理修配</td><td>13%</td></tr>
<tr><td>销售服务</td><td>应税服务，比如建筑业服务</td><td>6%、9%、13%</td><td rowspan="3">营改增试点实施方法</td></tr>
<tr><td>销售无形资产</td><td></td><td>6%、9%</td></tr>
<tr><td>销售不动产</td><td></td><td></td></tr>
</table>

其中，13%、9%的税率是 2019 年 4 月 1 日开始调整的，对应着之前 2018 年 5 月 1 日开始的 16%、10%，以及 2018 年 5 月 1 日之前的 17%、11%的税率。

在理解税务文件时，要注明其中对于各类应税行为的表述。尤其是要如表 8.1 一样分清“劳务”与“服务”的区别。劳务仅指税率为 13%的、之前增值税企业提供的加工、修理、修配劳务；而营改增后扩容进去的原营业税的劳务，现在都称为“服务”。

另外，“货物”仅指动产货物；无形资产包含了土地使用权。

建筑业企业提供的建筑服务，就是应税服务之一，税率在 2018 年 5 月 1 日之前是 11%，2018 年 5 月至 2019 年 3 月之间是 10%，2019 年 4 月之后是 9%。

建筑业增值税应税行为包括：新建、改建、修缮、装饰、其他等几类，与原营业税应税劳务的范围基本一致。劳务企业如果以自己的名义

分包建筑工程的建筑劳务，也按建筑业纳税。劳务派遣企业如果将自己员工派给建筑公司使用，则派遣企业的行为不是建筑业行为，而是商务辅助服务业行为，税率 6%。

对于各税目纳税义务判定要点，分述如下。

销售货物的判定：有偿转让货物的所有权，货物指动产货物，包括电力、暖气等。把握的核心是所有权的转移。有偿转移就是销售，无偿转移，可能构成视同销售。

加工货物的判定：受托对货物进行加工，加工之前的原材料、加工之后的产品，其所有权一直归对方所有，不存在货物所有权的转移。

修理修配的判定：受托对货物进行修理，以恢复其原有的功能。

需要注意的是：

第一，如果修理电梯、中央空调等设备，将与修理不动产混淆。运行中的电梯、中央空调已经与不动产形成一体，是不动产的组成部分，所以，修理电梯、中央空调等，既可以理解为理货物，与可以理解为修不动产。按税务总局一直以来的把握习惯，电梯、中央空调生产企业、销售企业对自己销售商品的维修行为，应按修理劳务处理，税率 13%；其他公司修理电梯、中央空调应按修缮不动产处理，属于建筑业服务中的修缮服务，税率 9%。

第二，需要注意的是，修理与维护保养不同。修理是对因损坏而丧失的功能进行修复，维护保养是在没有损坏的情况下提供的服务，不属于修理。所以，各类设备，包括电梯、中央空调等的维护保养，都按“现代服务业”纳税，税率 6%。

销售应各服务《营改增试点实施办法》配有一个应税项目注释，对所有应纳税的服务进行了定义。我们凡是实施了所列的行为，就构成相应的纳税义务。如果不属于以上范围，或者专门有规定不属于应税行为，则无纳税义务。

以上就是判定的基本依据。

8.1.1　判定的基本方法

判定纳税义务的方法，核心是分析经营行为是什么，再确定该行为在增值税规则上的定位，如果行为与增值税规定的应税行为相契合，则产生增值税纳税义务。否则就不产生纳税义务。

下面举例讲解纳税义务判定的一般要点。

某公司受政府所托，从事土地整理工作，该如何纳税？

要把握增值税纳税义务，必须要分析具体的经营行为是什么，而不是只看名字。这一土地整理工作内容为：政府征地后，该公司负责进行拆迁赔偿，支付赔偿款，对地上建筑物进行拆除，然后是对土地进行平整，达到出让条件。土地挂牌后取得出让金，政府与公司按约定的方式进行分配，取得自己的报酬。

首先看公司的收入。从土地出让金中取得收入，其中部分用于赔偿被拆迁对象，部分用于进行拆除及土地平整工作，部分用于承担资金利息，剩余部分构成业务的毛利。

所以，从总体看，这是一个投资再收回投资的业务。那么投资再收回交不交增值税呢？

《营改增试点实施办法》中的应税服务注释里，对债权性投资收到的利息定义为贷款业务，应纳税增值税，税率为6%。

所以，此时需要关注的是“政府与公司约定的分配方式”是什么。如果约定是给予固定的收益，比如，按实际支付的成本加上一个利息支付，公司取得的回报是保底的。那么这就典型地构成了一个债权性投资业务，此时应该按贷款业纳增值税。

如果与政府的约定是，取得土地出让金的60%，即收益可能多、可能少，甚至可能亏，连本金也无法收回。则构成一个典型的权益性投资业务。按《营改增试点实施办法》中对税目的解释，权益性投资不属于应税行为，不交增值税。

但是，不论是按借款业务理解，还是按权益性投资业务理解，此事还需要进一步分析具体的建筑物拆除、土地平整作业如何纳税。

如果在整个业务中，公司自己进行建筑物拆除、土地平整作业，这就属于提供了建筑业应税服务，就是说其中有部分收入实际上是提供建筑业服务取得，这部分金额就产生了增值税建筑业纳税义务。

这部分应交增值税销售额是多少呢？这需要进行正确的核算，一般是

按公允价格计算应税金额，如果无法核算，应该通过成本加成法，计算销售额。如果不认可企业对销售的计算，税务对于具体的金额有核定权。

另一方面，如果公司将拆除、土地平整等建筑服务出包给承包商，则说明承包商提供了建筑服务，而该公司没有提供建筑服务，所以就不存在建筑业服务的应税行为了。

除建筑业外，向拆迁户支付赔偿款，是否属于增值税应税行为呢？分析《营改增试点实施办法》中的应税行为注释可以发现，支付与取得赔偿款行为不属于应税行为，没有增值税纳税义务。

用具体数字举例如下：

某公司投资用于拆除、土地平整、赔偿的总金额为 3 000 万元，土地出让后，政府用出让金收益支付，如果出让金低于 3 000 万元，则该公司承担亏损。公司将其中的拆除、土地平整工作，出包给施工企业。

此业务中，该公司既没有提供建筑业服务，也没有提供债权性投资服务，而是进行自负盈亏的权益性投资活动，所以不存在增值税纳税义务。

如果该公司自行完成拆除、土地平整工作，则提供了建筑业服务，产生增值税纳税义务。其销售额为收到的全部价款，减去支付的赔偿款或其他明确的支出项目后的余额。因为该余额就是公司自行提供建筑服务取得的收入。

通过这个案例可以看出来，是否缴纳增值税，不是一个简单的事，必须要对业务本身进行细致的分析，要看合同、看实质，甚至可能会有不同的理解。

判断纳税义务，首先要问的就是：是否销售了货物？是否提供了加工修理修配劳务？是否提供了应税服务？是否转让了无形资产？是否销售了不动产？如果全是否，则没有纳税义务。

当然，是否提供了服务等，在复杂的业务中也会产生不同的理解，从而产生不同的纳税义务结果。

下面举一个复杂点的例子来说明问题。

8.1.2　一个复杂的例子

【案例】公司回馈客户活动，活动期间，达到标准的客户加付 88 元可获得某美容院价值 388 元的套餐消费票，客户凭票消费后，公司再与美容院结算，每张票支付对方 288 元，相当于实际赠送给单个客户 200 元抵用额度，而美容院也让利 100 元。

这个业务中，增值税纳税义务是怎么样的？公司与美容院结算，对方要提供什么票据？

这个业务就具有一点复杂性了。

首先判断该公司在该业务中的增值税纳税义务情况。即，该公司提供了什么应税服务？该公司有没有提供美容的服务？

显然，该公司提供的是自己的主营业务服务，并没有提供美容服务，所以美容服务的增值税纳税义务与自己无关。复杂纳税义务的确认，就需要这样一点一点确定，确定了这一点，剩下的就好办了。

公司在价外所收取的 88 元，构成了自己主营业务的价外费用，所以属于主营业务的纳税义务，相当于主业务加了 88 元，应并入到自己的主营业务含税销售额之中，计算增值税。关于价外费用的定义，下一节会讲到。

那么，客户执票去美容消费了标价 388 元的套餐服务，这个算什么？

美容院提供了美容服务，这属于居民生活服务，有增值税纳税义务。虽然标价 388 元，但实际上只向公司收取了 288 元，所以，美容是一个降价促销活动。提供应税的美容服务后，向公司收取 288 元时，确认 288 元的服务销售额。

那么，美容院怎么开发票？关键是，这 288 元的美容发票是开给付款的公司呢，还是开给消费者？

由于这 288 元是对公账户走的账，所以有些会计会倾向于应该开给公司，公司付的钱嘛。并且，一般理解，公司付钱后需要这个发票来做账，而个人一般美容后都不会索要洗脚发票，因为这类发票就算在老婆那儿也无法报销。

实际上发票还真不能这样随便开。因为美容院并没有向公司提供美容服务，公司也没有接受这一生活服务，这样开票不就涉嫌虚开了吗？

硬想这样开发票的话，公司应该这样理解：的确是自己购买了美容服务，但具体承受服务的，是公司确定的其他人，即公司再把服务以 88

元的亏本价，转让给了个人。

那么，转让外购的服务是否应该交增值税？与转让外购商品比较一下，如果把购买的商品，再转让给别人，就构成了经销的行为，即买进再卖出。商品的所有权先进入本公司，再转给别人，所以转让外购商品有销售货物的增值税纳税义务。

但是这却不适用于转让服务。因为服务的增值税，只对服务提供方征税，转让服务实际上并没有提供服务，所以不应纳税。把握这一点关键在于，对最终消费者个人而言，服务实际上到名义上都依然是美容院提供的。

那么，是否应该按转让接受服务的权力来纳税呢？在《营改增试点实施办法》的应税服务中找一下，最接近的就是转让无形资产。看看对转让无形资产具体的规定：

“无形资产，是指不具实物形态，但能带来经济利益的资产，包括技术、商标、著作权、商誉、自然资源使用权和其他权益性无形资产。

……

其他权益性无形资产，包括基础设施资产经营权、公共事业特许权、配额、经营权(包括特许经营权、连锁经营权、其他经营权)、经销权、分销权、代理权、会员权、席位权、网络游戏虚拟道具、域名、名称权、肖像权、冠名权、转会费等。”

找了一下，没有哪一项权力靠得上转让被美容的权。比如，其中的“经销权”，是指作为经销商的权力，而非经销行为本身，经销行为本身按销售货物纳税。把买来的服务再送或卖给别人，无法按转让无形资产纳税。

所以，转让服务也是可以，并且不纳税。此时可以把此 288 元的美容服务列入销售费用之中，是一项促销费。消费者由于是在消费过程中取得的这项额外服务收益，所以是一项折扣行为，而不存存交个税的问题。

这样的理解处理，就是公司购入服务、作为促销赠送给消费者。

当然，还可以换一种理解方式：公司替消费者支付了美容费用。

如果美容院不向公司开发票，双方凭收据结算，也是合法的，此时

不把公司的付款行为理解为采购服务的行为，而只是替客户付款的行为。因为美容院收公司的款，并不是为公司提供了应税的美容服务，所以不是应税行为，不是应税行为就可以不向公司开票。不向公司开票的话，美容院就应该向消费者开票了，开票金额为 288 元。

公司付出这 288 元如何入账呢？入销售费用吗？

仔细一分析就会发现，这实际上也可以理解为一个销售折扣的行为。公司不会白送钱给别人，客户在主营业务上花了钱，才能享受到这个好处，所以本质上是一个主营业务的降价行为，为客户提供了 200 元的销售折扣。

会计处理上，如果客户之前付的 88 元入了主营业务收入，则此时会计处理为：借：主营业务收入 288 元，冲减收入 288 元。如果客户之前付的 88 元挂着其他应付，则此时会计处理为：借：主营业务收入 200，借其他应付款 88 元。会计跟着之前的处理走。

如果可以向客户按冲减 288 元以后的金额开自己主营业务的增值税发票，比如，原发票收回作废重新开，低开 200 元，则增值税销售额也可以打折；如果开给客户的发票金额不能冲，则增值税销售额不能打折，但可以解决企业所得税的问题。

那么，入财务费用行不行呢？这要看具体的业务流程是否靠得上财务费用的定义。财务费用是鼓励客户早付款给予的折扣，本例来说，入财务费用就比较牵强了。

8.1.3 关于青苗赔偿的问题

在第 3 章曾举例，公司因工程施工，占用了农民的田地，给予农民青苗赔偿，农民收到青苗赔偿，要不要交增值税？有没有增值税纳税义务？是不是增值税应税行为？

答案是：不是增值税应税行为，没有增值税纳税义务，不交增值税。

原因就在于，农民取得青苗款的行为，是一个“受偿”的行为，不是一个销售的行为。两者的区别在于：货物销售行为，必须涉及相关货物的所有权转移，比如，青苗的所有权从农民手中，转移到建筑公司手中，这才是销售。

但实际情况是，这些青苗因施工被毁坏了，其所有权并没有转移到建筑公司手上，而是随着占用被灭失了，不存在所有权的转移过程，就不存在货物的销售过程，所以是赔偿、不是销售，不属于应税行为。

当然，正如上例所说，双方的确可以通过合同约定，销售这一批青苗，只要实现了青苗所有权从农民转移到建筑公司，则此行为就属于增值税应税行为了。当然，虽然属于应征税的行为，但农民销售自产农产品是免税的，所以依然不用交税，但却可以开发票了。而如果不属于增值税应税行为，除非特殊的情况，都不能开增值税发票。

我们学习如何判定增值税纳税义务，除了据此进行纳税之外，另一个重要的用途，就是判定收款方的行为是否属于应税行为，以及属于哪类应税行为，从而才能正确判定是否需要取得发票，以及取得什么税率的发票。

这一点是营业税与增值税的最大区别。营业税可以只扫门前雪，只要把自己一亩三分税收知识学到手就行了。在增值税下，还必须要知道，你付款给别人时，别人有什么样的纳税义务。当然，也同时也要关注你客户的纳税义务和计税方法。

所以，营改增后的建筑企业会计，必须对其他行为的纳税义务判定、纳税特点进行全面的把握。

本章只对普遍性的纳税义务进行讲解，后面章节中将对几个重要的配套行业的增值税纳税特点进行相对详细的讲解。

8.2　工资与劳务费

我们给员工发资时，直接造一张工资表就行了，这仿佛是天经地义的事，但作为会计，想过没有，为什么只需要自己造个工资表就可以列支工资呢？为什么不需要发票呢？

工资本来就是不需要发票。

把握问题、学习知识、掌握规则，千万不要讲什么“本来”，纳税的问题，发票的问题，都是法定的义务，从法律上看，其中都是必有缘故的，这就是税务内行与税务外行的差异。

想一下，作为对比，如果是请外部专家来公司服务，支付的专家费，就必须要专家开发票才能列支了。

这一切是基于什么样的规则来区别的呢？

员工向公司提供服务，同时收到报酬，这构成了一个典型销售服务的行为，所以看起来也是增值税应税行为，员工除了个税外，也要交增值税。

但是，《营改增试点实施办法》对员工有特殊的规定：

“**第十条**　销售服务，是指有偿提供服务，但属于下列非经营活动的情形除外：

（二）单位或者个体工商户聘用的员工为本单位或者雇主提供取得工资的服务。”

也就是说，《营改增试点实施办法》将员工向雇主提供的服务，排除在了应税服务之外了。

这并不是新内容，原《营业税暂行条例实施细则》第三条，也是这样规定：**“本条例第一条所称提供条例规定的劳务……。但单位或者个体工商户聘用的员工为本单位或者雇主提供条例规定的劳务，不包括在内。”**

正是以前的营业税、现在的增值税一脉相承的这一规定，把所有“员工”挣工资的行为，排除在了流转税的征税范围之外。员工取得工资的行为既然不是增值税应税行为，自然也就不能开增值税发票了，员工不能开发票，公司自然也就不需要用发票来列支工资，用工资表就足够了。

这就是原因。

反观外部专家，因为他们不是员工，所以不能享受这种不征税的待遇，就要交增值税，哪怕因为符合免税条件给免了，也因为属于增值税征收范围，所以要开增值税发票，或者免税的增值税发票，所以公司必须用发票进行列支，而不仅凭一个签收单了事。

那么，如何来判定一个为公司服务的人是不是员工呢？有没有签订劳动合同？有没有买社保？必须工作一年以上？注意所有判断标准必须有法律依据，而不是想当然。

增值税相关政策，以及《征管法》及其实施细则，都没有定义什么是员工，都没有定义构成雇佣关系的条件是什么。

所以，会计在判断一个人是否是员工时，必须要严格按《会计准则》的规定进行判断，并以这个判断为准。只要按《会计准则》一个人能够被确定为员工，那么税务上就按员工处理。

《会计准则—职工薪酬》对员工定义是：

“**第三条**　本准则所称职工，是指与企业订立劳动合同的所有人员，含全职、兼职和临时职工，也包括虽未与企业订立劳动合同但由企业正式任命的人员。

未与企业订立劳动合同或未由其正式任命，但向企业所提供服务与职工所提供服务类似的人员，也属于职工的范畴，包括通过企业与劳务中介公司签订用工合同而向企业提供服务的人员。”

它完全是基于“实质重于形式”的原则来判断员工的。是不是自己的员工主要看这位员工提供的服务是否与职工提供的服务类似。

结合会计准则应用指南的解释，员工提供服务时，必须是在公司的计划与控制之下，由公司管理、公司安排。这样的人，就算没有依法签定劳动合同、没有依法购买社保，也满足职工定义，属于公司的员工。税会无差异的情况下，他们的工资的确只应该通过工资表列支。

反之，可以看看外部专家、专业人士为公司服务，公司只对结果或关键环节提出要求，工作时间、工作内容、工作安排等都需要双方协商，对方完全可以按对方的进度和安排来做事，不受公司的计划与控制，所以就典型的不满足员工的定义。

比如，项目上需要开挖一条排水沟，于是临时找到五个农民开挖，预计工作时间半个月。这五个农民算不算公司员工？支付他们的报酬是用工资表，还是需要代开增值税发票？其个税计算是按工资薪金计税，还是按劳务报酬计税？

仅有以上信息，我们自然无法得出判断，必须要知道，这五个人的挖沟工作，是否在本公司的计划与控制之下。

比如，他们需要每天按时来、按时走、接受考勤，公司规定加班就要加班，按公司要求的工艺、技术、进度、方向、质量标准进行挖掘工作，能不能按时挖完是公司操心的事。那么，他们就是员工，按职工处理。不需要发票，按工资薪金扣缴个税。

反之，他们如何挖沟，公司不管，只要保证按公司的时间要求、质量要求，把水沟挖好就行。他们只提供挖沟的成果，至于如何挖，是他

们自己的事。这样这些人就不满足职工定义，不能算员工。这样的人，就需要提供发票，并且按劳务费扣缴个税。

需要注意的是，员工向公司提供的有偿服务，必须是“取得工资的服务”，才不是增值税应税范围。如果员工向公司提供的有偿服务取得的不是工资，而是其他类型的收入，则也是应税行为。

比如，员工把自己汽车、设备租给公司，收取租金；或者员工借钱给公司，收取利息。此时的租赁服务和借款服务，并不是取得工资的服务，而是取得租金或利息的服务，所以不属于不征税的范畴，应该取得增值税发票列支。

《营改增试点实施办法》第十条，还有一项不征税的规定：

“**第十条**　销售服务，是指有偿提供服务，但属于下列非经营活动的情形除外：

（三）单位或者个体工商户为聘用的员工提供服务。”

这是什么意思？

曾有观点认为，这说明房地产公司把房子卖给自己的员工，不用交增值税。这个显然是错误的，因为这一项规定只涉及“服务”，并不涉及“销售不动产”，作为专业人员，会计在理解政策时，必须要分清增值税的不同应税行为。

于是有人认为，这说明建筑公司为员工装修房屋不用交增值税。

这也是不对的。这一点理解上比较复杂，笔者认为这是法条表述不太清晰的原因。建筑公司为自己的员工装修其房屋，此时员工是以客户身份存在的，在这个业务中，已经不是员工了，他与公司的关系，也已经从雇佣关系，变成了服务关系。所以，实际这依然是建筑公司为其顾客提供的装修服务。

如果在员工状态下，公司为员工提供服务，比如，企业自办食堂为员工做工作餐，这个业务中员工是作为员工在用餐，所以这个不算提供了应税的餐饮服务。

前者是一个外部关系，后者是一个内部关系。

8.3 内部交易

有些具有一定规模的建筑公司，内设机构复杂，内部管理可能也比较复杂，就可能出现内部交易，即内设各部门间相互提供服务。

例如，某公司内设一个部门叫“租赁站”，专门负责管理公司的设备、周转材料，以租赁的方式向各项目部提供，项目部按内部结算价格付钱，这钱通过内部银行转账，最终体现于不同部门间的收益。

内设租赁站把周转材料有偿租给项目部，这一行为是否涉及增值税？

这取决于租赁站与项目部，是否是相互独立的纳税人。比如，如果租赁站是一个独立的增值税纳税人，有自己的税务登记号，它向项目部提供的有偿租赁服务，虽然是内部交易，但在增值税上却应该纳税。

此时，租赁站虽然不是一个独立的法人，但却是一个独立的增值税纳税人。注意，作为独立的增值税纳税人，与它是否独立核算没关系。核算是会计上的事，增值税只考虑它是否作为独立纳税人存在。

如果是一个独立的增值税一般纳税人，那么，租赁站就有独立的进项税额与销项税额，与建筑公司之间，在增值税上就构成了销售关系。

反之，如果租赁站不是一个独立的增值税纳税人，比如，它没有进行独立的税务登记，并且也没有被税务机关强制责令进行税务登记，那么，这就是内部各部门间的虚拟交易，不仅会计上要抵消，并且增值税上没有纳税义务。

当然，如果租赁站没有独立税务登记，但项目部却进行了独立税务登记，则建筑公司与项目部依然是独立的两个纳税人，建筑公司的租赁站向项目部出租设备，相当于建筑公司向项目部出租，在增值税上属于应税范围。

所以，此时核心把握是否进行了独立税务登记，或者是否会被税务机关强制要求进行独立税务登记。如果登记了，就成了不同的增值税纳税人，相互之间发生交易，就属于应税行为。

关于项目部的增值税纳税人身份问题，在实操中比较复杂，本书第 13 章专门讲解项目部、挂靠人的纳税人主体问题。

下面从不同角度，举几个确认纳税义务的例子，帮助大家建立起从业务层面把握纳税义务的方法和态度。

8.3.1 销售与退货

钢贸商向建筑公司销售钢材一批。

此行为钢贸商构成销售货物的应税行为，应该依法纳税并开具钢材的增值税发票。

此批钢材中，有一半型号出现质量问题，这一半要退货，建筑公司将所退钢材退运给钢贸商，并收到钢贸商退回的货款。此行为，建筑公司算不算在卖钢？交不交增值税？

不算。注意，千万不能理解为建筑公司按原价把钢材卖给了钢贸公司。

因为这个业务是典型的退货业务，按退货业务处理，是一个冲减钢贸商收入、销项，冲减建筑商成本、进项的业务。所以，建筑商不能向钢贸商开销售钢材的增值税发票，而应该由钢贸商向建筑商开金额为负数的发票。

需要强调的是，如果双方认为，开负数发票麻烦，不好操作，干脆选择建筑商按购进的税率，开增值税专用发票给钢贸商。看起来双方的收入、成本、增值税都是一样的，但这样开发票却是涉嫌虚开，因为真实业务是退货，但发票内容却是销售。这类发票被税务称为“对开”，会导致税务的关注与处理。

8.3.2 抵工程款

建筑企业经营过程中可能会遇到开发商以商品房抵项工程款的情况。这一行为应该视为开发商以实物的方式支付工程款，对于建筑企业来说，虽然没有取得现金，但也算收到了工程款。

有观点认为，用房抵工程款，对于施工方与开发商，都是视同销售的行为。这是错误的。

以房抵工程款，是类似于以物易物的行为，所以是实实在在的真实交易。而视同销售是基于无偿行为导致的，是指无偿提供建筑服务、无偿转让不动产所有权。

所以，以房抵工程款，应该直接确认为一项收入。这一点与取得现金收入在本质上是一样的。唯一不同的是，应该按收取的房产的公允价值扣除补价，确认为收到的金额。

比如，甲方拖欠工程款 1 000 万元，以 5 套商品房抵账，交易日，5 套房的公允价值是 1 100 万元，双方同时约定，施工企业倒补 100 万元差价。双方按各自的公允价值开增值税发票。

那么，对于施工企业来说，这是一笔公允价值准确的交易。

如果双方都是简易计税，不涉及增值税进项，之前会计处理，已经完成了工程结算，已按规定履行了增值税纳税义务，将所欠 1 000 万元工程款挂在应收账款之上了。则会计处理为：

借：固定资产　　1 100 万元
　　贷：应收账款　　1 000 万元
　　　　其他应付款　　100 万元

如果双方约定，施工企业不需要支付对价，则应构成主营业务收入，相当于多收了 100 万元，此 100 万元应该开建筑业发票，并缴纳增值税。

借：固定资产　　1 100 万元
　　贷：应收账款　　1 000 万元
　　　　主营业务收入　　97.1 万元
　　　　应交税费-简易计税　　2.9 万元

如果该 5 套房交易日的公允价值为 900 万元，即用价值 900 万元的房产抵了 1 000 万元的债，这属于债务重组吗？

当然可以理解为债务重组。如果理解为债务重组，对于施工方而言，形成重组损失 100 万元，开发商形成重组收益 100 万元。

实际上，这也可以理解为折扣，因为既然是真实的交易，就完全可以按折扣处理。如果施工方因此低开 100 万元的建筑业发票或者开红字发票，还可以节约对应的增值税。开发商取得的 100 万元收益不再是重组收益，而是开发商品成本的下降，不需要立即纳企业所得税，但土地增值税有可能吃亏。

如果双方达成协议，按折扣处理，则 100 万元可节约的增值税=100 万元÷1.03×3%=2.9 万元，通过开票系统，施工方开出 100 万元红字发票。

上面收入-97.1 万元，税金-2.9 万元。

借：固定资产　　　　900 万元
　　贷：应收账款　　　　1 000 万元
　　　　主营业务收入　　　　-97.1 万元
　　　　应交税费-简易计税　　　　-2.9 万元

当然，实际上对于大多数的施工企业来说，是不愿意要房子的，因为想要的是钱，所以这实际上是在帮开发商卖房子。而出现以房抵债的，有可能是暂时不好卖的房子。

施工企业会找自己的员工、股东来买房子；也可以找分包商、供应商接手，要钱没有，房子要不要？这些分包商、供应商为了收到欠钱，一般也会去动员他们的供应商、股东或员工来买。

如果一旦找到了愿意出钱的买家，当然这房子就应该直接由开发商卖给接盘侠，然后大家再一起来分房钱，这样实际就是帮开发商卖房，没有额外的纳税义务产生。如果因此导致施工企业实际收到的高于或低于应收账款，都应该列为对收入的增加与冲减。

但是，在实操中买家有时并不容易找到，但施工方又不太信任开发商，于是只能同意，先把房子过户到自己的名下，再慢慢找买家，以免未来连房子也没有了。

此时，就会产生相关的税务成本了。

房子过户，在法律上和事实上都形成了所有权转移，施工方要交契税，开发商按销售房产处理，只不过将房款抵了工程款，其中的价格应该要公允，不然税务机关有权调整。

未来施工企业找到买主，再过户，就又实现了一次销售不动产，客户还要交契税，施工企业还得交增值税。如果甲方与施工方都是一般计税，则在增值税上税负不受影响，简易计税会吃一点亏。至于土地增值税和企业所得税，因为有利润、有增值才交，所以交税也不会吃亏。

8.3.3 现金折扣和贴现

现金折扣是指为鼓励客户早付款，对于提前付款的客户给予一个折扣。对于客户来说，按会计处理的相关规定，取得现金折扣，应冲减财

务费用。

取得现金折扣的行为，本质上是采购时取得价格优惠，并没有提供应税服务，所以没有增值税纳税义务。

现实中，有一种观点认为，取得现金折扣应该交增值税，所以要开增值税发票。其理由在于：

（1）冲减财务费用，就是相当于取得了利息收入。

这样的理解显然是不正确的。是否纳税，不取决于会计处理，而取决于业务实际与税法的规定。如果税法规定与会计处理有差异，应按税法的规定纳税。

不论取得现金折扣会计上放在哪里，是否应该按利息收入纳增值税，纳税义务都必须结合业务本身的实际情况来判断。

（2）看业务实质，由于提前付款，相当于把钱提前借给了对方，取得的收入，不是利息吗？

注意，判断纳税义务时，对于“相当于”之类的表述，要提高警惕。是提前付款就是提前付款，是借款就是借款。两者的内容实质、法律后果都是不同的，税务人员和税务机关没有权力对事实本身进行认定。

借款是把自己的资金借给他人使用，是一个投资行为，先付出、再收回，未来要收回本金和利息。

提前付款，是提前履行付款的义务。现金折扣导致的是少付款这一行为，这其中没有拆借资金的行为发生。

所以取得现金折扣，没有增值税纳税义务。取得方不纳增值税，也不开增值税发票。支付现金折扣一方，也就不需要凭发票入账了，收取或银行转账凭证都可以。

8.4　销售额与价外费用

明白了纳税义务的把握原则后，就是把握增值税的应税销售额问题，这是计算销项税额或应纳税额的基础。

增值税的应税销售额，包括两个部分，即全部价款和价外费用。

全部价款好理解，什么是价外费用呢？

《营改增试点实施办法》的定义是：**“价外费用，是指价外收取的各种性质的收费，但不包括以下项目：……”**

就是说，除了特殊规定不是价外费用的收费之外，其他一切性质的收费，都构成价外费用。

《营改增试点实施办法》并没有罗列具体的项目。《暂行条例实施细则》罗列了许多具体的内容，但由于营改增的原因，其中许多当时的价外费用，营改增后，已经不能再认定为价外费用了。

把握价外费用时主要把握以下四点。

（1）价外。价外的意思其实是，首先得有价格，如果没有价格，就不能无中生有地把一个收费强制列为某个价外费用。

比如，采购合同约定，供应商不能按期供货，则合同与采购业务终止，供应商双倍返还定金。而实际上，供应商的确未能按期供货，于是合同与采购业务终止，双倍返还了定金，多收的定金就不是价外费用，因为随着合同与采购业务的终止，价款也没有了，也就不存在价外费用。所以，此时收到这个违约金，不需要开发票。双方一方列营业外支出，一方列营业外收入。

需要注意的是，如果之前双方有采购业务，有些税务稽查人员会认为：这是之前采购业务的价外费用！

有没有道理呢？一般来说，如果按合同明确的约定，这个违约金是归属于一单未成交的业务，则不能理解为之前的价外费用。如果税务怀疑双方以假合同避税，也应该提供造假的证据，然后进行依法处理。

再举一个例子，供应商送货上门，汽车倒车时撞坏了我们公司大门，于是赔了 1 万元钱，这 1 万元交不交增值税？

由于与供应商的交易中，其“价”，是我们付供应商钱，并非我们收钱，所以对我们来说，也不存在价，也就不存在价外费用。这 1 万元是赔偿收入，既不是应税行为，也不是应税行为的价外费用，所以不交增值税。凭双方赔偿协议和收据入账。

当然，在实操中，双方有时会约定，直接少付 1 万元货款了事，这种情况下，相当于冲减了 1 万元货款。所以，供应商就会将其作为折扣或降价处理，少确认 1 万元的收入及对应的进项，少开 1 万元的发票，

我们少了 1 万成本和对应的进项。

改一改上例，反过来，我们上门提货，把供应商的门给撞坏了，赔偿 1 万元。注意，因为这一采购业务本身就存在供应商向我们收款的“价”，所以，此时这个赔偿，就完全有可能被认定为价外费用，从而并入供应商的收入总额之中交增值税，并开增值税发票。

（2）收费。收费的意思可以简单理解为“收了不退”，比如收了归自己、收了再转付给别人，就是收了不退，都属于价外的收费。反之，如果收了未来要原路退回，比如押金，就不是收费了。所以，押金等凡是收了要退还给对方的，就不是价外费用。除此之外，所收之款都是价外费用。

（3）不属于增值税应税收入。这一点很重要。如果在一笔业务中存在两个行为，导致两个不同的增值税税目，则应该分别纳税，而不能将其中某个应税收入，视为另一应税收入的价外费用。

比如前面撞门的例子中，赔偿款就不属于增值税应收入，所以是价外费用。

比如，房地产企业卖精装修房，加价 5 万元，就送部分家电、家具，这些家电、家具并不构成不动产的主体。那么，这 5 万元是否是卖房子的价外费用呢？

显然不是。这 5 万元是卖家电、家具的收入，是一项增值税应税行为，不能作为房价的价外费用，所以应该按销售货物的税率缴纳增值税。

营改增以前，如果一笔增值税应税业务中包含了营业税收入，这个营业税收入会被视为增值税的价外费用，不交营业税只交增值税。但营改增后，两个业务都交增值税时，就不能将其中之一视为另一个的价外费用了。

这种情况下售房与售货物构成兼营，应分别按各自销售额和税率计算增值税销项。

（4）正列举例外情况。在满足前面两点的情况下，《营改增试点实施办法》列举了两类不属于于价外费用的情况，只要满足就不按价外费用纳税：

“（一）代为收取并符合本办法第十条规定的政府性基金或者行政事业性收费。

（二）以委托方名义开具发票代委托方收取的款项。”

以上就是价外费用的把握原则。

下面以延期付款利息为例分析一下纳税义务的判断步骤。

【案例】施工合同约定，若甲方违反合同约定的付款时间延迟付款，每日支付万分之五的利息。收到这个利息，如何纳税？

需要注意的是，这里虽然用了“利息”二字，但实际上不能被理解为真正的借款利息。真正的借款利息是基于债权性投资产生的，即借出了款项，并约定了还款与利息事宜。

这个延期付款利息，其性质是合同的违约金。日息万分之五，远高于银行同期借款利息，甚至就算达到年利率 100%超高利贷水平，都是合法的，因为它本质上是违约金而非借款利息，由双方约定即可。

所以，这个价外收取的延期付款利息，不是应征增值税的借款服务，而是违约金、是建筑服务的价外费用，应并入收入总额，统一纳增值税，并开建筑业发票。

这一点与营业税时期实际上是一样的，营改增之前，延期付款利息就是价外费用交营业税，现在交增值税。

再看一个案例：建筑公司与甲方签订如下施工合同，工程总造价 2 亿元，同时约定，建筑公司负责垫资。按合同约定、经计算，垫资利息计 0.3 亿元，即最后总结算款为 2.3 亿元。

问，建筑公司收取 2.3 亿元，是全额按建筑业纳税，还是 2 亿元按建筑业纳税、0.3 亿元按借款业纳税？

这个业务的复杂性就在于，实际上有没有借款行为发生。

这就不太好说了，每月结算时，成本是建筑公司出的钱，这个钱既可以理解为建筑公司借款给甲方，也可以理解为甲方没有支付构成了欠工程款。

所以，怎么说都可以。

一些会计人员就怕出现这种情况，因为怎么说都可以，就担心税务

会按另一种说法来征税。建筑业简易计税时，因为借款税率高，就理解为借款；一般计税时，因为借款税率低，就理解为工程款。

实际上，当有多种理解时，企业完全可以按自己的理解办，因为业务就是企业做的。此时关键是做好合同的约定，税务的理解无法推翻双方合同约定的内容。

对于实际发生的垫资及其利息的约定，如果没有写在合同里，一般可以直接理解为 2.3 亿元全额工程款，垫资及其利息不过是未付工程款的行为。或者将 0.3 亿元利息理解为延期付款利息，定为价外费用，分析见上一个例子。

反之如本例，如果合同约定了垫资及其利息，则说明建筑企业的确提供了债权性融资，那么这个利息如何纳税增值税？

显然，建筑公司在这个施工合同中，提供了两个业务，一个是建筑施工业务，一个是贷款业务。并且约定了借款利息。所以这 0.3 亿元利息，应该按贷款业纳税，税率 6%。

讨论学习税收政策时，不要把眼光局限在 6%对谁划算上，而是要明白，按税收政策，税该怎么交就要怎么交。对建筑公司来说，如果是老项目简易计税，按贷款 6%处理就吃亏，如果是一般计税，按贷款 6%处理收入就高些。

在实操中，存在这样的疑问：如果合同不约定垫资及利息，利息就按建筑业税目计算；如果约定了垫资及利息，利息就按金融业税目计算。难道该怎么纳税，完全由双方合同来决定？

是的，一定要重视合同的效力。

合同是双方合意的表达，是对业务本身进行法律定义的基础证据。所以，在决定纳税事宜上，合同的作用非常大。

是否约定垫资及利息，在法律上的影响也是非常大的。比如，如果约定了垫资及利息，则利率显然不能超过银行利率，不能成为高利贷；如果不约定垫资，则其延期付款利息或违约金的约定，可以任由双方约定。法律效果的确是不一样的。

因为对建筑公司而言，约定了垫资，就是一个主动的借款和索取利息的行为；如果未约定垫资，就是一个被动的被拖欠工程款的行为。所

以法律定位不同，纳税的结果也就不同。

8.5 兼营与混合销售

8.4 节中，有两个案例需要再次分析一下：

第一个案例，房地产企业卖精装修房，同时销售了其中的家电、家具，假定消费者支付的总房价 100 万元，其中家电、家具 5 万元。那么，增值税如何交？

笔者分析的结论是：这是卖房+卖货物，两个增值税业务集为一体，所以应分别纳税，房价不是家具的价外费用，家具价也不是房价的价外费用。

第二个案例，建筑公司垫资承包工程，合同约定了垫资事宜及利息，建筑公司收到的利息，如何交增值税？

笔者分析的结论是：这是建筑+贷款，两个增值税业务集为一体，所以应分别纳税。

为什么要分别纳税呢？因为这属于“兼营”。

《营改增试点实施办法》对兼营的定义和规定是：

“第三十九条 纳税人兼营销售货物、劳务、服务、无形资产或者不动产，适用不同税率或者征收率的，应当分别核算适用不同税率或者征收率的销售额；未分别核算的，从高适用税率。”

所以说，前面两个例子都属于“兼营”，应该分别纳税。

尤其是对于第一个精装修房的例子，有人提出疑问，这种情况不算“混合销售”吗？房地产企业卖房子的同时，又销售货物，按混合销售，应该全部按销售不动产纳税吧？——就连某税务机关的营改增问答资料里，也有这样的表述。

或者，第二个例子，建筑公司提供建筑业服务的同时，又提供贷款服务，也应该全部按建筑服务纳税吧？

这是对混合销售政策的误读。什么是混合销售？

《营改增试点实施办法》对其也有定义和规定：

“第四十条 一项销售行为如果既涉及服务又涉及货物，为混合销售。从事货物的生产、批发或者零售的单位和个体工商户的混合销售行

为，按照销售货物缴纳增值税；其他单位和个体工商户的混合销售行为，按照销售服务缴纳增值税。”

混合销售只存在一种前提情况：一项销售行为=销售服务+销售货物，这种情况下才构成混合销售。

先看卖精装修房的案例，对于销售不动产这一行为来说，完全跟混合销售沾不上边。它是一项销售行为=销售不动产+销售货物。

再看建筑公司垫资的问题，它是一项销售行为=服务+服务，建筑服务+借款服务，所以也不属于混合销售。

以上两例，既不适用价外费用的规定，也不适用混合销售的规定，所以只能使用兼营，按其实际的业务分别纳税。如果没有分别纳税则税率从高。

那么，混合销售该如何纳税呢？

混合销售是“销售服务+销售货物”，混合销售状态下，只按一种税目纳税，要么按服务纳税，要么按货物纳税。按哪种税目纳税，取决于公司的性质。如果是从货物生产、销售的企业，按销售货物纳税，否则按销售服务纳税。

对于建筑企业来说，建筑企业并不是生产企业，也不是商贸企业，就算偶尔有生产、销售的业务，也不是以其为主。所以，建筑公司的混合销售，原则上一律按建筑业纳税。

比如，装修公司外购设备，并且替客户完成安装，这就是一个混合销售的业务，一个是购进并销售设备，一个是提供服务。但安装公司不是从事生产和批零的企业，所以应该全额按建筑业纳税。

此时一定要注意，公司购进设备进项高，并且设备价值相对于安装价值一般都非常高，如果全额按建筑业 9%纳税，有可能出现进项倒挂的问题，如果专业从事这样的业务，可能导致进项积压。这一问题要努力避免。

另有一点要专门分析一下。

现实中有观点认为，按《营改增试点有关事项规定》第一条第（一）项：

“一、营改增试点期间，试点纳税人有关政策

（一）兼营。

试点纳税人销售货物、加工修理修配劳务、服务、无形资产或者不动产适用不同税率或者征收率的，应当分别核算适用不同税率或者征收率的销售额，未分别核算销售额的，按照以下方法适用税率或者征收率：”

从而认为，试点纳税人只要有销售货物、服务的行为，就应该分别核算销售额和税率。

这样照本宣科是错误的。这一点针对的是：**“试点纳税人……适用不同税率或者征收率的”**这一种情况。就是说，它并不是规定纳税人一旦从事了销售货物、服务，就必须按兼营处理。而是规定，在应该按兼营处理的情况下，如果未分别核算，该如何从高适用税率。

所以，安装公司从事销售设备+建筑安装服务，应该按混合销售处理。

目前关于混合销售的规定，还存在一些不确定性，比如，EPC 项目该如何纳税，就成为了一个问题。目前在实操比较乱，不同省的税务机关也出过完全不同的处理政策，有的按混合销售，有的按兼营。

那么，依法的情况下应该如何判断纳税？

EPC 项目一般包括设计、设备采购、建筑，是一个集设计服务+建筑服务+销售货物于一体的复杂业务，并且相互之间不可分离。它完全满足**“一项销售行为如果既涉及货物又涉及服务，为混合销售”**的定义，所以属于混合销售。

如果属于混合销售，就只能按一个税率和征收率处理，而不能按不同税率或征收率处理，就不能按兼营处理。

建筑公司显然不是生产、批零企业，所以 EPC 全额应该按服务业纳税是无可置疑的。

但这个问题的特殊性在于，此时有两个服务业，一是设计服务，它的税率 6%，一个是建筑服务，它的税率 9%，那么，应该按哪个税率来呢？

这就形成税企争议了，因为制定混合销售政策时，没有把同时兼有不同服务的情况考虑在内。

此时，纳税人只能按照已明确的政策，结合当地政策，与税务机关进行沟通或争议，争取一个对自己最有利的结果。比如，这种情况下，显然不应该认同对其中的销售设备业务按 13%纳税。

如果硬要分析依法如何纳税，应该这样理解：

混合销售政策规定：**其他单位和个体工商户的混合销售行为，按照销售服务缴纳增值税**。这一规定并没有限定只按某一税目纳税，而是统一规定，按销售服务纳税。所以，就算有多项服务且属于不同税率，也不违反混合销售的规定。

但是，此时就可以靠上兼营了，因为兼营就是当适用不同税率时触发的。

兼营的话，此时要分别核算设计服务与建筑服务的金额，如果核算不清的话，显然全额 9%是有依据的。由于通过 EPC 合同，一般可以核算出设计服务、销售设备、建筑服务三者的金额，但当只按服务纳税时，却无法把总额核算为设计和建筑的金额两项，所以，此时若按无法核算清楚处理，就是全额 10%。

但如果能核算清楚，比如按设计与建筑的含税收入比例，把销售设备的含税金额分摊到两者上面，不也是核算清楚了吗？如果你认为这样核算清楚了，并且税务也认可，就这样纳税，设计和分得的销售设备金额按 6%纳税，剩下的按 9%。如果税务认为这并没有核算清楚、而你又争不赢他，就只能从高全额 9%纳税。

真正依法纳税就是这样来处理的。

8.6 混合销售中的例外

营改增政策制定得非常复杂，其复杂性就在于，在混合销售之中又打了一个例外的补丁，这个例外补丁实际上是对营业税时代混合销售例外情况的延续。

国家税务总局关于进一步明确营改增有关征管问题的公告（国家税务总局公告 2017 年第 11 号）

“一、纳税人销售活动板房、机器设备、钢结构件等自产货物的同时提供建筑、安装服务，不属于《营业税改征增值税试点实施办法》（财税〔2016〕36 号文件印发）第四十条规定的混合销售，应分别核算货物和建筑服务的销售额，分别适用不同的税率或者征收率。”

注意，此文件虽然列举了活动板房、设备、钢结构，但又有一个“**等自产货物**”，所以，它应该可以适用于一切自产货物的情况，这一点与营业税的政策基本一致。

按此文件规定，如果一项业务=自产货物销售+建筑服务，则其不适用于混合销售，而应该分别核算销售额，并分别适用不同的税率和征收率。

如果纳税人没有进行分别核算呢？

如果按兼营的处理，就得税率从高。但这个 2017 年 11 号公告的表述，并不是“按兼营处理”，而是“**分别核算货物和建筑服务的销售额，分别适用不同的税率或者征收率**”。所以，如果纳税人被税务机关这样要求时，争议的方向就是：按这个 2017 年 11 号公告的规定，这种行为并不适用于兼营，按其规定如果没有分别核算清楚金额，鉴于 11 号公告并未规定税率从高，所以应该由税务机关核定销售货物与服务服务的金额，而不能一股脑全按 13%纳税。

并且，这种在没有核算清楚的情况下由税务机关核定具体的金额，也是营改增前增值税和营业税的一贯政策。

举个例子，2×××年 7 月，某钢结构生产企业分包了一项工程的钢结构业务，含税总价 1 000 万元。其中，销售自产钢结构的同时，提供安装服务，按合同约定，安装费 300 万元，钢结构 700 万元。这一业务如何纳税？开票？

这一销售业务，既涉及货物，又涉及劳务。但是，由于是自产货物和建筑业劳务，所以，应该分别纳税。业务发生时，销售货物税率为 13%，建筑业税率为 9%，则：

销售钢结构=700 万元÷1.13=619 万元，税款=81 万元

销售安装服务=300 万元÷1.09=275 万元，税款=25 万元

合计销售额=894 万元，合计税款=106 万元

发票就按上述两项开具，销售与建安，分别开列，总计收入 894 万元，税款 106 万元。

如果这样纳税、这样开具，显然是无可挑剔的。

但是一旦进入办税基层，就会遇到意想不到的问题。

有些建筑总包商适用简易计税，不得抵扣进项，但可以差额纳税。此金额 1 000 万元的发票当然也是可以抵减收入、实现差额纳税的。

但有的总包拿到这个发票希望差额纳税时，会遇到税务机关不认可。

其中一个观点是：差额纳税是建筑业销售额的扣除，所以，只能用建筑服务抵建筑服务，而不能用销售货物的金额抵建筑服务的金额。或者说，只能建安税目的发票，才能抵扣建筑服务的增值税销售额。

其结论就是，只有其中 300 万元安装费部分，可以差额纳税。显然，这样的观点是错误的。

因为营改增相关政策并没有这样的差额纳税扣除要求。此类观点是擅自增加了差额纳税政策的限制，除了税务总局和财政部，各地没有这个权力部门。

按政策规定，差额纳税所扣除的内容，是“**分包款**”一而非建安费用，只要这 1 000 万元是分包款就可以扣减，而不必看其是如何纳税的。

差额纳税所扣除的凭证，是“**发票**”，只要是合法的发票就行，而不必限定于是建筑业发票。

所以，实际上取得这样的发票，作为分包款去扣减简易计税的销售额，是完全合法的。

但是，如果遇到税务不认可时，不懂如何去应对，企业就可能要吃亏了。现实中，有的建筑商把压力向分包商转移，要求分包商全额开具 9%的发票，否则在付分包款时刁难你。

案例中的钢结构公司如果遇到这个问题该怎么办？

为了及时收到工程款、维护客户关系，有时也不得不按全额建筑业 9%开票，这下就出问题了。

因为按税务总局公告的规定，分别纳税是必须的，而不是可这样可不这样的。所以，如果按建筑业全额 9%开票纳税的话，总纳税额=1 000 万元÷1.09×115=105 万元，少缴增值税 1 万元。如果被税务稽查查实，就会有补税、滞纳金、罚款的后果。

稽查除了处理纳税额外，也会查处错开发票的问题。因为发票上的税率用错，所以发票就是错票，应该红冲后重开。对总包而言，拿错票做账、抵减销售额，也是错的。所以，不得不进行红冲，重开，于是又打回原形，最终取得的合法发票，还是 13%+9%的。

本例中，不论是总包还分包，纳税义务都是自己的法定义务，不论是纳税人还是征税人，都必须依法纳税、依法征税，不能随意修改法定的纳税义务。如果自己不能坚持，未来就会陷入税务风险，不是在这里吃亏，就是在那里吃亏。

现实中，有一家钢构公司就遇到非常多的这种无理要求，无奈找主管税务人员商量，因为税务人员有责任接受纳税人的咨询。最终，税务人员的建议的：既然必须开全额建筑业发票，也同意全额开，但纳税申报时，在申报表上进行调整。把少缴的税交够，这总算帮企业解决问题了吧？

但是，这样操作有可能把问题复杂化。

如果全额按建筑业纳税、按建筑业开票，只不过是一个错纳税、错开票的问题；如果按建筑业+销售货物业纳税，却按建筑业开票，则发票上的价格、税金与实际成交的价格、申报的税金就不一致了，这不成了虚开发票了吗？这么大的金额，万一以后遇上原则性强的税务稽查，这甚至可能会向公安移交了——虚开增值税普通发票金额 40 万元或一百张以上，公安就可以立案追诉了。

本例来说，如果总包自己也清楚依法完全可以用销售货物发票差额纳税，或者就算知道但因为税务不认可而不敢收，那么也应该通过筹划方式解决。

比如，与钢结构分包商约定，由其成立一家专业的、有相应资质的安装子公司或关联公司来承接这一分包。从安装公司的角度出发，钢结构产品就由自产变成外购，规避了 2017 年 11 号公告，就可以直接开 9% 的增值税发票了。

所以，纳税义务的判定不是小事，如果处理错误，就会留下不知道在什么时候爆炸的地雷。

8.7 分包及差额纳税

上节提到差额纳税，对建筑业来说，差额纳税只存在于一种情况：简易计税时的分包款扣减。同时，对于许多劳务公司来说，劳务派遣也是一个重要的业务，劳务派遣本身不属于建筑业服务，而是商务服务，劳务派遣可以扣减被派遣职工的工资、社保、福利费。

当适用简易计税时，可享受差额纳税的政策，此政策导致在简易计

税下，增值税对营业税的过渡更加平稳。

差额纳税政策整体上与营业税时的差额纳税政策一致，规定差额纳税的文件是《有关事项的规定》（36 号文附件 2），其核心规则要点如下所述。

（1）建筑公司选择简易计税。

（2）扣除的是分包款。并不涉及分包款是按何税目、税率纳税。从这个规定可知，不论分包方是何种计税方法，都可以扣减。但转包不能扣减，这一点与营业税时一致。

（3）扣除的依据是发票。不论税目如何，只要是开具正确的发票，就可以扣减。

（4）不影响对下游的开票，对下游依然是全额开票。

【案例】某项目总包金额为 1 000 万元，满足选择简易计税的条件，因为是政府工程，政府不需要进项，所以企业选择简易计税是聪明的。

将其中 400 万元劳务分包给专业的建筑劳务公司，劳务公司也选择了简易计税。

劳务公司的收入=400 万元×÷1.03=388 万元，纳税=388 万元××3%=12 万元。

劳务公司开出以上总额 400 万元的增值税普通发票。

建筑公司将税金与成本全额计入成本。

借：工程施工-合同成本-分包	400 万元
贷：应付账款	400 万元

当预缴增值税和实际增值税时，建筑公司都可以先扣减此 400 万元，再计算增值税。

假定，建筑公司收到工程并向客户开出 1 000 万元的增值税普通发票，征收率 3%，税金为 1 000 万元÷1.03×3%=29 万元。但实际上，只需要按差额纳税。应纳税额=（1 000 万元-400 万元）÷1.03×3%=17 万元。

申报时，销售额按 1 000 万元申报，但把可以抵减的金额 400 万元填入申报表相关栏目，就可以实现差额纳税，只导致 17 万元的纳税额。

但在会计核算上，却要把这一行为理解为对税款的抵减，即应纳税额为29万元，被抵减了12万元，实际只交17万元。这样的核算与发票开具金额就形成了匹配。

借：应收账款　　1 000万元
　　贷：工程结算　　971万元
　　　　应交税费-简易计税　　29万元

这一分录保证了与发票数据的统一，发票上显示的就是销售额为971万、税金29万，征收税率3%。

然后，再计算少缴的增值税，应少缴增值税=29万元-17万元=12万元。

借：应交税费-简易计税　　12万元
　　贷：主营业务成本　　12万元

以上分录，笔者倾向于应该贷“主营业务收入”，因为这样更合乎增值税的原理，将税款理解为对收入的冲减。但财政部关于营改增会计处理的财会【2016】22号却硬性规定：**“贷记“主营业务成本”“存货”“工程施工”等科目”**，所以建议大家做账时，也贷“主营业务成本”，但千万不要贷“工程施工”，因为在建造合同核算法下这样会把成本和账搞乱，自找麻烦。

除建筑业扣除分包款的差额纳税外，营改增其他行业，也存在许多差额纳税的情况。本书整理差额纳税政策如表8.2所示。

表8.2　其他行业差额纳税情况

项目	可扣除金额	专票开具
金融商品转让	买入价	不得开专票
经纪代理业务	政府性基金、行政事业收费	差额开专票
有资质融资租赁	借款利息、债券利息、车辆购置税	全额开专票
有资质融资性售后回租	借款利息、债券利息、本金	不得开专票
航空运输企业	机建费、代售票款	差额开专票
客运场站	运输公司运费	不得开专票
旅游服务	吃住行签证门票费、接团费	差额开专票
建筑服务且简易计税	分包款	全额开专票
房地产自行开发且一般计税	支付给政府的土地出让款	全额开专票
销售外购不动产且简易计税	购买价款	全额开专票

续上表

项目	可扣除金额	专票开具
劳务派遣且征收率为5%	员工工资社保福利费	差额开专票
安全保护且征收率为5%	员工工资社保福利费	差额开专票
人力资源外包	员工工资社保福利费	差额开专票
试点前土地转让且简易计税	取得该土地使用权的原价	全额开专票
物管公司代收水电简易计税	扣除对外支付的自来水费	全额开专票
代理境外考试	支付给境外考试费	差额开专票
代理签证办理	支付的签证费、认证费	差额开专票

读者把握差额纳税时，主要把握以下几点。

（1）什么样的应税服务适用差额纳税，这主要把握差额纳税项目的业务定义与适用范围。

例如，按税务总局 2016 年第 54 号公告的规定：提供物业管理服务的纳税人，向服务对象收取的自来水费，可以选择简易计税下的差额纳税。其适用范围为**“从事物业管理服务的纳税人”**，所以，不论是不是物管公司，只要从事的是物业管理服务，并代收管理服务对象自来水费，就适用。

如果不是提供物业服务的纳税人，比如开发商向施工单位收取的建筑用水费，就不能享受差额纳税。

（2）扣减的金额与凭证是什么？接上例，代收的自来水费，扣除的是所支付的水费，凭证为自来水公司开具的发票。

（3）计税方式的要求，是一般计税还是简易计税。接上例，代收的自来水费差额纳税，必须适用简易计税，征收率 3%。

（4）增值税专用发票的开具，分为不能开专票、差额开专票、全额开专票三种形式。

学习征收政策时要把握，如果没有规定，则可以全额开增值税专用发票，比如建筑业简易计税差额纳税。如果有规定不得开增值税专用发票，或者只能对计税的差额部分开增值税专用发票，就必须按规定开票。

接上例，按税务总局 2016 年第 56 号公告的规定，代收自水费差额纳税，没有规定如何开票，所以可以开全额增值税专用发票。

比如，物管公司代收客户的水费 5 000 元，本月购进的自来水费，扣除自用水费外，金额为 4 900 元，则应纳税额=100÷1.03×3%=2.91 元。合计开票金额为 5 000 元。其中一般纳税客户需要专票的话，可按 3%征收率全额开具或代开增值税专用发票。

8.8 劳务派遣差额纳税

劳务派遣本身不属于建筑业，但却是建筑业不可缺少的配套行业。

作为一个劳动密集型行业，建筑业用工情况非常复杂，除了劳务分包外，劳务派遣也很盛行，当然，劳务派遣在实务中的一大作用就是为建筑项目提供发票和劳务成本。

书面的劳务派遣过程是：劳务派遣公司按用工企业要求招聘员工，解决劳动合同、社保等烦琐的用工法律问题，然后把这些职工派遣到用工企业——比如建筑公司的项目部。

这些员工在工作中听命于用工企业的安排和计划，并由用工企业进行管理与考核。用工企业计算出员工工资、奖金、社保等金额后，将其支付给派遣公司，由派遣公司转支付给员工。当然，工资等也可以由用工企业直接支付，或者通过银行的农民工工资专户支付。

除此而外，用工企业再向派遣公司支付劳务派遣的管理费，企业承担的社保等。

由于员工法律上是派遣公司的员工，所以标准的流程是派遣公司全额收取用工企业支付的工资、社保和管理费，开具对应的发票，再将其中的工资转付给职工。

所以，劳务派遣公司既可以将收到的包括工资、社保等在内的全部款项确认为收入，将支付的工资、社保等款项确认为成本，也可以秉持实质重于形式原则，将工资、社保等款项作为代收代付的款项，只对实际归属于自己的管理费确认为收入。当然，不论如何确认收入，都必须向用工企业开具包括工资在内的全额发票。

【案例】劳务派遣公司向建筑公司派遣员工一批，本月收到的工资、社保、管理费合计 1 000 万元，开发票 1 000 万元。1 000 万元中，工资、社保金额为 980 万元，归属于派遣公司的管理费为 20 万元，约占总开票金额的2%。

劳务派遣公司可以选择一般计税。

增值税销项=1 000万元÷1.06×6%=56.6万元

我们可以发现，这样做的劳务公司很少，实际上他们都会选择简易计税，并且适用差额纳税，此时征收率为5%。

应纳税额=（1 000−980）万元÷1.05×5%=0.95万元。

但开票总额依然是1 000万元。此时具体有两种开票方法，一是用开票系统“差额纳税”模块，开出的增值税专用发票上不含税总价999.05万元，税金0.95万元，税率是星号；二是开一张免税的980万元增值税普通发票，再开一张征税的20万元的增值税专用发票，征收率5%，税款0.95万元。

那么，建筑公司支出全部1 000万元劳务费，并取得1 000万元发票，是否应该全额直接计入项目劳务费呢？

不行。

这些员工虽然只与派遣公司签订劳动合同，未与建筑公司签订劳动合同，但其实质上提供的服务与建筑公司员工提供的服务是类似的，都接受建筑公司的管理与安排。所以，这些人在实质上满足《会计准则—职工薪酬》对员工的定义，作为用工企业的建筑公司，应该将工资部分，通过“应付职工薪酬”科目进行核算，并将此薪酬计入到企业所得税的工资总额之中。仅将支付给派遣公司的管理费用直接计入劳务费之中。

从本例可以看出，开了1 000万元的发票，却只交不到1万元的增值税。所以，劳务派遣就成为了极少数建筑工程项目为获得劳务成本发票的一个切入口了。

就上例来说，在实操中一般的交易过程是这样的。

双方合同约定派遣公司收取管理费的比率，比如2%。项目上通知本期的工人工资、社保及管理费等总用工金额为1 000万元。项目上可能支付1 000万元的总费用，也可能只支付2%的管理费，余款用员工、班组签字的工资表冲平。然后派遣公司开出1 000万元的增值税劳务发票，并选择适用简易差额计税。

这种情况下，派遣公司对于员工实际的工资情况是失控的，尤其是无法确保员工工资不被拖欠、克扣。并且也影响到了其差额纳税时扣减金额核算的准确性，存在纳税风险。

更为严重的是，这种情况下如果没有实际发生派遣业务，或者派遣业务在数量金额上与发票内容完全不一致，就会构成虚开增值税发票，这样风险就大了。

如果虚开的是增值税普通发票，按最高检与公安部的规定，则累计40万元，就达到追诉刑责的标准了（2011年的规定），对建筑行业来说，这是轻轻松松就能摔进去的金额。

但让人感到奇怪的是，如果虚开的是增值税专用发票，按最高法的规定，则需要累计税款5万元，才达到追诉刑责的标准（2018年的规定）。按2%的管理费率与5%的征收率计算的话，想开出5万元税款，差额纳税下价税总额得开到5 250万元，这才达得到追诉刑责的标准。

此种情况下，虚开专票的刑责门槛竟然比虚开普票的刑责门槛高这么多，这样的规则真让人无语。

8.9 甲供的销售额

甲供材，首先是一个建筑施工的模式，由建筑施工方与甲方通过建筑施工合同共同约定。

甲供的目的，首先并不是税务上的要求，它的作用主要在保证工程质量、控制工程成本、保证商业秘密等方面。当然，甲供会导致税收计算的变化，所以，甲供的选择上也有税收的考量。

营改增之前，甲供实际上是起不到多少避营业税作用的。一个1 000万元的工程，营业税要交30万元。如果其中400万元的材料甲供，营业税依然要交30万元。也就是说，不仅600万承包款，甲供的400万材料，也会被征建安税，税务机关总之不会少收。所以说，甲供基本上不会起到避营业税的效果。

营改增后，情况发生了巨大的变化。甲供模式下，对于甲供材这一块，不再被征建安税。

首先，如果建筑工程适用一般计税，施工方与甲方都在增值税的抵扣链条上，则甲供与否，不会带来税收上的节约与浪费。

一些甲方，尤其是房地产开发企业，刚刚接触到增值税时，因为不懂，所以会有这样的认识：房价不变的情况下，自己的销项就不变；但工程的进项税率是 11%。如果改成甲供，则工程的部分成本进项税率变成了 17%，这不是节约了吗？

所以，他们往往会想到甲供，认为自己能够直接抵扣 17%、16%、13%的进项，可以降低税负。

实际上，正如第一章所讲，一般计税模式下，利益只在施工方与甲方之间此消彼涨。甲方因此赚了多少，施工方就因此亏了多少，这完全是双方一个谈价的问题。把施工方与建设方的利益加在一起来看，甲供与否，完全没有区别。

所以，当施工方、甲方都一般计税时，当双方议价能力与水平一致时，甲供选择在税收上没有意义。当然，如果双方议价能力与水平不一致，甚至不需要甲供，仅谈价也可以谈成对一方有利、一方吃亏的结果。

但是，如果建设项目简易计税，则在建设方简易计税的情况下，甲供的税负一定会低于料工费全包的税负。

例如，2×××年，某建筑工程造价 1 000 万元，因种种原因，选择简易计税。则全包模式下，施工方收入=1 000 万元÷1.03=971 万元。

如果其中 400 万元材料甲供，由甲方直接向供应商采购，甲方将其计入成本之中。施工方的承包额变成 600 万元。

施工方收入=600 万元÷1.03=583 万元。

相比于料费全包时的收入 971 万元，施工方收入下降 388 万元。

但是因为不再采购甲供的材料，所以施工方成本下降 400 万元，相比于全包，施工方竟多赚了 12 万元的利润。

再看甲方，分两种情况。

（1）如果甲方简易计税，进项不能抵扣，则：

全包模式下，甲方的成本为 1 000 万元。

甲供模式下，甲方的成本分为甲供材料成本和施工成本。材料成本为 400 万元，施工成本为 600 万元，甲方成本也是 1 000 万元。

甲方的成本不变，但施工方的利润却多了 12 万元，所以，双方简易计税下，选择甲供，施工方的利润会增加 12 万元。这增加的 12 万元，实际上就是甲供材料那 400 万元被少征的建安税。如果材料乙供，会被多征一道建安税。所以，简易计税下的甲供就多了这么一个税收小红包。

当然，如果开发商知道这个道理的话，公正地讲，可以压你 6 万多元的价，让双方平分这一个税收小红包。

（2）如果甲方一般计税，进项可以抵扣，则：

全包模式下，甲方的成本为 971 万元，因为增值税可以抵扣。

甲供模式下，甲方的成本分为甲供材料成本和施工成本。材料成本为 400 万元÷1.17=342 万元，施工成本为 600 万元÷1.03=583 万元，合计 925 万元，与全包时的成本 971 万元相比，节约了 46 万元。

所以，更划算！当然，这只是相比于施工方简易计税下的全包模式而言。

按第 1 章讲述的税负问题可以知道，当甲方一般计税时，施工方选择一般计税才是最划算的，比简易计税下的甲供，还要划算。

对于建筑工程新项目来说，往往是甲方主动选择甲供，而施工方跟着选择简易计税。这种情况下，并不比双方选择一般计税划算。

对于甲供，提以下几点建议：

① 如果双方都是一般计税，甲供与否在增值税上没有区别。

② 如果施工方已经选择了简易计税，则甲供一定划算。与全包比，施工方可以增加甲供材料÷1.03×3%的利润。

③ 如果施工方已经选择了简易计税，可以人为进行甲供筹划，即实质上是乙方采购、管理，但实行甲供的手续和甲供的合同，也会划算。

当然，甲供与否，这里讲的只是从增值税角度看问题，实际上还必须通盘考虑质量、成本、甲方管理水平等因素来确定。

最后介绍甲供的会计处理。甲供，指全部或部分材料由甲方自己购买，并计入甲方的工程成本之中。

一定要注意，这批材料必须由甲方自己记入“开发成本”或“在建工程”之中，不能用于冲抵向施工方的工程款，因为工程款中已不含这块金额。

甲供模式下，施工方只能按扣除甲供材料后的实际承包金额，确认为收入、开具发票。不能按工程造价全额开具发票，如果按全额开票，不仅让施工方多交增值税，还会导致甲方产生转售材料的增值税纳税风险。

【案例】某工程总价 1 000 万元，简易计税，甲供材料 400 万元。

甲方购进材料 400 万元，甲方会计处理为

借：工程物资　　400 万元
　　贷：银行存款　　400 万元

把材料拨付工程现场，甲方会计处理为

借：应付工程款（或预付工程款）　　400 万元
　　贷：工程物资　　400 万元

注意：这是一个以货抵工程款的处理，其本质上属于甲方向施工方转售工程物资，所以，此时应计销项税额，因为甲方销售货物不可能适用简易计税，所以按 17%、16%或 13%计税，会极大地导致工程成本上升、税负上升。如果没有计销项，未来有被稽查补税、滞纳金、罚款的风险。

这样的处理，一般跟着的要求是施工方按工程造价全额开发票，实际上也就把甲供最终变成了乙供，还让甲方因转售材料多交一道增值税。

所以，正确的处理是，将材料拨付工地时，直接计入成本，从而避免材料产生所有权转移给施工方的情况，不会产生增值税纳税。甲方会计处理：

借：开发成本（或在建工程）　　400 万元
　　贷：工程物资　　400 万元

未来只向施工方索取其承包的工程款等额发票，计入开发成本之中即可。

而施工方会计，根本不需要核算甲供的材料金额。

最后讲一下“甲供水电”的问题。施工方施工过程中，一般会使用甲方的水电，并约定，在工程款中抵扣。

例如 2017 年，某工程承包总金额 1 000 万元，经双方确认，工程使用了甲方水电费 50 万元，实际只付工程款 950 万元。那么，施工方应按 1 000 万元还是 950 万元开增值税发票？

当然是 950 万元。

这就是“甲供水电”，甲直接把 50 万水电计入到开发成本或在建工

程之中即可。按甲供处理，施工方的承包总额为950万元，所以再开950万元的发票，按950万元缴纳增值税即可。

如果硬要施工方开1 000万元的发票，这个工程就成了水电乙供，但却是甲方转售的。因为此时，甲方同时拥有1 000万元全额建筑发票以及50万元水电发票，多出的50万元水电发票是干什么了？如果抵工程款给施工方了，就涉及按13%（电）和9%（水）补销售货物增值税的风险了。

所以，明确甲供金额的会计处理，甲方应直接计入工程成本。

8.10 境内与境外

增值税对发生在我国境内的应税行为征税，此处的“境内”应该理解为类似于“关境”的境内，而非国境的境内，所以台湾、香港、澳门都不属于境内。

那么，如何判定一项应税行为，是发生在境内还是境外呢？

对于涉及不动产和自然资源使用权的销售行为，只要该不动产和自然资源在境内，就属于境内的应税服务。包括销售、出租境内不动产，销售境内的自然资源使用权等，都属于境内应税行为。因为存在具体的不动产、自然资源位置，所以比较好判断。

对于除此而外的其他应税行为，判断分为两步。

首先，从销售方和购买方是否在境内进行判断。只要销售销方或购买方一方在境内，则属于境内服务。

比如，中国一家建筑公司在乌干达承包一项建筑工程，该工程建筑服务的销售方为中国的建筑公司，说明工程服务的销售方在境内，所以该工程在增值税上属于境内工程。只是，该建筑工程可以享受免税待遇。

如果该建筑公司投资在乌干达成立一家独资企业或合资企业，并由其承包该项工程。因为该独资企业或合资企业是按乌干达法律成立、属于乌干达的单位，所以销售方与购买方都不属于在境内，则该工程在增值税上不属于在境内提供服务，无纳税义务。

第二步，就是对于境外单位提供的完全在境外发生的服务、销售完全在境外使用的无形资产，出租完全在境外使用的动产，被排除在境内的范畴。

比如，中国建筑公司在乌干达承包工程，乌干达本地一家劳务派遣公司向工程派遣员工，提供了派遣服务。虽然该派遣服务的购买方是中国公司，属于购买方在境内，但由于该服务是由境外单位提供，并且完全在境外发生，所以也被排除在外，该乌干达劳务公司没有增值税纳税义务。

但是，营改增后，由于服务的特殊性，导致许多境外单位向境内单位提供服务，在是否纳税上，存在着不确定的判断或争议。这一点需要广大会计提高警惕。

比如，境外一家外国公司，为境内一家中国公司提供设计服务，此外国公司是否应纳增值税？

由于接受服务方是中国企业，所以必须要判断，该项服务是否“完全在境外发生”，如果完全在境外发生，就不纳税，否则应该纳税。

目前，判断完全在境外发生的标准并不清晰，有些业务是否产生纳税义务，还存在争议。

比如，该设计过程中，境外公司的所有设计人员都没有到过中国，其设计工作全部在境外完成，按此理解，就属于完全在境外发生的服务，没有增值税纳税义务。

但是，由于该服务的结果——设计的结果、资料等，必须要提交给境内企业，并且还可能会有沟通、交接、指导等，这个算不算是在境内发生呢？

服务的过程，一般应理解为同时发生服务和消费服务的过程，而取得设计结果也属于消费设计服务，所以，提交设计结果的行为也属于服务发生的范畴，这样虽然全部设计工作都没有进入中国，但由于需要向中国企业提交设计的成果，也应理解为并非完全在境外发生，所以有增值税纳税义务。

反之，中国企业派员出国到设计公司接收相关设计成果，则可以理解为此服务完全在境外发生，没有增值税纳税义务。至于后来对设计成果的使用，已经属于另一项业务或工作了。

对于外国单位和个人向境内单位或个人所提供服务的问题，必须要按服务发生的全过程是否都在境外来判断。

那么，中国境内的单位和个人向境外的客户提供的完全发生在境外的服务呢？

此时，由于销售方在境内，所以都属于在境内提供服务，都属于应税范围。但对于包括建筑业在内的许多行业来说，如果这些服务与境内的货物和不动产无关，则可以享受增值税零税率政策或者免税政策。

具体的行业或业务范围，以及是享受零税率还是免税，由《跨境应税行为适用增值税零税率和免税政策的规定》（财税【2016】36 号文附件 4）进行了明确的说明。按其规定，建筑企业承包的境外工程，适用免税政策。不在其罗列范围之内的行业和业务，应按适用税率或征收率纳税。

8.11 增值税扣缴义务

增值税对在我国关境之内的应税行为征税，全球的单位或个人都可能成为纳税人，只要他们在境内发生应税行为。

如果境外纳税人在境内发生应税行为，且在境内没有机构，那么购买方将承担扣缴义务。

《试点办法》**第六条 “中华人民共和国境外（以下称境外）单位或者个人在境内发生应税行为，在境内未设有经营机构的，以购买方为增值税扣缴义务人。财政部和国家税务总局另有规定的除外。”**

扣缴义务与纳税义务，属于同一个级别的义务，它必须由法律法规来规定。财税【2016】36 号文是规范性文件，由其规定扣缴义务效力不足，这属于试点的特殊情况。

所以，**“财政部和国家税务总局另有规定的除外”**，这一例外性规定，不是指还有其他行为可能会被财政部、税务总局规定产生扣缴义务，而是指以上的扣缴义务行为中，财政部和税务总局有权豁免其扣缴义务。

发生扣缴义务时，扣缴义务人应该在向境外支付应税款项时，扣下增值税，并向税务机关申报。纳税后取得税务机关开具的完税凭证，可以抵扣其进项，但同时必须将相关的合同留存被查，若未留存，不得抵扣进项。

【案例】境外公司为境内公司提供一项设计服务，合同含税总金额折

合人民币为 400 万元，该如何扣缴增值税？

如前所述，该设计服务由境外单位提供，所以如果这项设计服务完全在境外发生，则没有增值税纳税义务。判断时不能只看该设计服务中设计人员是否全部在境外工作，还要结合实际情况，看该服务整个过程是否在境外。如果不完全在境外，就有增值税纳税义务。

如果经判断，确认境外设计公司对此有增值税纳税义务，则应由境内支付单位代扣代缴增值税。

扣缴增值税的计算，对于境外纳税人，一律依一般纳税人税率计算扣缴，且不抵扣进项。本例来说，应扣缴增值税额=400 万元÷1.06×6% =22.6 万元，并同时要扣缴城市建设税和教育附加税。

在企业所得税上，设计归属为提供劳务，以“劳务发生地”为纳税地点，没有“完全”两字为限，所以应通过具体情况进行判断，如果该设计劳务发生在境外，则没有企业所得税的扣缴义务。

假定，本例要求扣缴增值税 22.6 万元，扣缴城建税和教育附加税 2.26 万元，不扣缴企业所得税，则应按扣缴后的金额对外支付。

实际付汇换算为人民币=400 万元−22.6 万元−2.3 万元=375.1 万元

实际设计成本=400 万元÷1.06=377.4 万元

借：管理费用	377.4 万元	
贷：银行存款		375.1 万元
应交税费−扣缴附加		2.3 万元
借：应交税费−应交增值税（进项税额）	22.6 万元	
贷：应交税费−代扣代交增值税		22.6 万元

月末，将应交税费−代扣代缴增值税科目结平。

借：应交税费−代扣代交增值税	22.6 万元	
贷：应交税费−未交增值税		22.6 万元

就此例而言，如果与境外单位约定，其设计费为不含税金额 400 万元，则应该将其还原为含税金额来确认设计成本与扣缴增值税金额。

含税金额包括不含税设计成本+附加税+增值税，在扣缴增值税与附加税的情况下，计算要注意附加税是价内税，所以计算有点麻烦，当城建税、教育附加税税率为 10%时，

含税金额=400 万元÷（1-6%×10%）×1.06=426.56 万元

应扣缴增值税=426.56 万元÷1.06×6%=24.14 万元

应扣缴附加税=24.14 万元×10%=2.41 万元

实际设计成本=426.56 万元÷1.06=402.4 万元

不含税金额约定会增加设计成本。就增值税而言，除此情况之后，不再有任何增值税扣缴义务。

与扣缴义务相比，涉税上有一个容易被错误理解的行为，就是受托代征。

受托代征，是指企业受税务机关委托，代征税款。代征税款与扣缴税款都可以赚取手续费，但两者的法律性质不同。

扣缴是一项义务，必须依法律、法规的规定实施。扣缴义务人必须要实施扣缴，如果没有正确履行扣缴义务，则属于违法行为，面临 50%～300%的罚款。

受托代征是一项业务，是企业与税务机关“谈”成的生意，可以针对任何税种进行代征。税务的目的主要是加盟税源管理，企业可能就是冲着手续费干的。企业可以接受委托，也可以不接受委托。接受委托后，如果没有把税征上来，只是违约行为，并不违法。

第 9 章　增值税预缴与申报

增值税纳税义务的确定有着严格的时间要求。增值税纳税义务确认时间，也就是平常所说的增值税销售额确认时间，或者增值税销项确认时间。

何时确认增值税销项税额，这一问题必须依据《增值税暂行条例》及《营改增试点实施办法》的明确规定。

增值税纳税义务发生时间与会计收入确认时间、企业所得税收入确认收入，在规则上并不一致，往往会出现差异。此时，应该按会计准则的规定来进行会计处理，按企业所得税政策进行所得税汇算调整，按增值税政策确认增值税销项税额及增值税发票的开具。

尤其要注意的是，“以票控税”思想下，以发票开具时间来确认增值税纳税义务发生时间，这样的理解是不全面的，很有可能导致纳税风险。准确的表述恰恰相反：增值税纳税义务发生时间决定发票开具时间。

9.1　纳税义务发生时间

按《营改增试点实施办法》的规定，增值税的纳税义务时间为：

“**第四十五条**　增值税纳税义务、扣缴义务发生时间为：

（一）纳税人发生应税行为并收讫销售款项或者取得索取销售款项凭据的当天；先开具发票的，为开具发票的当天。

收讫销售款项，是指纳税人销售服务、无形资产、不动产过程中或者完成后收到款项。

取得索取销售款项凭据的当天，是指书面合同确定的付款日期；未签订书面合同或者书面合同未确定付款日期的，为服务、无形资产转让完成的当天或者不动产权属变更的当天。”

这一规定，除了“先开具发票的，为开具发票的当天”这一句话外，几乎是完全继承了营业税的规定。

如果不考虑先开发票的因素，则提供应税服务增值税的纳税义务发生时间把握以下两点。

（1）纳税义务最早也要在开始提供服务之日产生。也就是说，服务如果没有开始提供不纳税。比如说，工程没有开工，就算收到钱、就算合同约定收款，也不产生建筑业增值税纳税义务——当然，建筑业有特殊规定，此时要“预缴增值税”。

（2）开工后，就算提供业务在过程中了，此时实际收到款的时间、到达合同约定的付款时间，这两个时点哪个早，哪一天就是纳税义务发生时间。

当然，如果在以上两点之前，提前开发票，则开票时间就是纳税义务发生时间。

达到纳税义务发生时间后，企业应该在次月申报期，进行增值税销项及应纳税额的申报。

【案例】某工程已经开工，按合同约定的付款条款，结合完工进度确认单，2017 年 6 月 6 日，甲方应支付工程款 1 000 万元。但甲方因为预售情况不好，无钱支付，形成拖欠，那么，施工方在 7 月，要不要申报这 1 000 万元的增值税销售额？

由于已经开工，并且达到了合同约定的付款时点，所以，这 1 000 万元的建筑业增值税纳税时点已到，应该于 7 月申报增值税。

实务中，有施工企业会计认为，没有收到钱，也就不用开发票，所以也就不应该纳税。并且，这一态度是从营业税时期一直延续过来的。营业税时代就是在开建筑发票时纳营业税。

实际上，在营业税时候，上例这种情况也应该申报营业税，哪怕没有开发票。相当于，不仅没有收到工程款，连流转税也得先垫上。

因为税收政策关于纳税义务发生时间，就是这样规定的。

营业税时代，建筑业营业税在工程地缴纳，注册地主管税务局征不到营业税，所以，查营业税的力度就低。而工程地税务局难以对企业进行管理，就采取了“以票控税”的简单办法。平时不管企业营业税交没交够，反正来开票时就交税，把开票时间算作应纳税的时点。

这样在征管上的便利之处在于，如果没有开发票，则可以要求建设方列支固定资产、结转开发产品成本，并且列支时必须取得发票。只要管住了甲方这个“庙”，就跑不掉这个“和尚”。一环扣一环，就能把税收够了，具体的法定的纳税义务时间就不被重视了。

现在进入增值税时代，有些企业才慌了神。以前营业税时期的业务，试点前按规定已经到了营业税纳税时点，因为没有开票、收款，于是就没有申报营业税。现在营改增了，这些税也不能交成增值税，因为试点前的营业税依然必须按营业税申报。然而一旦申报试点前的营业税，纳税时点就回到了试点之前，于是除营业税外，还会产生滞纳金。

所以交营业税不是，不交营业税也不是。

增值税由于是在注册地缴纳，受注册地主管税务机关管理，所以税务局对增值税纳税时间的管理就会比试点前的营业税要严格一些，不重视纳税义务时间就会出现风险。

就上例来说，如果 2017 年 6 月 6 日因为没有收到款，没有开发票，就没有计税。万一后来税务稽查查账，通过分析合同，确认你在 6 月 6 日达到此 1 000 万元的纳税义务时间，而如果 7 月没申报，就构成了违法，具体情况取决于在稽查时，企业这个税款是否已经缴纳。如果来检查时已经缴了，就构成“延时申报”，会产生滞纳金；如果被查时还没有缴，就构成少缴税，就会被要求马上补计这 1 000 销项，结果很可能导致补税，就还会产生罚款和滞纳金。

所以，当甲方拖欠工程款时，施工企业必须要关注自己的纳税义务。甲方可以欠你的钱，你不能以此为理由欠政府的税。

那么，如果甲方形成拖欠工程款的行为后，应该怎么办呢？

这首先应该是合同执行的问题。甲方拖欠工程款，形成合同违约，可能会导致相应的违约金或利息补偿。当然，施工方本着“客户就是上帝”的思想，也可以认可甲方的拖欠行为。现实中许多企业做业务时，根本不看重合同，全是君子协议。

所以，作为施工方，此时应该表明自己的态度是认同甲方合同违约，还是与甲方共同修改合同。

如果体谅甲方，施工方应该与甲方共同协商新的付款时点，比如按甲方的现实情况和双方的协商，甲方希望延缓到10月6日付款，施工方也同意，就应该把合同付款时间修改到10月6日，由于合同被修改调整，或者签订补充协议修改原合同付款时间条款，则纳税义务发生时间也同时推迟到10月6日了，6月6日就不再有增值税纳税义务了。

如果认同合同违约、不对付款时间展期，那么，应该按合同办，计算相应的违约金。但此时，施工方必须申报增值税，由于没有收到工程款，所以申报的分录如下：

借：应收账款
　　贷：工程结算
　　贷：应交税费-应交增值税（销项税额）

此时因为交了税，所以可以将增值税专用发票开给甲方，甲方可以列入进项进行抵扣。

实务中，施工方往往因为既垫了工程款，又贴了增值税，再开票就觉得好事做得太多了，不愿意再开，并且也妄图以发票作为制约甲方付款的工具之一。

但如果这样，增值税就只能作无票申报。

按国家税务总局的规定（国税发【2006】156 号），增值税专用发票应该在**“纳税义务发生时开具”**，即纳税义务哪天发生，就在哪天开票。如果此时不开，就会变成“延迟开票”的行为，这一行为显然违反了上述发票使用的规范。只不过，对施工方来说，后果并不严重。如果正确交了税，税务一般不会再追究延迟开票问题。

但是，这对甲方会形成不利影响。延迟开出增值税专用发票，说明这张增值税专用发票的开具不符合税务总局的规定，那么查实以后进项不得抵扣——这是营业税时代不存在的风险，但增值税时代却很现实。

虽然税务稽查不太可能会把张张增值税专用发票的开具时间都查清，因为这需要结合合同来检查，但总之是一个悬在头上的石头。有时稽查看发票一眼带过，有时甚至还要对着计账凭证加发票的合计金额，是松是严并不确定，一旦查出来进项不能抵扣，损失就大了。

所以，在不修改合同付款时间的情况下，应该把这一风险向客户讲透，并与之协商。最好形成这样的一种经营惯例：你拖欠工程我拿你没有办法，也不敢强催，但你把增值税付了，我给你开专票。

如果甲方付了增值税金，施工方一般就会同意开出增值税专用发票。当然，施工方也可以这样向分包商、材料供应商交待，只收到税款，也只能先把税款付了，把他们的增值税专用发票收上来。这样至少保证纳税义务与发票处理、进项抵扣上没有违法的风险。

对于增值税的纳税义务发生时间，作一下简要的汇总，如表 9.1 所示。

表 9.1　增值税纳税义务发生时间

销售货物	直接收款、分期收款、赊销	不论货物是否发出，以实际收款时间、合同约定的收款时间为准
	预收账款	发出货物时，全额确认销项
	视同销售	转移货物时
销售劳务		劳务开始提供后，以实际收款时间、合同约定的收款时间为准
销售服务		服务开始提供后，以实际收款时间、合同约定的收款时间为准
		例外：租赁服务，收到预收时纳税
销售不动产		开始销售不动产时，以实际收款时间、合同约定的收款时间为准

如果在表 9.1 规定的纳税义务发生时间之前开出发票，则一律依发票开具时间确定纳税义务发生时间。

最后强调一下，除上一段的规定外，一般原则为纳税义务发生时间决定发票开具时间，而不是发票开具时间决定纳税义务发生时间。

9.2　税率调整的迷茫

纳税义务发生时间是有法定标准的，非常清晰。如果到了发生时间还未申报纳税，就有可能会出现补税、滞纳金、罚款的风险。这取决于税务稽查的情况。

2019 年 4 月 1 日起，增值税税率发生变化，16%与 10%税率，下调为 13%与 9%。许多会计对于 4 月 1 日前后开票的税率产生了迷茫，4 月 1 日后，一笔业务该开多少税率的发票呢？

建立起正确的思路和方法，以上问题就不是问题了。

按多少税率开发票，取决于你按多少税率计的增值税销项。这个业务如果是按 16%计的销项，就该开 16%的发票，不论是在 2018 年 4 月 1 日之前还是之后。

那么，这笔业务该按 16%计销项，还是按 13%计销项呢？

注意：这就取决于该笔业务纳税义务发生时间了。如果是在 2019 年 4 月 1 日之前导致的纳税义务，就是 16%，反之在 4 月 1 日之后导致的纳税义务，就是 13%。

那么，这笔业务是在 4 月 1 日前发生纳税义务，还是 4 月 1 日之后呢？这就是前面所讲的如何把握纳税义务发生时间了。

就应税服务而言，如果服务已开始提供、不动产已完工销售，那么，收款时间和书面合同约定的收款时间，就是纳税义务发生时间。这个时间点在 4 月 1 日之前，就是 10%，反之就是 9%。

唯一的例外是租赁服务，不论租赁业务是否实际开始发生，只要收到款，就产生纳税义务。

比如出租不动产合同约定 3 月份就该收款，但却没有收到款，拖到了 4 月份才收款、开票。

显然，按规则，3 月份就是纳税义务发生日，应该计增值税销项，所以税率为 10%，如果当时计了销项了，就该当时开发票，上面的税率也是 10%。

如果拖到 4 月后才确认销项并申报，说明延迟申报，有滞纳金。

如果拖到 4 月后才开发票，则显然也必须按销面税率开成 10%。

但要注意，如果 3 月份无票申报了销项，拖到 4 月份开发票，会过不了税务机关的增值税申报“比对”，有被锁死系统的风险。锁死后，

赶忙去税务机关说明情况。如前文所讲，要想最大限度减少风险和麻烦，拖欠款项时，应该同时修改合同的付款时间约定，就可以把纳税义务时间拖到后面去了。

一旦明白了规则，开票的方式就不难理解了。

9.3　预收款与预缴税

从营业税时代起，建筑业就形成了一个纳税的惯例：收到钱就交税。现在这一情况有了一点变化。

在 9.2 节中，纳税义务发生时间，一定在开始提供服务之后。所以，开始提供服务之前收到的预收款，在增值税上都是预收，没有纳税义务。营业税如此，增值税也如此。

但是，《营业税暂行条例实施细则》曾规定：房地产开发、建筑业、租赁这三个税目，在收到预收款时纳税。所以对于建筑业，改征增值税之前，基本不用考虑开工与否，收到钱就纳税。

实施增值税管理后，起先也是这样规定的，后来，财政部和税务总局对政策作了调整，2017 年 7 月 1 日起，把建筑业从预收款纳税的范围里给剔除了。现在的政策，除了租赁业，包括房地产开发和建筑业在内的所有行业，预收款都不产生纳税义务。

当然，建筑业的预收款情况并不多，因为开工之前收到的是预收款。但是，开工之后，这些预收款以及随后收到的款，都是应税的工程进度款了。

建筑业收到预收款虽然不产生增值税纳税义务，但却有预缴税的纳税义务。

预缴税的纳税义务也是纳税义务，该交就必须要交。与正式计算的增值税纳税义务不同之处在于，它直接用预征率征税，不准抵扣进项，所以是一种估算的纳税，交多了、交少了谁都不知道，必须待以后明确具体的销项与进项后，再多退少补。即，未来确认销项后，再同时把预缴的增值税退回来。

由于增值税在计算上存在进项抵扣的特点，如果进项较多，税务机关是收不到现钱的。但是采用预收税的方式，就可以不管进项。

计算预缴税款，是按增值税对应的税率或征收率，还原出不含增值税金额，再按预征率进行计算。同时注意，预缴时，不论是一般计税还是简易计税，都可以扣减分包款的金额后再预缴。当然，扣缴的分包款，也需要分包的发票。

有些建筑业会计面对预缴税时，会感觉到困惑，因为建筑业的预缴税的确有点复杂。实际上，它存在两种情况下的预缴税：预收款的预缴和异地工程的预缴。

本节先讲基于预收款的预缴税。

对于预收款，必须要预缴税。也就是前文所讲的情况，此时如果是本地的工程，就在本地预缴，如果是异地的工程，就在异地预缴，总之是在工程所在地预缴。由于只是预缴没有达到增值税纳税义务发生时间，所以只去申报预缴税款，不开发票。

预缴的税款什么时候退？不退。

我们要这样理解：预缴税也是缴税，本身是不退的。

未来之所以说要“退”——实际是“抵”——是因为当未来确认精确的销项税后，就缴了两次：预缴一次、销项确认一次，说明预缴的税就算缴多了，所以要退。但税务又特别限制为“抵”，抵不完结转下期继续抵，没有结转时间限制。

预缴税是按预征率来计算的税金，没有考虑销项与进项，所以其金额是不准确的。一直要到未来达到增值税纳税义务，进行了增值税申报，形成了准确的销项税金额再抵，再多抵少补。也就是说，在进行正式的纳税申报时，再用预缴的税款来抵，抵不完的下期抵。

所以，可以这样把握预缴税的抵回时间：基于预收款的预缴税，在对应业务达到纳税义务时点并完成纳税申报时，再抵回来。

目前财政部和税务总局对于建筑业预收款处理的政策还不够细化，对于预收款何时转为销售额，的确存在一些不同理解。本书从谨慎性出发，认为一旦开工，即开始提供服务、处于“提供服务过程中”的状态，按《营改增试点实施办法》的规定，此时收到的所有款项都必须确认增值税纳税义务。此时确认销项的同时，抵回预缴税款。

【案例】某工程2×××年9月开工，7月签订合同后，甲方就先预

付 1 000 万元工程款，此预收款就是不纳税的，但却需要按预征率预缴税。

预收的会计处理：

借：银行存款　　1 000 万元

　　贷：预收账款　　1 000 万元

建筑业的预征率，一般计税下是 2%，简易计税下是 3%。都可以扣减分包款，但需要分包方的发票。本例假设无可扣分包款。

本例假设工程在公司当地、一般计税、无可扣分包款，建筑业税率为 9%，那么，预缴税额=1 000 万元÷1.09×2%=18 万元。

借：应交税费-预缴增值税　　18 万元

　　贷：银行存款　　18 万元

此税款应在 8 月申报期向工程地税务局申报。如果是异地工程，就交在异地、不用交在本地；如果是本地工程，就交在本地。

接上例，工程 9 月开工，当月又收到工程款 2 000 万元。建筑公司处于“提供服务过程中”的状态，其收取的所有款项，包括前期收取的预收款，都产生增值税纳税义务。所以，此时应进行增值税申报，并将已预缴的税款冲回。

增值税销项=3 000 万元÷1.09×9%=248 万元

借：预收账款　　1 000 万元

　　银行存款　　2 000 万元

　　贷：工程结算　　2 752 万元

　　　　应交税费-应交增值税（销项税额）　　248 万元

这 248 万元的销项税金在 10 月进行申报。当然，在此期间，建筑公司应该取得了相应的进项税金，所以 10 月份实际的纳税额，需要通过申报表进行计算。

只要确认了 1 000 万元预收款的增值税纳税义务，即申报了这 1 000 万元预收款的销项，那么，说明原来所缴的 18 万元的预缴增值税就是多交了，此时就可以抵减回来。注意，这相当于是对多缴税的抵回，所以只要本月有应缴的增值税，不论其属于哪个项目，包括简易计税项目，都可以抵。

具体能抵减多少，取决于当月实际缴纳多少增值税。如果实际应缴纳的增值税低于可抵扣的金额，则只能把实际纳税额抵为零，未抵完的不退税、无限期结转下月抵减。

也就是说，只要是在注册地税务机关申报缴的所有名目的增值税，包括其他项目预缴的增值税，此时都可以抵，因为此时本质上是“退回多预缴增值税”的问题，只不过财政文件硬性规定：只抵不退。所以，凡有应缴增值税都可以抵掉。

接本例，如果 10 月申报表经计算，应缴增值税 10 万元，则预缴的 18 万元增值税只能抵扣 10 万元，申报表上只申报 10 万元抵减额，最终导致当月增值税零申报，剩余 8 万元继续留抵。

会计处理：

借：应交税费-未交增值税　　10 万元
　贷：应交税费-预缴增值税　　10 万元

当然，如果申报表经计算，应缴增值税 40 万元，则预缴的 18 万元皆可抵减，最终申报纳税的金额为 22 万元。则以上抵税分录的金额为 18 万元。

前面这个抵减分录，是一个偷懒的分录，严格的处理为：

借：应交税费-增（已交增值税）
　贷：应交税费-预缴增值税
借：应交税费-未交增值税
　贷：应交税费-增（转出多交增值税）

以上就是基于预收款的预缴增值税计算、抵回与会计处理。

实际上，建筑业在项目开工之前预收款的情况并不多见。并且，一旦开工，预收款都应该转为合同约定的工程结算款。按 36 号文规定，一旦开始提供服务，所收到的款项都应纳增值税，所以这样预收款征税规定看起来意义并不大。

9.4 基于异地项目的预缴

异地项目，应该在异地进行预缴，其计算方式与前面预收款预缴一致，都可以扣减分包款，一般计税与简易计税的征收率分别是 2%与 3%。

异地项目，不论是发生预收款，还是发生销售额，都必须在异地预

缴增值税。其中发生预收款的行为，就是 9.3 节所讲解的行为。本节讲解纳税义务发生情况下的异地预缴。

纳税义务发生时，对于异地项目来说，建筑公司应该在注册地申报销项税额，但同时在异地进行预缴。由于纳税义务已经发生，在注册地也进行了增值税申报，形成了重复交税，所以预缴到异地的增值税，可以同时在注册地进行抵减了。

由于预征率定得比较低，所以多数情况下，纳税情况表现为：税款分别交到注册地和工程地税务机关了。当然，由于增值税计算复杂，营改增后，对于异地项目，注册地税务机关有可能收一点增值税，也有可能贴一点增值税。但不论是盈是亏，纳税与抵税都必须依法，该如何处理就如何处理。

因为预征率仅有 2%，对于异地税务机关，一般计税项目下，项目地税务机关所收的税款有所下降；简易计税项目下预征率 3%，项目地税务机关所收的税款与营业税时期大体持平。所以，项目地税务机关往往会希望外地建筑公司采用简易计税。

【案例】2×××年2月，某公司在异地承接的一项目，已经开工。本月收到工程进度款 1 000 万元。

分析，由于工程已开工，1 000 万元进度款达到收入确认条件，应该计增值税销项，税率为 9%，这是在注册地的申报。同时，在项目地应该按 2%的预征率预缴增值税。

异地预缴增值税=1 000 万元÷1.09×2%=18 万元

本地增值税销项=1 000 万元÷1.09×9%=83 万元

次月在异地预缴税款，按当地要求提供相关申报资料，不代开发票。并取得完税证明，用于在本地计算抵减。

借：应交税费-预缴增值税　　　　18 万元

　　贷：银行存款　　　　18 万元

本地申报增值税销项 83 万元，并同时申报增值税进项，18 万元预缴的异地增值税可以抵扣，也填入申报表相关附表，但实际本月能抵减多少，要根据实际缴纳的增值税计算，原理与上节讲解一致。

借：应收账款　　1 000 万元
　贷：工程结算　　917 万元
　　应交税费-增（销项）　　83 万元

如果 18 万都可以抵减，则全额填入抵减额申报。

借：应交税费-未交增值税　　18 万元
　贷：应交税费-预缴增值税　　18 万元

如果是简易计税项目，增值税纳税义务销售额确认后，征收率与预征率都是 3%，所以，异地预缴金额与本地抵减金额是相等的。正常办税情况下，在异地预缴后，其预缴金额同时确认为注册的应纳税额，并全额抵减。

所以，工程开工后，基于异地原因的预缴，实际上不会导致更高的税负，因为预缴的税款同时被注册地抵减。当然，如果注册地当月应纳增值税金额不足，无法抵完，则会占用企业资金。

第 10 章　计税方式与身份

增值税的计税方式分为一般计税与简易计税，对于任何接触过实务的会计而言，这并不陌生。

10.1 税率与征收率

一般计税方式是利用税率计算销项税金，再通过抵扣进项税金，从而确定应纳税额。一般纳税人原则上适用一般计税方式，但特殊情况下，对于特定的项目，允许一般纳税人选择简易计税方式。

简易计税方式是直接用不含税销售额×征收率，不抵扣进项，直接计算应纳税额。小规模纳税人适用简易计税方式。

增值税征收率为 3%或 5%。

与不动产相关的征收率，比如：销售不动产、出租不动产，征收率为 5%，如表 10.1 所示。

表 10.1　调整之后的税目及税率

大类	小类	税率
销售劳务	加工、修理修配	13%
销售或进口货物	普通货物	13%
	特殊货物：由《条例规定》	9%

续上表

大类	小类	税率
销售服务	动产出租	13%
	运输、建筑、不动产出租	9%
	其他服务	6%
销售无形资产	土地使用权	9%
	其他无形资产	6%
销售不动产		9%

特殊情况下的某些差额纳税政策中，征收率为 5%，主要出现在劳务派遣、安全保护等服务上。

除前述“税率”、“征收率”之外，税收政策上有“预征率”这一比率。需要注意的是，税率、征收率是法定的比率，其调整权在国务院。而预征率是财政部与税务总局在规定预征政策时定的一个比率。计算不含税金额时，只能以税率或征收率为依据，不能以预征率为依据。

对于预征增值税，建筑业的预征率为：一般计税 2%，简易计税 3%；不动产销售预征率为 5%，其中房地产开发企业预征率为 3%；异地不动产租赁预征率为 3%。

10.2 小规模纳税人

增值税纳税人默认情况下为小规模纳税人，小规模纳税人一律适用简易计税，通过征收率计算应纳税额，不得抵扣进项。

小规模纳税人可以代开增值税专用发票，包括建筑业在内，部分行业的小规模纳税人可以自开增值税专用发票。

截至本书出版时，可开自开增值税专用发票的行业包括：建筑业、住宿业、签证服务业、工业、信息传输业、软件业、信息技术服务业。未来可能会有更多行业的小规模纳税人可以自开增值税专用发票。

小规模纳税人月销售额不足 3 万元（季度 9 万元）时，免征增值税。季度超过 9 万元，全额征收增值税。

不从事生产经营的自然人，也按小规模纳税人管理，但与一般的小

规模纳税人相比，自然人没有进行税务登记，除转让不动产之外，自然人不能代开增值税专用发票。

税法并未规定自然人必须按次纳税，只有不能按期纳税的才按次纳税，自然人也可以按期纳税；不论是按期还是按次纳税，只要月销售额不足 3 万元都免税，并无先决条件，免税政策并没有区分按月纳税还是按次纳税。

10.3 一般纳税人

小规模纳税人或新成立的增值税纳税人，可以向税务登记成为一般纳税人。此手续为“登记”，只要纳税人会计核算健全，就可以登记为一般纳税人。这一过程中，税务机关不实施审查与批准。

个体户也可以登记成为一般纳税人，但自然人不行。

所以，会计核算健全是成为一般纳税人的硬性条件。如果一般纳税人会计核算不健全，则有惩罚性政策：按一般计税方式征税，却不能抵扣进项，也不准使用增值税专用发票。

同时，小规模纳税人如果连续 12 个月的销售额达到规定的标准，则必须登记为一般纳税人，否则税务机关可以责令其改正，下达《税务处理事项通知书》，要求登记为一般，如果纳税人拒不登记为一般纳税人，将被按一般纳税人的税率计算销项，且不得抵扣进项、不得使用增值税专用发票。

一般纳税人的标准从 2018 年 5 月 1 日起为 500 万元。不再区分销售货物与销售应税服务。只要连续 12 个月销售额达标：包括正常销售额、免税销售额、税务稽查查补销售额，达标就应该去登记。

历史上，增值税一般纳税人身份的确认，采取的是“认定”，即由税务机关认定你是否是一般纳税人，这需要纳税人申报，税务机关认定。如果税务机关认为纳税人不满足条件，或者不清楚纳税人是否满足条件，就会去审查，总之要税务机关同意才行。

现在，情况发生了根本性的变化，原来的旧思想、旧口头禅要进行修改，大家重点把握两点。

1. 登记即可

“认定”改成了“登记”，就是说纳税人选择作为一般纳税人时，不必由税务机关同意，只需要填好表格，到税务机关做一个登记即可。税务机关不表示意见，只要所提供的表格、资料符合要求，现场就给予登记。

从登记的当月起，或者下一个月起——纳税人自己选择，可以按一般纳税人进行处理。

2. 达标后未登记的问题

如果纳税人连续 12 个月销售额达到 500 万元后，没有去登记呢？因为之前有一种说法叫“强制认定”，所以导致不少会计认为会被“强制登记”，实际上，强制认定和强制登记，都不是法定的表述，并且是错误的表述。

之前，如果达标后没有去申报一般纳税人认定，会被按适用税率征税，并且不得抵扣进项、不得使用增值税专用发票。即依然是小规模纳税人，但却按适用税率征税。并不是被强制认定为一般纳税人。

但这个规定已经失效了。按现在规定，如果达标后没有登记，则对纳税人而言不会有任何变化。如果税务机关查到了小规模纳税人连续 12 个月 500 万元达标而没有登记，会出具《税务事项通知书》，通知纳税人限期登记。如果登记了，就成为了一般纳税人，如果还不登记，就是前面的后果：依然是小规模纳税人，但却按适用税率征税，不能抵扣进项，不能使用增值税专用发票。

所以，如果真的达了标，而又不想转一般纳税人，可以等着税务机关出《税务事项通知书》。一般而言，如果如实进行了增值税申报，税务机关就会获得相关的销售额数据，则税务机关肯定会及时通知你进行一般纳税人登记的。

如果没有进行如实的增值税申报，或者实施了偷税，则税务机关只能在实际查处未足额申报行为或者偷税行为时，才知道纳税人满足一般纳税人标准。此时，也应该出具《税务事项通知书》，由纳税人登记。在此之前，一律按小规模纳税人的征收率计税。

10.4 可选择简易计税

一般纳税人原则上适用一般计税方法，但如果满足一定条件，可以

选择适用简易计税方法，一经选定 36 个月之内不能再改回一般计税方法。

传统增值税应税项目，营改增试点应税项目，都存在可选择简易计税的情况，分述如下：

按财税【2008】9 号文规定，销售以下自产货物，一般纳税人可以选择简易计税：

1. 自产小水电。

2. 建筑用和生产建筑材料所用的砂、土、石料。

3. 以自己采掘的砂、土、石料或其他矿物连续生产的砖、瓦、石灰（不含粘土实心砖、瓦）。

4. 用微生物、微生物代谢产物、动物毒素、人或动物的血液或组织制成的生物制品。

5. 自来水。

6. 商品混凝土（仅限于以水泥为原料生产的水泥混凝土）。

以上六项只涉及自产产品，如果是外购再销售，不能选择简易计税。比如，自产沙石销售，可以简易计税，如果是外购沙石销售，则必须按一般计税。

以上六项中，对于建筑业影响较大的，是第 2、3、5、6 项。自来水的简易计税，只有水厂可以选择，其他一般纳税人转售自来水，都必须按 9%的税率征税。

比如，建筑工程使用了甲方的水，如果按甲方向乙方转售自来水处理，就有吃亏的可能了。

因为水厂作为垄断企业，有价格竞争优势，肯定选择简易计税，水的成本偏高；甲方转售给施工企业，要按 9%征税，所以必然要涨价。如果建筑工程一般计税，还可以抵消这一不利影响，如果建筑工程简易计税，甲方缴的增值税进入水的成本，施工方就吃亏了。

所以，工程简易计税下，水应该进行甲供，不计入工程造价之中，由甲方直接计入开发成本或在建工程之中。

另外，如果纳税人购入固定资产自用，购入时不得抵扣进项，且未抵扣进项，则未来销售此固定资产时，可以选择简易计税。并且，还可以选择简易计税之下减按2%纳税，即获得1%的免税，但减免的代价是不得开具增值税专用发票。

本次营改增后，试点应税项目中，存在以下可选择简易计税的情况。

10.5 建筑业简易计税

建筑业一般纳税人选择简易计税的情况，主要存在于以下3个方面。

1．老项目，营改增前开工的项目

2．新项目中的甲供项目

3．新项目中的清包项目

注意：如果是房地产开发老项目，则房地产开发企业也可以同时选择简易计税。

老项目是指试点前开工的项目，并且严格按形式重于实质的原则进行判定，即必须要凭《施工许可证》和《施工合同》上的开工日期为准。一旦符合老项目的条件，施工企业与房地产开发商都可以享受简易计税。

另一方面，如果总包项目符合老项目条件，则所有分包项目也同时可以选择简易计税，不论分包合同是何时签订的。

甲供项目与清包项目，实际上非常相似，都是项目的全部、部分材料、辅料、动力等由甲方提供。施工方仅提采购部分材料、动力，或者只提供纯劳务的项目。

所以，对于新项目，甲供与清包项目，施工方选择简易计税后，房地产开发企业并不能选择简易计税。也就是说，一旦施工企业选择简易计税，则抵扣链条会发生中断，房地产开发企业再次按一般计税纳税后，税务机关所收的增值税会上升。

老项目选择简易计税，可能在总体上降低施工企业与房地产开发商的税收负担。但甲供与清包，则会导致双方的税收负担上升。

正是这个原因，在简易计税选择上，老项目的认定非常苛刻，就算实际上是试点前开工，但只要相关证件与合同不支持，就不能选择简易

计税；但是，甲供项目、清包项目的标准则非常宽，甲方自已购买一根钢筋，也算整个项目甲供。因为开发商一般计税时，施工方一旦选择简易计税，就会多负担增值税，对税务机关有利。

关于简易计税比一般计税吃亏的情况，本书第 1 章已进行过分析，下面重点讲解 2017 年的一个文件——财税 58 号文。

10.6 甲供注意 58 号文

在简易计税选择的问题上，大家一定要高度注意财税【2017】58 号文，这个文件非常特殊，甚至修改了简易计税的选择权力。

文件开头如下：

“关于建筑服务等营改增试点政策的通知

财税【2017】058

各省、自治区、直辖市、计划单列市财政厅（局）、国家税务局、地方税务局，新疆生产建设兵团财务局：

现将营改增试点期间建筑服务等政策补充通知如下：

一、建筑工程总承包单位为房屋建筑的地基与基础、主体结构提供工程服务，建设单位自行采购全部或部分钢材、混凝土、砌体材料、预制构件的，适用简易计税方法计税。”

注意：这个文件并不是发给纳税人的，而是发给各财政局和税务局。文件第一条，规定了一特殊的“甲供”，就是满足其规定的甲供，这类甲供下**“适用简易计税方法计税”**。

按《试点实施办法》的规定，一般纳税人原则上必须一般计税，只是在满足条件时有权选择简易计税。但是，这个文件却直接规定，对于满足它第一情况的甲供，采取简易计税，而非有权选择一般计税。这一规定把施工企业的权力取消了，而是直接要求简易计税。

这个文件被一些人认为在帮助施工企业解决难题。

但是想想看，限制你的权力，却被认为是帮你解决问题，税收真的是一件复杂的学问。

因为在开发商不懂增值税的情况下，往往会要求甲供，希望以此多抵扣部分17%、16%、13%的增值税。通过第1章对增值税税负的分析，可以知道这种观点是幼稚的。

在双方都一般计税的情况下，开发商选择甲供与否，并不会导致总体税负上升或下降，只会导致施工企业与开发商之间的利润出现消涨，所以本质上是一个“谈价”的问题。

但是，由于多数情况下开发商的议价权力大，所以，可能会出现一种情况：开发商要求甲供，但在价格上却让施工企业吃亏，相当于开发商在施工企业处抢走了额外的利润。

【案例】2×××年，某工程总造价10 000万元，一般计税。甲方突然提出，要对其中6 000万元钢材、混凝土实施“甲供”，假定这6 000万元供应商都能开13%的增值税专用发票。扣除6 000万元甲供料后，承包金额变为4 000万元，我们算一下此举对施工企业有何影响。

2×××年，建筑业税率为9%，货物销售税率为13%，不论税率如何调整，简易计税都会因为进项不能抵扣而吃亏。

甲供之前，施工企业的不含税收入=10 000万元÷1.09=9 174万元

甲供之后，施工企业的不含税收入=4 000万元÷1.09=3 669万元

甲供导致施工企业收入下降9 174万元−3 669万元=5 505万元

甲供的钢材、混凝土成本=6 000万元÷1.13=5 309万元

可以看出，对施工企业来说，甲供导致收入下降5 505万元，甲供导致的钢材、混凝土成本下降5 309万元，收入降得比成本多，5 505−5 309=196万元。

所以，甲供导致施工企业的利润被压缩196万元。

这被压缩的196万元利润到哪里去了呢？到开发商那里去了。我们看看开发商的情况就明白了。

甲供之前，开发商的成本是甲供前施工企业的收入是9 174万元。

甲供之后，开发商的成本是甲供后施工企业的收入+甲供材料的成本=3 669万元+5 309万元=8 978万元，可见，开发商的成本刚好下降196万元。

所以说，直接的甲供实质上是开发商对施工企业的利润剥夺，相当

于直接要求施工企业降了价。如果把开发商与施工企业看成一个整体，肥水并没有流出去，只是带来了不公平。

实际上，如果甲供只是为了质量、管理等原因，不因为甲供而影响双方利润的话，甲供后的承包金额就应该进行调整。

具体的算法上，应该先计算出不含税的收入与材料成本，再确定不含税的甲供后承包金额，再加上增值税。

本例来说，通过前面的计算可以知道，1 亿的工程，不含税金额为 9 174 万元，拟甲供的材料 6 000 万元，不含税金额为 5 309 万元。

所以，扣除甲供材后的不含税承包额=9 174 万元-5 309 万元=3 865 万元，则含税的甲供后承包金额=3 865×1.09=4 212 万元。

即 1 亿的工程，其中 6 000 万材料甲供后，承包额应调整为 4 212 万元。这种情况下，不论是施工企业还是甲方，其利润与成本都不会产生变化。

这本质上是一个价格问题，应该是双方协商与竞争的问题，并不是一个税务问题。

但实务中，有些开发商既想甲供，又不愿意足额涨价，当然就伤害了施工企业的利益。可以看到，施工方的损失，实际上不是税收政策导致的，而是自己的价格竞争失败导致的。

施工方的对策就是：你要甲供，我就选择简易计税。

按试点政策规定，当工程为甲供时，哪怕甲方只供一根钢筋，施工方也可以选择简易计税，并且这是施工方单方面的权力，不需要甲方同意。

一旦选择简易计税就构成了“双输”，施工方的进项就进入了成本，从而最终加大了建筑工程的成本。从纳税的角度看，就是税务机关在这个项目上总体会多收增值税。

但是，在甲方强势的情况下，还会同时不允许施工方选择简易计税。既要甲供，还不准施工方简易计税，计税方式虽然由施工企业选择，但如果在施工合同中约定了一般计税方式，施工方选择简易计税虽然不违法但却违约。

一些施工企业没有意识到这一点，将自己的损失归罪于计税方法、而不是价格竞争。报怨在不利的竞争环境下，选择简易计税方法的权力形同虚设，于是就奢望通过税收政策解决问题：税收政策如果能够强制规定，一旦甲供，就必须简易计税，这样甲方也就没有办法不允许了。

这样想，真的就这样来了，这就是前述 58 号文。

施工企业真能从取消自己权力的文件中，找到对自己有利的东西吗？显然不行。

接前例，1 亿的工程，甲方拟对其中 6 000 万元甲供，且不愿意涨价 212 万元。现在有了 58 号文做后盾，施工企业可以这样跟开发商讲：政策规定必须简易计税，我也没有办法，58 号文规定得很明确：“**建设单位自行采购全部或部分钢材、混凝土、砌体材料、预制构件的，适用简易计税方法计税。**”

这样一来，施工企业的不含税收入=4 000 万元÷1.03=3 883 万元

一般计税下，施工企业的不含税收入=4 000 万元÷1.09=3 669 万元

可见，甲供模式下，简易计税与一般计税比，收入增加了 214 万元。

通过刚才的计算我们知道，一般计税下，甲供后收入下降了 196 万元，通过简易计税，现在不仅把 196 万元的损失找回来了，还多“抢”了 18 万元。

同样道理，通过简易计税，开发商的成本也增加了 214 万元，偷鸡不成蚀把米，税务规定一律简易计税后，甲方甲供不仅白忙，还导致反被施工方挖走 2 万元，形势反转了。

开发商的成本数据如下：其成本分为甲供材成本和施工方承包成本，数据前面都有，甲供材料成本=6 000 万元÷1.13=5 309 万元，施工承包成本 4 000 万元÷1.03=3 883 万元，合计=5 309 万元+3 883 万元=9 192 万元。

读者可以翻看下前面几页的数据，就可以比较出通过这甲供，双方到底收获了什么，如表 10.2 所示。

表 10.2　甲供前后，双方收获

甲供前，施工方一般计税	开发商成本：9 174万元
甲供后，施工方一般计税	开发商成本：8 978万元
甲供后，施工方简易计税	开发商成本：9 192万元

给人的感觉是，甲供后，施工方简易计税，就在价格上把损失“算”

回来了。比较后可能会得到结论：双方对于计税方式的争议，本质上都相当于在讲价，双方总体上的利润是不变的，是一个零和博弈。

但是，如果甲方真的有议价的权力，在甲供并且简易计税下的情况，还是可以进一步压施工方的价的，所以实际上58号文也解决不了问题。

反过来，一旦甲供后施工方简易计税，税务局就高兴了。因为税会因此多收。

一般计税下，不论双方如何谈价、如何甲供，都不关税务局的事。施工方确认多少销项，开发商就确认多少进项，施工方多交1元，开发商就少交1元。所以，完全不影响税务在这个抵扣链条上总体的增值税收入。

一般计税下，税务征施工方的税，是征销项——进项的差额，但开发商却可以按整个销项税额来抵，征税少抵得多。而简易计税后，税务征施工方的税，是直接3%征收，开发商抵这3%，征的与抵的一样多，所以企业总体上不再有赚了。

但一些施工企业虽然吃亏了，也一时不会感觉到吃亏了，除非它仔细计算损益才会发现这个隐藏的问题。

虽然前面看来，选择简易计税后，从开发商那里找回了214万元的利润，但自己本项目的进项不能抵扣了，成本会因为进项转出而上升，这一点会导致利润下降。虽然6 000万元的可抵扣项目大头被开发商甲供拿走，但项目上不可能就没有进项了，辅料、租金、电、水、运费等，不得抵扣的进项都是对利润侵蚀。施工企业手中的进项越多，损失越大。

所以，在甲方选择甲供的情况下，强行简易计税，施工方与甲方总体会损失利润，损失的金额就是施工方因此不能抵扣的进项，这就相当于是鹬蚌在闹内讧，让渔夫得利。

所以，58号文并不能真正解决甲供带给施工企业的难题，非但不能解决，还会从甲、乙双方身上拿走一笔或多或少的、由进项构成的利润。

看来58号文最大好处，是通过这一吃亏的规定，让甲方放弃甲供的打算，大家老老实实地做生意。就算建设方基于质量、监管等目的希望甲供，也最好搞成“甲控乙供”，即甲方加强对采购、保管、使用行为的监控，但采购方依然是乙方，以此规避58号文带来的麻烦。

不懂增值税，连一个文件是好是坏都不能正确判断。

价格的问题，还是必须要交给价格去解决，施工方与开发商应该共同深入学习增值税知识，充分沟通协商，不搞内讧，才能求得利润的最大化。

10.7 简易计税的备案

简易计税项目的选择，是一项权力，是营改增试点实施办法所赋予的权力。而简易计税与一般计税，本质上是两种计税方式，并不存在哪种方式一定划算的问题。所以，选择简易计税，并非一件税收优惠，只是让纳税人选择不同的计算方法而已。

在简易计税的选择权上，对纳税人唯一的限制是：一旦选择，36 个月之内不得变更。

施工企业如果自己认为自己符合选择简易计税的条件，由自己决定是否选择简易计税。也就是说，从法律上讲，选择权在施工企业，既不需要税务机关同意，也不需要客户同意。

当然，实际上，施工企业选择简易计税，多少还是会参考税务机关和客户的意见。如果税务机关在税务稽查中认为不符合条件，不能简易计税，就可能会导致补税的问题；如果客户不同意简易计税，可能连合同也签不下来。

需要注意的是，简易计税选择权因为是纳税人自己的权力，税务机关并没有对此进行审查、批准的权力，所以不需要向税务机关申请。

同时，《试点实施办法》及相关文件也没有规定要提前向税务机关备案。

但是，税务总局 2017 公布了 43 号公告，宣称建筑业选择简易计税实行“**一次备案制**”，就是说需要备案，但只备一次。这一文件的法律依据是不足的。因为试点的相关政策并没有规定必须备案，并且也没有规定如果未备案该怎么办，所以 43 号公告实际上是额外地提了一个备案的要求。

尽管备案的规定没有法定的依据。但笔者建议大家选择简易计税时，还是按 43 号公告进行备案。只不过，如果发生没有备案的情况，包括备

案失败、备案失误、忘记备案、备案资料错误、税务不让备案等情况，要知道后果——后果就是“无所谓”。

因为并没有什么政策规定，如果没有事前备案，就不能选择简易计税，更没有政策规定，如果没有事前备案就会罚款。如果以未备案而要求企业一般计税，是没有法律依据的违法行为。

另一个方面，就算备案成功，选择了简易计税，也不能说明税务机关对你的选择进行“背书”。实际上，收了纳税人备案资料后，税务机关也没有为此承担什么责任。纳税人自己的纳税义务，依然是自己的纳税义务。如果你真的不满足条件，而选择了简易计税，未来被税务稽查查实后，就算备了案也不能定为税务机关的责任，按一般计税补税后，还会产生滞纳金和罚款。

所以，备案与否实际上没有差别。纳税的正确的态度就是，主动做好纳税遵从，不挑事；出事要知道后果，不怕事。

第 11 章　增值税的一般核算

与营业税相比，增值税金并不计入营业税金及附加，而是直接通过“应缴税费”科目核算。应缴税费本质上属于负债类税目，所以，增值税的缴纳不影响企业的损益，只影响企业的现金流。

但是，由于实务中以含税金额来定义价格，又因为可以抵扣的增值税是价外税，所以，按这一观点会被认为应缴税费中的增值税影响到了收入，从而间接影响到企业的损益。

11.1 小规模纳税人的核算

11.1.1　小规模纳税人的核算

小规模纳税人的核算非常简单，因为其不需要分别核算销项与进项，所以直接在“应交税费”之下设立“应交增值税”二级科目即可。

纳税义务发生时直接确认应交税费-应交增值税；缴纳时直接也通过应交税费-应交增值税缴纳。

例如：建筑业小规模纳税人，项目开工后，因到达工程结算时间产生纳税义务，确认增值税纳税义务：

借：应收账款

　　贷：工程结算

　　　　应交税费-应交增值税

应交税费-应交增值税月末如果贷方余额，则其余额为下月应交的增值税，于下月申报时，通过本科目冲平：

借：应交税费-应交增值税

　　贷：银行存款

小规模纳税人存在差额纳税的情况。具体的差额纳税金额通过申报表处理，会计上首先计算差额扣减前的应交增值税，再将可扣减的差额反向冲回。

【案例】某小规模建筑企业，收到工程款 100 万元，应交增值税 2.9 万元。后来，支付建筑劳务分包款 30 万元，取得分包方开具的增值税普通发票，发票价税合计 30 万元。

则其应纳税额=（100 万元-30 万元）÷1.03×3%=2 万元。通过纳税计算和申报表填写，得到这一金额。

会计处理时，上述计算公式调整为：

应纳税额=100 万元÷1.03×3%-30 万元÷1.03×3%=2 万元。

结算应收工程款时，先确认全部应纳税额：

分录	借方	贷方
借：应收账款	100 万元	
贷：应交税费-应交增值税		2.9 万元
工程结算		97.1 万元

发生 30 万元成本，确认 30 万元合同成本；取得 30 万元合规发票，确认对应可扣减的增值税额=30 万元÷1.03×3%=0.9 万元

分录	借方	贷方
借：工程施工-合同成本	30 万元	
贷：银行存款		30 万元

差额纳税的确认

分录	借方	贷方
借：应交税费-应交增值税	0.9 万元	
贷：主业务成本		0.9 万元

此时需要注意一点，按财政部关于营改增会计处理规定的文件，财会【2016】22 号文的规定，差额纳税时，应该：**“贷记“主营业务成本”**

“存货”“工程施工”等科目。”

作为通过建造合同核算的施工企业，仿佛应该贷“工程施工”来实现，即冲减工程施工的金额。

但这样做可能会导致工程施工、工程毛利的总额与工程结算不匹配，必须调整工程毛利，从而增加核算难度，导致财务处理复杂化，会计核算上既没有意义也没有的美感。所以笔者建议，还是贷“主营业务成本”为好。

当然，如果从增值税原理以及会计核算原理来讲，笔者认为应该贷“主营业务收入”，因为增值税金是对收入的冲减，所以少交的增值税应还原为收入。但是，财会【2016】22 号文没有这样处理的表述，所以大家应该贷“主营业务成本”。

小规模纳税人如果有金融商品交易，比如炒股，那么应该通过“应交税费-转让金融商品应交增值税”来核算，其主要目的是核算金融商品交易导致的特殊差额纳税，这一点在一般纳税人核算中一起讲解。

小规模纳税人如果月收入不足 3 万元、季度不足 9 万元，可以享受增值税免税，这对于建筑企业来说比较少见。但老板同时注册多个小规模纳税人来经营服务、销售，则可能满足免税的条件。

增值税免税处理最简单的方式就是不计增值税。当然也可以先计增值税，再反向冲回，会计处理非常简单。

【案例】小规模纳税人公司销售商品 2 万元，会计处理如下：

借：银行存款	20 000 元
贷：主营业务收入	19 417.48 元
应交税费-应交增值税	582.52 元

此时全额计了增值税，这个会计处理相当于以政府的名义，从客户那里收取了应交的增值税。有时季度末之前不能准确把握是否可以享受免税，就会这样处理。

季度末发现，就只有这一笔收入，满足免税条件，应该把以前错误确认的增值税金额冲回来，计入收入之中：

借：应交税费-应交增值税	582.52 元
贷：主营业务收入	582.52 元

注意：此时以计主营业务收入为好，不应该冲减主营业务成本，即不应“贷：主营成本”。

如果当初就预知应该免税，可能一开始就没有确认应纳的增值税，则全部 2 万元全部计入主营业务收入中，免税后主营业务收入就是 2 万元。

小规模纳税人预缴税款。小规模纳税人异地项目应在当地预缴，并同时在本地申报，预缴与申报在金额上、时间上都是一致的，所以实际上是一边异地预缴、一边本地申报、一边本地抵扣。所以正常的会计处理，可以直接通过应交税费-应交增值税来处理。

异地预缴时：

借：应交税费-应交增值税

　　贷：银行存款

本地因为申报与抵减一致，所以对此笔业务无须再进行处理。这样当然有点偷懒的味道，但财税【2016】22 号文的确是这样规定，小规模纳税人可以不设专门的“预缴税款”二级科目。

11.1.2　一般纳税人的核算

一般纳税人增值税核算比较复杂，按财税【2016】22 号文，其科目设置异常复杂。

一般纳税人的增值税计税方法，既有一般计税，也有简易计税，但其次月实际的纳税出口科目，都是“应交税费-未交增值税”，也就是说，不论是简易计税还是一般计税，当月末，应交而未交的增值税都要转入到“应交税费-未交增值税”之中，次月再通过该科目实现纳税：

申报时分录：

借：应交税费-未交增值税

　　贷：银行存款

一般纳税人简易计税的项目，通过“应交税费-简易计税”科目来专门核算，这一科目的核算方法与小规模纳税人的“应交税费-应交增值税”几乎一致。

财税【2016】22 号文对“应交税费-简易计税”科目的介绍是：

“简易计税”明细科目，核算一般纳税人采用简易计税方法发生的增值税计提、扣减、预缴、缴纳等业务。

既然要核算“缴纳”，所以有观点认为，简易计税的应纳税额应直接通过其借方缴纳。即次月申报时，专门对简易计税金额：借计应交税费-简易计税，贷计银行存款，而不是在上月末转入“应交税费-未交增值税”。

这一观点是错误的，它会导致简易计税的计税与缴纳混在一起，并不利于清晰把握该科目的余额情况，比如，可能导致该科目余额无法结平。

正确处理是：

每月末，冲平“应交税费-简易计税”，如果是贷方余额，则：

借：应交税费-简易计税

　贷：应交税费-未交增值税

如果借方余额，说明多交了税，则应做反向分录。

借：应交税费-未交增值税

　贷：应交税费-简易计税

如果该科目出现余额，是非正常特殊情况导致，要查明原因。

除转入未交增值税科目外，简易计税科目的其他处理与 11.1.1 节小规模纳税人“应交税费-应交增值税”处理方法一致。

一般纳税人增值税核算的重点在于“应交税费-应交增值税”上。

这一科目是一般计税方式的核心科目，所有一般计税的销项与进项都必须通过这一科目计算。

月末，如果“应交税费-应交增值税”借方余额，说明有留抵税额，不必处理，其余额延续到下月；如果该科目贷方余额，则应将其结平，统一转入未交增值税贷方。

月末贷方余额的处理，按贷方余额金额做以下分录：

借：应交税费-应交增值税（转出未交增值税）

　贷：应交税费-未交增值税

其中那个“转出未交增值税”是“应交税费-应交增值税”这一二级

科目的明细科目之一。“应交税费-应交增值税”下面设有一个明细科目，并且是多栏式明细科目，如表 11.1 所示。

表 11.1　应交税费-应交增值税明细科目

应交税费—应交增值税									
借方						贷方			
进项税额	已交税金	减免税款	转出未交增值税	出口抵减内销产品应纳税额	营改增抵减的销项税额	销项税额	出口退税	进项税额转出	转出多交增值税

在手工账下，多栏式明细账的结构非常清晰，凡是借方的支出，只能计入借方的几个明细账中，凡是贷方的支出，只能计入贷方的几个明细账中，借方明细账不能有贷方发生额。所以，三级明细账余额无法结平，日积月累会越来越多，这些都是正常的，也可以在年底做一笔红字分录，把多余的金额冲平。

11.2 明细科目讲解

11.2.1 进项税额

这就是记录可以抵扣的进项税额，认证后可抵扣的进项，都计入这里。如果进项不得抵扣，不从这里冲掉，而是通过贷方的“进项税额转出”明细账转出。

如果因为开红字发票等情况要冲减已确认的进项时，则用红字冲减。

【案例】因为钢材采购量达到一定金额，供应商给予 10 万元的返点，在应付账款中冲减。合同约定这个 10 万元是含税金额，本公司通过系统开出“红字发票信息单”按原发票上的销售税率冲减增值进项，如果原发票的税率是 17%，不论现在税率是否调整，都按原 17%冲减，再由供应商开红字增值税发票。

应转出进项=10 万元 ÷ 1.17 × 17%=1.45 万元。

开出“红字发票信息单”时，转出进项。

借：应交税费-应交增值税（进项税额）　　-1.45 万元
　　贷：应付账款　　-1.45 万元

收到红字发票，因进项提前已转，故只处理上面的不含税金额，如果该批材料已经结转主营业务成本，则转入主营业务成本之中，如果没有结转，则转入存货成本中：

借：主营业务成本　　-8.55 万元
　　贷：应付账款　　-8.55 万元

11.2.2　销项税额抵减

这是营改增专门针对一般计税下差额纳税处理的科目。对于建筑业而言，一般计税下不存在差额纳税的问题，所以这一科目对于施工企业来说，几乎不会被使用。

注意：一般计税下预缴税款可以差额计税，但那是预缴，与销项没有关系，所以不能使用本科目。而是直接在“应交税费-预缴增值税”中核算。

考虑到施工企业会计可能跳槽到房地产开发企业，所以这里简要介绍一下这个科目在房地产开发行业中的使用。另外，其他行业一般计税下的差额纳税，也都通过这个科目核算。

房地产企业的销售额中，可以抵减其支付的土地出让金、拆迁赔偿款等金额。这一销售额的抵减，计算上通过申报表完成，抵减的是销售额，但会计处理上则体现为对销项税额的抵减。当然两者在最终结果上是一致的。

例如，2××× 年某开发商结转销售 1 亿元，此 1 亿元房屋按建筑面积分摊计算，对应着 3 000 万元的土地出金可以抵减。3 000 万元土地出让金可以抵减销项税额=3 000 万元÷1.09×9%=247 万元。

第一步，销售的分录处理、发票处理，不考虑抵减因素，直接按实际确认的销售额计增值税销项。销项=1 亿元÷1.09×9%=825 万元。

借：预收账款　　100 000 万元
　　贷：主营业务收入　　91 743 万元
　　　　应交税费-应交增值税（销项税额）　　825 万元

再将土地价可抵减的销项进行处理，分录是：

借：应交税费-应交增值税（销项税额抵减）　　247万元
　　贷：主营业务成本　　247万元

这样就处理完成了。

11.2.3 已交税金

这个科目连不少传统增值税企业都很少用，确实没有太多存在感。实际上，凡是在下月申报期之前就提前缴纳了的税金，都放入这个明细科目之中。

比如，公司因为涉税违法，被税务机关锁机不得开票，于是只能去税务机关代开发票。但此时要注意，一般纳税人只能代开普通发票，如果客户一定要增值税专用发票的话，只能等违法行为被处理后自开。

代开发票时，当时就要交增值税，这个税就是提前交的，应该计入“已交税金”之中。

借：应交税费-应交增值税（已交税金）
　　贷：银行存款

另外，一般纳税人预缴的增值税，如果没有达到可抵减的时点，就不算提前交的税金，而是预缴税。如果达到可抵减的时点，即当这个预缴的增值税项目达到确认销项税额的条件时，在确认销项税当月，之前预缴的税款就可以抵减了，成为了提前缴的税，于是应该转入“已交税金”之中。

但是，99%的会计处理，是直接转入“应交税费-未交增值税”之中，这不算错，只是高效率的偷懒会计处理而已。

已交税金这一科目的标准处理有点繁文缛节的感觉。

异地预缴增值税10万元：

借：应交税费-预缴增值税　　10万元
　　贷：银行存款　　10万元

以上增值税是履行预缴义务，与销项的确认与申报无关。

未来或者当月，该项目达到销售额及销项税额确认条件，应该计提销项了，则预缴的增值税就成了提前多交的增值税，应该转入“已

交税金”。

借：应交税费-应交增值税（已交税金）　　10 万元
　贷：应交税费-预缴增值税　　10 万元

月末时，对于当月所有已交税金的发生额，转出到“应交税费-未交增值税”之中。当然，也可以每确认一笔已交税金，就转出一笔，不必等到月末一次累计转。转出的科目是“应交税费-应交增值税（转出多交增值税）”。

借：应交税费-未交增值税　　10 万元
　贷：应交税费-应交增值税（转出多交增值税）　　10 万元

可见，直接从预缴增值税中转入未交增值税也是一样的，并且更简单。所以在人越来越图简练的背景下，“已交税金”、“转出多交增值税”这两个科目使用率就很低了。

比如，有的会计去代开发票纳税时，直接计：

借：应交税费-未交增值税
　贷：银行存款

不通过已交税金，既不计入也不转出，所以这样做在核算在结果上也是正确的。

11.2.4　转出未交增值税

月末应交税费-应交增值税所有其他处理都结束后，如果有贷方余额，则通过这个科目，转出到“应交税费-未交增值税”之中。

借：应交税费-转出未交增值税
　贷：应交税费-未交增值税

其结果是：通过“应交税费-应交增值税”二级科目的核算，让次月形成应交未交的增值税应纳税额。

当然，如果是借方余额，不作处理。

11.2.5　减免税款

这个科目显然是核算减免税的科目。但实际上，增值税的减免一般都是直接不计销项，将结算收款全额确认为收入。如果当初错误地确认了销项，实际上也应该直接用红字冲回。

所以，这个科目的主要用处就是处理初次购买税控设备以及税控技术维护费用的抵税问题相当于会计上将税控设备、税控费用的抵税作为了一项增值税的减免。减免的后果之一就是进项不得抵扣，不能计入进项税额之中。

税控设备与费用的抵税过程是这样的：

首先，进行正确的、正常的会计处理。注意，不能抵进项。

税控设备的含税支出首先要资本化入固定资产，再通过折旧入损益，与其他固定资产的会计处理一致。

税控技术维护费用的支出直接入损益，即管理费用。

其次，当月只能对入损益的金额，即可抵税税控设备的折旧、计入管理费用的税控技术维护费进行抵税，抵不完留待下期再抵。未入损益的税控设备支出，只能继续留在固定资产之上。

【案例】当月，税控设备折旧金额 0.3 万元，技术费用 0.4 万元，合计 0.7 万元计入管理费用，于是可以进行抵减。

借：应交税费-应交增值税（减免税款）　　7 000 元

　贷：管理费用　　7 000 元

这个在本质上相当于是一个退税的处理。如果本月销项不够，应交增值税形成借方余额，则只能继续挂着。

11.2.6　出口抵减内销产品应纳税额

这个科目显然与增值税出口退税有关。公司适用“免、抵、退税”方式计算退税时，可能会用到这个科目。

出口退税，从原理上讲，就是把出口业务所对应的进项税额变现，或者说税务局用现金收购这些进项税额。

为什么需要退税呢？因为出口税率为 0，所以没有销项，进项就无法抵扣，会白白占用企业资金，所以要退才合理。但实际上，企业往往有内销的收入，内销的销项也可抵掉这些进项，如果被内销销项抵了当然就不再退了。

但被抵掉的金额要记录下来，以便征收城市建设税和教育附加税。会计上就是计入“出口抵减内销产品应纳税额”，对方科目是“应交税费-应交增值税”贷方的三级明细科目“出口退税”，所以这一处理是三级科目内的一借一贷，本质上是平的，不影响增值税纳税义务。

11.2.7　销项税额

从销项税额开始是贷方的科目了。销项税额与进项税额一样，都是记录其发生的金额，如果发生冲减，则应进行红字冲减。

一般计税下销项确认时，贷计本科目。

例如，公司购入一批礼品赠送给一些单位及个人，礼品金额 11.3 万元，取得增值税专用发票，全部赠送完毕。

此事属于“**将外购货物无偿赠送其他单位或个人**”。应该视同销售，从而确认销项。

视同销售的金额为其他单位的销售价格，也就是购入的原价。

同时，采购时如果取得了增值税专用发票，进项可以抵扣。

会计上，对于不是因销售而持有，而是用于赠送、营销的货物，不作为存货核算，而应该在采购时直接入损益。所以，分录是：

借：管理费用　　113 000 元

　　应交税费-应交增值税（进项税额）　　13 000 元

　贷：银行存款　　113 000 元

　　　应交税费-应交增值税（销项税额）　　13 000 元

竟然是一个多借多贷的分录。当然，也可以分开为管理费用-银行存款、进项-销项两组单借单贷的分录。

11.2.8　出口退税

核算内容有两个，一个是收到的出口退税款，一个是前述出口抵减内销产品应纳税额。

出口退税本质上是进项变现金的行为，所以实际收到的退税额应该计入应交增值税的贷方，就是计入这个三级科目。

例如：某建筑公司在境外承建一工程，其中要用到国内采购的一些设备和材料，这些货物出在增值税上享受“视同出口”的政策，所以可以享受退税，就是将其中采购时支付的进项税金退还。

出口退税的处理程序和计算比较复杂，假定经计算，可以退税 10 万元，则将其记录入“出口退税”之中。

借：其他应收款-出口退税　　100 000 元
　　贷：应交税费-应交增值税（出口退税）　　100 000 元

至于出口抵减内销产品应纳税额，是通过公式计算出的金额，也计入本科目贷方，在增值税计算上没有意义。

11.2.9　进项税额转出

进项税额是用得较多的贷方科目。

如果已抵扣的进项税达到不能抵扣的条件时，通过这个科目转出，转出的金额，按其相关货物、劳务、服务的归属同时计入相应的成本、费用之中。如果相关货物的成本已经结转，就计入主营业务之中。

例如，工地一批材料被盗，形成损失 10 万元。这批材料采购时取得并抵扣了材料进项 1 万元，运费进项 0.2 万元，此 1.2 万元都不得抵扣。

借：营业外支出　　11.2 万元
　　贷：相关成本科目　　10 万元
　　　　应交税费-应交增值税（进项税额转出）　　1.2 万元

进项转出会导致成本上升、利润下降，是企业真正承担增值税负担的行为之一，通过会计核算可以一目了然。

11.3　特殊业务核算

此次营改增后，按财会【2016】22 号文，在应交税费下设立了几个为增值税一般计税服务的二级科目，主要用于处理一些特殊的涉税业务。

11.3.1　预缴增值税

应交税费-预缴增值税，这个二级科目专门用于核算预缴增值税的核算。

公司履行预缴增值税义务时，直接将预缴的税款计入本科目。未来当该预缴的增值税成为可抵扣的增值税后，再转入到“应交税费-已交税金”之中。或者直接转入“应交税费-未交增值税”之中。

11.3.2　待抵扣进项税额

这一科目专门核算，已经认证完毕，但根据税收政策，依然不能立即抵扣的进项税额，先归集于此。待达到可抵扣条件时，再转入“应交税费-增（进项）”之中。

目前这一核算涉及两个方面，一是不动产进项分期抵扣规定，导致认证后的不动产进项中有 40%当期不得抵扣，应先计入待抵扣进项税额科目之中。但这一政策已于 2019 年 4 月 1 日被取消。

另一个是处于辅导期的纳税人，增值税专用发票认证后，也不能立即抵扣，还必须由税务机关进行交叉比对，比对过关才能抵扣，也只能先归集于此。

辅导期并非对谁都辅导，而是针对“税收遵从度低的一般纳税人”，一般包括犯了错误或容易犯错误的纳税人。如果被税务机关归入需要辅导，则只能先比对、再抵扣。

【案例】某公司被税务机关辅导，取得增值税专用发票，上面进项 13 万元，先挂“待抵扣进项”，税务机关比后同意抵扣才能转入进项税金之中，相当于多被占用几个月的税金。

取得并认证发票：

借：固定资产　　100 万元
　　应交税费-应交增值税（待抵扣进项税额）（进项）13 万元
　　应交税费-增（待抵扣进项税额）　　113 万元
　贷：应付账款　　4 396 万元

机关对比通过后，按某通知再将待抵扣进项税额，转入进项税额之中。

借：应交税费-应交增值税（进项税金）　　13 万元

　　贷：应交税费-应交增值税（待抵扣进项税额）　　13 万元

11.3.3　待认证进项税额

与待抵扣进项税额不同，这个科目主要归集尚未认证的进项税额。实际上，它包括取得增值税专用发票但未认证，有时，尚未取得增值税专用发票，但为了准确核算应付账款，也可以通过这一科目进行处理。

【案例】2019 年采购钢材一批，合同含税总价 1 130 万元，货已收，但并没有付款，也没有取得发票。

由于没有取得增值税专用发票，所以并不存在可抵扣的进项税金，但合同付款义务是 1 130 万元，所以未来应该支付的进项税金也应该挂账。

会计核算处理：

借：原材料　　1 000 万元

　　应交税费-待认证进项税额　　130 万元

　　贷：应付账款　　1 130 万元

材料的保管、领用、结转，按常规业务处理。未来取得增值税专用发票并认证后，直接将 130 万元从待认证进项税额转入进项税额之中。

借：应交税费-增（进项）　　130 万元

　　贷：应交税费-待认证进项税额　　130 万元

11.3.4　待转销项税额

这一科目主要处理增值税上的税会差异问题。

上例中，钢材供应商发出商品，按会计准则规定，判定满足销售收入确认条件，可以确认收入。但是，由于没有收到货款，所以其增值税纳税义务时点并没有到，所以不需要计增值税销项税额，也不需要开发票。

但是，会计按合同确认的应收款为 1 130 万元，既包括了货款，也包括未来代收的销项。为保证应收款与合同一致，可以将销项税金暂时归集到待转销项税额之中。

借：应收账款　　1 130 万元
　　贷：主营业务收入　　1 000 万元
　　　　应交税费-应交增值税（销项税额）　　130 万元

注意：此时会计报表确认了 1 000 万元收入，但增值税申报表并没有这 1 000 万元的销售额，是一种常见的税会差异。

隔月，收到货款，确认销项，并开出增值税专用发票，此时只处理收款与增值税事宜。

借：银行存款　　1 130 万元
　　贷：应收账款　　1 130 万元
借：应交税费-待转销项税额　　130 万元
　　贷：应交税费-应交增值税（销项税额）　　130 万元

11.3.5　转让金融商品应交增值税

这一科目专门核算金融商品交易中的增值税问题。一般纳税人与小规模纳税人都应设立这一科目。

专门进行核算的原因在于，金融商品交易差额纳税，如果出现亏损，可以抵未来的销售额。但是，不能跨年，一旦跨年则亏损也不能再抵减未来的销售额。

【案例】一般纳税人 7 月购入股票 100 万元，8 月市场值涨为 120 万元，9 月跌为 110 万元，并以 110 万元全部销售。如何纳税？如何处理？

7 月会计处理，购入金融商品：

借：交易性金融资产　　1 000 000
　　贷：银行存款　　1 000 000

8 月浮盈 20 万元，计入公允价值变动损益

借：交易性金融资产　　200 000
　　贷：公允价值变动损益　　200 000

9 月按 110 万元销售。

增值税销项=（110 万元-100 万元）÷1.06×6%= 5 660.38 元

注意：金融资产销售虽然适用差额纳税，但其本质上属于一般计税方法，所以不应该直接按此金额纳税，而要并入销项税额，用以抵扣进项税金。

收入 110 万元，资产成本 120 万元，增值税 0.566 万元，所以确认投资收益亏损 10 万余元。结合上月确认的公允价值变动损益 20 万元，此股票实际收益 10 万元。

借：银行存款　　1 100 000.00 元
　　投资收益　　105 660.38 元
　贷：交易性金融资产　　1 200 000.00 元
　　　应交税费-转让金融商品应交增值税　　5 660.38 元

确认了 5 660.38 元的销项后，应总体并入销项税额之中。

借：应交税费-转让金融商品应交增值税　　5 660.38 元
　贷：应交税费-应交增值税（销项税额）　　5 660.38 元

如果与进价相比，卖亏了呢？比如，9 月最终以 90 万元销售，亏了 10 万元。则计算可以抵减的税额。

可抵减增值税销项=（90 万元-100 万元）÷1.06×6%= -5 660.38 元

9 月销售时分录为：

借：银行存款　　1 100 000.00 元
　　应交税费-转让金融商品应交增值税　　5 660.38 元
　　投资收益　　94 339.62 元
　贷：交易性金融资产　　1 200 000.00 元

此时，不纳税，还可以留待未来抵减交易正负差。“应交税费-转让金融商品应交增值税”形成借方余额。月末也不再处理。

如果到 12 月底，“应交税费-转让金融商品应交增值税”依然是借方余额，说明一直是负差，不能结转明年，所以，年末要对其借方余额一次性转出，冲减投资收益。

借：投资收益　　5 660.38 元
　贷：应交税费-转让金融商品应交增值税　　5 660.38 元

如果是小规模纳税人，当月如果要交税时，直接将“应交税费-转让金融商品应交增值税”余额用于纳税，或者转入“应交税费-应交增值税”之中，这是与一般纳税人处理的唯一区别。

第 12 章　建筑业增值税核算

增值税的会计核算看起来比营业税要复杂，但只要把握基本的会计原理、税务规则，并非难事。

增值税与营业税不同，对于一般纳税人，会计核算的健全与否，影响到税务风险，如果没有健全的会计核算，则不能抵扣进项。

12.1 会计核算的基本原则

第一点，会计核算要求实质重于形式。

实质重于形式是会计核算的基本要求，作为会计，理解和认识这一点应该并不难。但是由于增值税非常强调发票，所以会计往往会形成按发票做账的错误习惯，这一点在增值税核算时，要有意识地避免。

即是说，入成本费用，不是因为有发票才入成本费用，而是因为实际发生了相关的成本费用；如果实际上没有发生相关的成本费用，仅仅因为有发票就列支，实际上构成了虚开成本费用的情况。

实务中，有企业项目上采购甲材料，但甲材料却无法提供发票，于是找到采购乙材料的发票，按乙材料进行列支。这样，就相当于隐瞒了甲材料的使用，而虚列了乙材料的使用，同时还可能涉嫌到不规范使用发票或者虚开发票，这些会导致税务风险。

第二点，增值税发票重于实质。增值税这一税种有一个特殊点，就是

“发票重于实质”，进项抵扣上、甚至收入确认上，发票有着优先地位。

当然，这并非是说增值税是形式重于实质的，而是说，发票可以直接决定纳税义务。如果没有取得可抵扣的发票，那么就算真实发生了业务、真实支付了增值税金，其增值税金也不能抵扣。

第一点与第二点形成一个矛盾，这个矛盾必须要准确把握。

【案例】建筑公司原定下月采购入库一批钢材，价格 1 000 万元，增值税金 130 万元。但本月因为收款原因，确认了一大笔销项，为少交增值税，于是问钢贸商，能否提前把下月的增值税专用发票开过来？骗对方说要走报销流程，以便加快付款节奏。

由于下月就要发货收款，合同已签订，钢贸商库存较大进项不是问题，为抓住大客户，爽快地提前开了 1 000 万元的增值税专用发票。

问题：

（1）这样是否符合规定？

（2）是否存在风险？

（3）如何进行会计处理？

面对这类比较复杂的业务，会计第一点要分析的就是是否会涉嫌“虚开增值税专用发票”。我们干事情不能把自己掉进去，所以先分析最大风险，一步步排除。

按《发票管理办法》和《刑法》的定义，虚开发票是指发票内容与实际业务不相符。本例来看，采购业务是真实的，并且双方约定提前开出发票，所以发票与实际业务相符，不是虚开，只是提前开票的问题。

所以，无法定性为虚开，这就大出一口气了。把最大风险排除后，再问：提前开增值税专用发票是否违规？

按《增值税专用发票使用规定》（国税发【2006】156 号）的规定，增值税专用发票必须在**“纳税义务发生时开具”**。正常情况下，钢贸商的这笔销售纳税义务发生在收到货款之时，所以看起来是提前开票不合规定。

但是，《增值税暂行条例》及《营改增试点实施办法》都规定，**“提前开出发票，开票时纳税”**。所以，一旦提前开票，则纳税义务也被提前，这样一来，开票时间与纳税义务发生时间就一致了，所以实际并未违规。

也就是说，在有实际业务的情况下，在不构成虚开的前提下，增值税专用发票提前开是完全可以的，因为开发票导致纳税义务，纳税义务导致开发票，两者像一张牌的正反面一样连在一起。

结论：既然发票是合规的，就可以抵扣。

那么账该怎么做呢？

如果会计这样处理，就是错的。

借：工程施工/原材料/在途物资　　1 000 万元
　　应交税费-应交增值税（进项税额）　　130 万元
　贷：应付账款　　1 130 万元

因为这违反了事实。事实是采购行为并没有发生，没有入库，不仅不应该借库存商品，甚至不能借在途物资。这样的处理，实际上虚增了在途物资和应付款，导致实质上的账实不符。对于非上市企业，这样的后果当然并不严重。

那么，正确的会计处理必须基于会计事实。因为取得了增值税专用发票，并完成了认证，按增值税以票控税的特点，进项已经实实在在地确认了，所以，必须要对确认了的进项税金进行会计处理。因为没有采购事实的发生，所以也只需要对进项税金进行会计处理，不能对采购进行处理。

借：应交税费-应交增值税（进项税额）　　130 万元
　贷：应付账款　　130 万元

此时，供应商因为开票，实现了增值税的销项，所以要向你收取增值税销项，这个销项形成了你实实在在的应付账款，所以应该这样处理。

当然，发票认证后，也就可以抵扣了，这样的处理让会计与增值税保持了一致。

下个月按合同执行，完成发货、收货、付款。

借：工程施工/原材料/在途物资　　1 000 万元
　　应付账款　　130 万元
　贷：银行存款　　1 130 万元

当然，正确的会计处理可能会让这笔业务有点“显眼”，有点不太常规，容易引起税务检查人员的注意，毕竟税务检查人员不是会计人员，不一定懂得如何做账。

很多年前，笔者就曾在实务中遇到过这样的处理被税务检查人员盯上。当时不是建筑企业，而是一家生产企业。

检查人员大惊小怪地问："为什么只有进项？以前没见过这样的分录。"笔者只是淡淡地说："您认为违反了哪个规定，提出来，我们改就是了。"最后，他也没说什么，笔者估计他也找不到违反了什么规定。做账的事，会计才是内行，税务并一定是内行。

所以，当我们知道什么样的处理是正确的，什么样的处理是错误的，错误的原因与后果在哪里，就可以更加科学地决策了。是故意做错，还是坚持正确的处理，心中就有数了。

12.2 发票与收入确认

读了 12.1 节后，有读者可能会问，钢贸商提前开出 1 000 万元的增值税专用发票，那他如何申报？账怎么做呢？

实际上，这一问题，我们建筑企业也可能会遇到。一方面，不排除你会被客户要求先开增值税专用发票 ，另一方面，建筑收入确认往往与发票不一致。

先说钢贸商。他当月白开了 1 000 万元的发票，会计处理能力差的会计会确认收入。

借：应收账款　　1 130 万元
　　贷：主营业务收入　　1 000 万元
　　　　应交税费-应交增值税（销项税额）　　130 万元

这样处理是错误的，并且有危险性。因为虚增了收入。这收入本应在下月实现出库后才能确认，你提前确认就是假账。上市公司敢这样做账，就是舞弊。

为什么说这样做账是危险的呢？

因为你一旦确认了收入，就必须要转成本，这个结转的成本也是假的。做假就是这样，一发就不可收拾。成本一假，库存也就假了。现在都是 ERP，如果在系统中开出库单，则库存又对不上了……如果多几笔这样的业务，活生生把账做成假账了。

所以，钢贸商的会计操作也是按实事做账的原则。没有销售的事实，就不做销售的处理；又因为开票而产生增值税纳税义务的事实，就做增值税的处理，也就是做销项的处理。

借：应收账款　　　　　　　　　　　　　　　　130 万元

　贷：应交税费-应交增值税（销项税额）　　　　　130 万元

这一分录，就是典型的先开发票分录。正确的会计处理显示出了真实的业务实质。

钢贸商开票后，次月按 130 万元在申报表上确认销项，此时销售额与会计报表的收入总额并不符合。不符合是正确的。因为会计的收入确认标准与增值税的销售额确认标准，本身就是两套系统、两套标准。两套标准做出来的表，笔者认为如果不符合是正常的，清丝严缝地符合反倒是巧合或舞弊了。

所以，在有业务实质的前提下，发票可以提前开，但不能错确认收入。

再举例说一家施工企业的情况。

该公司的客户是垄断型大企业，在工程刚开始时，就需要提前开出增值税专用发票。而会计处理则延用发票做账的思想：开发票就确认收入。

确认收入后，就是结转成本，由于成本没有发生，就直接按收入的一定比例结转成本。

结转成本需要有出库单，于是就要求仓库按会计的金额要求、按成本构成的情况，开出库单。仓库不愿意，于是会计就自己做手工的出库单，以为未来可以冲回来，业务这么复杂，怎么可能冲得回来呢？如此一来，会计的存货就与仓库的存货对不上了。

如果遇到税务稽查来查账，第一个问题就是账实不符，检查人员的第一反应就是偷税。

当然，能不能定偷税还有许多工作要做，是非常麻烦的，何况这家公司当时还想冲三板，这样的会计处理与存货情况难度显然很大。

那么，正确的做法是什么呢？

首先要确定，自己做工程是一个销售货物的行为，还是一个工程施工的行为。一般来说，工程公司都应该按施工业进行核算，目前来说，应该通过建造合同进行核算。

建造合同要求通过完工进度确认收入与成本，为达到最佳的会计核算效果，应该以成本开支进度确认完工进度，这样成本是据实的，而收入跟着成本走。

另一方面，施工企业正常情况下，应通过工程结算实现与增值税销项计提的对接，以此让增值税确认与收入确认不产生联系。如果未达结算时点就开出发票，应该直接对销项挂往来。

例如，合同签订后，当月即被甲方要求开出合同全额 2 000 万元增值税专用发票，一旦答应，就要确认销项。

注意：此时重点判断合同与业务的真实性，以防止成为虚开，包括发票内容、金额与合同相符。开票后，如果税率是 9%，则应确认 2 000 万元÷1.09×9%=165 万元的销项。

借：应收账款　　　　165 万元
　贷：应交税费-应交增值税（销项税额）　　　　165 万元

首月如果没有成本开支，完工进度为 0，则不确认收入与成本。如果成本开支 100 万元，占总成本 6%，则按 6%确认为完工进度，收入应确认 2 000 万元×6%=120 万元。

借：主营业务成本　　　　100 万元
　工程施工-合同毛利　　　　20 万元
　贷：主营业务收入　　　　120 万元

通过此例，笔者想强调的是，会计处理不能想当然地被设立基于发票、税务的限制条件。会计处理必须要首先合于会计制度与准则，在此基础上，再考虑税会之间是否存在差异。如果存在差异，按税法规定纳税、提销项、计进项等即可。

12.3 建筑业何时开票

不论是哪个行业，收入确认与发票开具之间都没有必然的决定关系。

收入确认按会计准则的要求来，开票按发票管理办法的规定来开，增值税专用发票要求在增值税纳税义务发生时开具。

建筑业增值税纳税义务发生时间为：提供服务开始后，收到款或者达到书面合同约定的收款时间。那么，发票的开具也就是在这个时间。

当然，在有业务真实保障的前提下，也可以提前开出发票，提前开票，提前确认销项。但不能延迟开票，延迟开票是违规的行为。

【案例】按合同约定，公司本月应收工程进度款 2 000 万元，但甲方因资金问题，只付了 1 000 万元。公司本应确认多少销项税额？

虽然只收到 1 000 万元，但由于 2 000 万元达到合同约定的付款时间，所以应按 2 000 万元申报增值税。

销项=2 000 万元÷1.09×9%=165 万元。

那么，该开多少发票呢？

发票在纳税义务发生时开具，所以应该开 2 000 万元的建筑业发票。

但是，由于对方拖欠工程款，公司领导决定，只按实收金额开 1 000 万元的增值税专用发票，这样纳税的销售额与发票开具金额不一致，如何处理呢？

会计上，直接按实际收款、确认债权、计提销项处理。

借：应收账款	1 000 万元
银行存款	1 000 万元
贷：工程结算	1 835 万元
应交税费-应交增值税（销项税额）	165 万元

按 2 000 万元纳税，按 1 000 万元开票，这看起来很奇怪啊。是的，因为按 2 000 万元纳税是税法的规定，但按 1 000 万元开票却是错误的，因为开票时间延后了。

实务中，只要企业足额纳了增值税，一般税务机关不会专门对延迟开票的行为进行罚款。如果企业按以前营业税时代形成的习惯，收多少钱开多少票交多少税，会计基本不理会合同约定的收款时间问题，那么在改征增值税后，少交税风险就大一些了。

正如本书前讲到纳税义务时所说，此时的选择是：修订合同约定的收款时间或者足额纳税。

但是，这样操作也还是有麻烦的。因为开票 1 000 万元，纳税 2 000 万元，申报上的销售额与开票额对不上，开票收入会生成 917.5 万元，未开票的 917.5 万元填写在未开发票销售额之中。

数月后，甲方再付 1 000 万元，建筑公司会计处理上，只需要将 1 000 万元应收账款转出即可，没有其他操作。因为该确认的销项已经确认完毕。同时，按惯例，向甲方开出 1 000 万元增值税专用发票。

借：银行存款　　　　1 000 万元
　贷：应收账款　　　　1 000 万元

申报表上，由于开票后会生成 1 000 万元的开票销售额，所以，应该在无票销售额栏，填空-1 000 万元冲回。这只是申报上的操作，不涉及会计的处理。

但是，税务机关会关注开票的金额与申报的金额，自动进行比对，发现开票金额比申报金额低，就可能会让你说明情况了，如果不能打消税务的顾虑，税务会将你金税系统锁机。锁机只是对电脑系统的操作，并不是一项行政处罚，所以不需要走什么手续，但企业的生意就可能受影响了。此时只能积极提供资料进行说明。

所以，对于这种情况，应该尽量保证开票额与申报额一致。如果开票额小于申报额，税务不会管你，大于了就会找你麻烦。

需要说明的是，虽然增值税纳税申报表上，专门设计有未开票销售额一栏，可用于申报和冲回未开票收入。但是，这并不说明，产生了增值税应税销售额，就可以不开票，就可以延迟开票，申报表只是解决，当出现未开票、延迟开票时如何解决申报的问题。

12.4 收入核算与增值税

目前建筑业主要通过建造合同进行收入与成本的核算。

建筑合同核算体系的原理，就是将收入、成本的确认，与工程款的结算分开成为两条线。收入与成本按完工进度确定，而工程款结算按合同及双方结算结果确认。

增值税主要与工程款结算相关，与收入确认没有直接的关系，所以对于建筑行业来说，会计报表收入与增值税申报表上的销售额不一致是

十分正常的。一致倒应该怀疑是不是在人为调节或舞弊。

每月会计报告日之前，甲乙双方都必须对工程进度进行确认。对于建筑企业会计来说，就算无法与甲方进行工程进项确认，也必须按自己的判断，确认工程的完工进度，以此确定建造合同下的主营业务收入与主营业务成本。

BT 项目即“建设—移交”，工期很长，但一直要到完工，才向建设方移交，并取得工程款；BOT 项目，即“建筑—经营—移交”，不仅工期长，完工后还同时进行经营，取得经营收入，经营期结束后，再向建设方移交。

所以，BT、BOT 项目中会出现工程长期未进行结算的情况，也即长期达不到增值税纳税义务确认条件，此时，虽然按月进行主营业务收入、成本、毛利的确认，但增值税上不进行销项税的处理。

所以，BT、BOT 项目前期会出现较严重的进项税金积压问题，这个问题必须要专门处理，务必解决。其中的原理已在第 1 章进行了分析。

2017 年，财政部调整了收入准则，但会计准则收入确认的变化，并不影响增值税纳税义务的确认，基本原则是，从目前增值税的政策来说，增值税销售额的确认时间，与会计收入确认时间无关，此时构成一个税会差异点。不论会计准则怎么变，只要正确把握税会差异原理——按会计处理做账，但如果税会有差异，按税务规定纳税——就能够正确应对了。

2018 年 5 月 1 日开始，建筑业税率降为 10%，2019 年 4 月 1 日开始，建筑业税率降为 9%，对于跨期的项目而言，给会计核算带来了新变化，但只要把握住会计处理与增值税处理的规则就可以正确应对。

【案例】某项目于 2017 年 6 月开工，工期 24 个月，含税价 5 000 万元，合同约定，2017 年 6 月、12 月，2018 年 6 月、12 月，2019 年 6 月，分五次付工程款，各 1 000 万元。假定工程进度平均。客户按时付款，各年收入如何确认?

由于总含税造价为 5 000 万元，2017 年时企业与业主都无法预计到税率会变化，所以当初不含税收入=5 000 万元÷1.11=4 504.5 万元。

2017 年 12 月，工程完工 25%，当年确认收入 4 504.5 万×25%=1 126.1 万元，当年收款 2 000 万元，税率为 11%。

2018 年 5 月起税率降为 10%，后三次付款按 10%税率计税双方同意 5 000 万元的工程总造价不变。

工程总价不变的情况下，必然导致增值税销项下降、收入上升，余下 75%的收入总额应按提高后的收入计算。在会计上，这属于会计估计变更，用未来适用法调整，直接在确认税率变更时调整即可。

项目不含税总收入=含税总价-增值税总销项

收入=5 000 万元-2 000 万元÷1.11×11%-3 000 万元÷1.1×10% =4 529.1 万元

以 2018 年 12 月的收入确认来说，此时，完工率为 75%，2017 年累计已确认 1 126.1 万元。2018 年收款 2 000 万元，税率为 10%。

2018 年收入=4 529.1 万元×75%-1 126.1=2 270.1 万元。

2019 年，税率又降为 9%，这个调整还得再来一次。但这次客户不干了，要求适当降价，经双方讨价还价，总价下降 10 万元，降为 4 990 万元，2019 年尾款为 990 万元，税率 9%。

项目收入=4 990 万元-2 000 万元÷1.11×11%-2 000 万元÷1.1×10%-990÷1.09×9%=4 537.2 万元。

2019 年项目完工，进度为 100%，2019 年收入为总收入减前两年确认的收入金额。

2019 年收入=4 537.2 万元-1 126.1 万元-2 270.1 万元=1 141 万元。

12.5 BT 与垫资利息

除了建筑业务之外，施工企业可能会为甲方提供垫资服务，并收到垫资利息。如果合同中约定了此垫资业务、垫资利息、垫资收回事项，则垫资业务与施工业务构成增值税的兼营。

如果合同并未对此进行约定，则应将此行为理解为分期收取工程款或拖欠工程的行为。全额按建筑业纳税。

垫资业务，即进行债权投资并收取利息，此行为为金融业中的贷款业，不能选择简易计税，增值税税率 6%，利息不能开增值税专用发票，甲方不能抵扣进项。

所以，如果甲方一般计税的话，垫资利息因为不能抵扣，所以税负

上比较吃亏。

另外，利息收入不存在预缴税问题，包括异地工程预缴和预收款预缴都不涉及。利息在实际收到或者合同约定的收息日计算增值税销项。

在会计核算上，因为对于垫资利息的实际利率、还款方式、还款进度、计算方法、会计可预估性不同，利息的会计核算可能会比较复杂。但是，不论会计如何处理，若出现税会差异，则按税收政策纳税，所以会计只需要在利息销售额确认时，计提增值税销项就行了。

借：应收账款

　　贷：应交税费-应交增值税（销项税额）

那么，如何划分与核算建筑业收入与利息收入呢？这个应该按双方合同的约定、实际对垫资金额的确认进行划分和计算。但同时要注意，利率、建筑业毛利率应该合理，如果税务认为明显不合理，还是有权调整的。

BT 业务与垫资承包工程非常相似。但其主要运用于地方政府项目，是一个集融资、建筑于一体的经营模式。

BT 项目开工后，项目名义上的业主，既有可能是政府部门或其指定的企业，也可能是承建方。未来，承建方会向政府部门或其指定的企业移交建成的项目。

从业务实质上分析，承建方实际上并不是建设方，其实际提供的业务，依然是建筑业务，只是因为 BT 项目结算的特殊性，导致了一个移交的过程。所以，不论项目的立项主体是谁，当承建方向业主方移交时，都不应该理解为转让不动产所有权，而应该按业务实质，理解为提供了建筑业服务。

当期，如果 BT 项目合同中，约定了政府按一定利率支付融资利息，则应分别核算利息与建筑业的销售额，分别纳税。

按《营改增试点实施办法》的规定，增值税销售额确认时间，为收到工程款，或者书面合同约定的收工程款时间。如果 BT 项目在移交时收取工程款、利息，包括分期收取工程款和利息，则其建筑业与金融业纳税义务发生时间都在项目移交时的收款、应收款期确认。

【案例】甲公司通过 BT 模式，投资承建一市政工程，建筑合同造价总额为 8 000 万元，两年后完工并移交，政府按约定的利率，共需支付利息 500 万元，8 500 万于移交时一次性支付。

由于对垫资、垫资利息进行了约定，所以，本业务在增值税上应该是建筑业+金融贷款业的兼营，建筑业总额 8 000 万元，金融贷款业总额 500 万元。

由于 2019 年 4 月 1 日起下调了建筑业税率，所以若移交时间在 2019 年 4 月 1 日之后，则其建筑业税率按 9%执行。建筑业总销售额=8 000 万元÷1.09=7 339 万元。

建筑期，因为未达增值税纳税义务确认时点，所以，一直不需要需要确认增值税销项，项目公司只需要核算项目的成本与进项税金，按建筑合同核算的情况下，应该同时确认主营业务收入、主营业务成本。

借：工程施工-合同成本

　　应交税费-应交增值税（进项税额）

　贷：银行存款/原材料/应付账款……

同时确认主营业务收入与成本。当税率相继变化为 10%、9%时，不排除未来还会有变化，同时也不排除甲乙双方还会有价格上的调整，但万变不离其宗，针对收入的影响，直接如上一节所述进行调整即可。

借：主营业务成本

　　工程施工-工程毛利

　贷：主营业务收入

同时按权责发生制确认利息收入，非金融企业，一般计入其他业务收入。注意，可以按不含增值税销项的金额确认，因为没有达到纳税义务发生时间；也可以把增值税销项挂在“应交税费-转待销项税额”之上。

例如，当期双方确认本期垫资金额，计算不含税垫资利息，最终逐期累计确认利息收入=500 万元÷1.06=472 万元。分录如下：

借：应收账款　（当期确认金额）

　贷：其他业务收入　（当期确认金额）

完成验收及移交后，达到增值税纳税义务确认时点，此时确认全部增值税销项，并开具发票。如果总金额为 8 500 万元，税率为 9%，则申报表填写与发票数据如下：

建筑业销项=8 000 万元÷1.09×9%=661 万元

金融贷款业=500 万元÷1.06×6%=28 万元

合计销项为 689 万元。

由于之前确认利息收入时，确认了利息不含税金额 472 万元，所以移交时只对发生的利息的增值税销项进行补确认。

借：应收账款	8 028 万元	
贷：工程结算	7 339 万元	
应交税费-应交增值税（销项税额）		689 万元

收到移交款 8 500 万元：

借：银行存款	8 500 万元	
贷：应收账款		8 500 万元

12.6 BOT 与 PPP 业务

这两项业务都是民营资本参与市政设施建设的模式，其核心目的都是解决政府没有钱又想办事的困难，由施工企业或投资方先垫资、投资进行建设。

BOT 业务，即建设-经营-转让。投资并完成公用基础设施项目后，继续经营该项目，取得项目的收入与利润，最后在经营期满，再向政府移交。

BOT 模式下的增值税问题，税务总局、财政部并没有专门进行规范，各地税务机关对此业务可能会按自己的理解和征管要求，出台具体的纳税规则，摸着石头过河。这些地方政策是否正确呢，我们必须以《试点实施办法》为依据，结合 BOT 业务的具体特点来分析其增值税纳税义务。

BOT 业务中，建筑公司首先提供进行公用基础设施建设，公用基础设施建设完成后，取得对应的特许经营权，提供相应的市政基础设施服务，并取得收入。

但是，对于建筑公司而言，其建筑行为，并不是一个对外提供服务并取得销售收入的行为，它本质是自己建设基础设备，以用于未来自己的经营，是自建行为，不属于增值税建筑业应税行为；

同样因为其自建性质，这种建筑行为，也不是一个无偿提供建筑服务的行为，所以它不属于增值税建筑业视同销售行为。

结论就是：BOT 业务中的建筑行为，不纳建筑业增值税。

同理，因为没有提供建筑服务取得收入，也没有无偿提供建筑劳务，企业所得税上，也不确认收入。但是，按财政部的相关规定，BOT 业务在核算时，首先按建造合同，核算建筑项目的收入、成本、利润，未来，再将其确认为一项无形资产。

此外，所建筑的公共基础设施，在账面上并不体现为一项固定资产 ，而体现为一项无形资产，并在未来经营其内进行摊销。

这一核算规定构成了与纳税的差异，即 BOT 业务上，会计确认建筑业收入、成本、利润的核算，也增值税、企业所得税都构成了差异。我们应该按税收政策的规定进行纳税，对税会差异进行差异调整。

实务中，的确有企业，因为在会计上确认了建造合同的主营业务收入与成本，就同时在完工确认无形资产时，同时确认了增值各销项，还按会计利润缴纳了企业所得税，这样做是错误的，也是吃亏的。

我曾见过几家公司，公司 BOT 业务建筑上有利润，从而缴纳了建筑业的增值税和企业所得税，但未来实际投入经营时产生经营亏损，就亏得更惨了。

这样的处理就是按着会计核算的要求走，而忽视了这根本就不是一个建筑业务，而是一个自建设施自我经营的业务，公司的一切收入来源都不在甲方，都是未来向实际用户收取的经营收入。

正确理解 BOT 业务，可以看见，它一大风险就是进项税金的积压和前期所得税上的亏损。导致进项积压的根本原因是缺乏销项，应该避免以项目公司实施 BOT 业务，母公司直接开展业务，可以引入其他项目的销项，以减少进项积压。同时，有效开展增值税增量留低税额退税工作。

至于企业所得税，由于没有建筑收入也会导致汇算时亏损，所以应该避免项目公司单独操作 BOT 业务。

另外，对于单独的 BOT 项目公司，在项目设施建造完工前，其经营业务无法开展，所以可以理解为未来经营的“筹备期”，可以按筹备期进行所得税处理，本书对企业所得税不作重点解析。

那么，未来设施完工，投入经营后呢？

此时，应按实际的经营活动进行会计与税务处理，按实际收入进入增值税销项与损益的确认，并妥善调整好相关税会差异。

会计上将 BOT 利润的实现为分了两块，一块是建筑业利润，在项目建设完工时确认，一块是经营利润，在特许经营期内确认。

但实际上，公司的全部利润来源，都来自于未来的经营收入，纳税上应一次性按经营收入确认并纳税。

最后，经营期满，向政府移交时，是否存纳税义务呢？

经营期满，设施由政府收回，这仿佛存在一个不动产所有权转移的行为，但实际上并非如此。

BOT 合同显示，此业务为建筑公司建造、经营、移交，建筑公司从未在实质上取得所建筑设施的所有权，它是替政府建造的行为。不拥有公共基础设施的所有权，自然也不可能存在公共基础设施所有权的转移问题。

某些 BOT 业务中，土地、不动产移交前可能登记在建筑公司名下，但这只是履行合同时的特殊约定，并不能证明建筑公司拥有产权并且将在未来转移该产权，并不能就此将 BOT 业务变成了一个房地产开发业务。

移交不动产时，建筑公司不会从政府取得收入，所以就算想理解为转移不动产，也没有收入对价，从而不产生增值税和企业所得税纳税义务。

另一方面，移交不动产时，也不是一个无偿移交的行为。因为建筑公司已经在经营期，收回了其应该取得的对价，它本质上是一个有偿行为，取得的收入在经营期而已。就是说，也不适用增值税与所得税上的视同销售纳税义务。

所以，移交给政府时，没有增值税与企业所得税的纳税义务。此时，税会无差异，因为按财政部规定，会计处理上，此时也不确认收入。相关无形资产摊销完毕即与政府两清。

当然，如果移交时，甚至移交前，政府依合同支付了部分对价，此时应确认企业的一项应税收入。但是，确认为建筑业收入，还是经营收入的价外费用，还是利息收入，要结合具体的合同进行分析，都存在可能性。

这个收入可以理解为两个部分，一部分为提供基础设施服务本身的

收入，另一部分为之前建筑业务的收入。即 BOT 模式下，投资建设方一方面可以取得经营收入，另一方面可以取得建设收入。

经营期满后，该公用基础设施将移交给政府或政府指定的公司，此行为是属于“转让不动产”还是“移交建成的项目”呢？

不论是会计处理还是税务处理，都应该按业务实质进行判断和分析。从业务实质上讲，BOT 投资建设者实际从事的是建筑服务，拥有的也只是基于所建项目本身的特许经营权、使用权而非产权本身，所以，BOT 业务最终不存在不动产所有权的转移行为。

BOT 实际操作中，公用基础设施的立项主体可能是政府、政府指定的公司，也可能是 BOT 投资承建方，但这只是实现 BOT 业务的外在法律形式，由于 BOT 本质上是一个建筑行为，所以就算以投资建筑方为主体立项，也不能将其作为自己的固定资产来理解和处理。这一点在我们进行会计与税务处理时，要贯穿始终。

于是可以得到一结论，最终移交公用基础设施时，不存在销售不动产的应税行为，而只是一个移交完建筑产品的行为。所以，如果政府不再支付额外的款项，则只是一个纯移交行为，如果政府为此支付了额外的款项，也应按建筑业计算增值税。

会计上，按财政部相关解释的的规定，BOT 业务核算上分为建筑和经营两个部分。建筑期间，按建造合同确认建筑项目的收入、成本、毛利。完工后，将其确认为一项资产——无形资产或金融资产——如果未来取得的不固定的收入，则确认为无形资产，反之确认为金融资产。后面行文假定和表述都为无形资产。

需要注意的是，这项无形资产不应直接理解为“特许经营权”，因为它实际上包括的价值是特许经营权和公用基础设施的使用权，两者不可分离。

从会计处理上看，相当于提供建筑业服务后，以取得一项无形资产为建筑服务的对价。然后，再基于这一无形资产，提供公用基础设施经营服务，在服务期内摊销无形资产。

经营届满，无形资产推销完毕。整个过程中，会计上不存在实物固定资产。

那么，BOT 业务中的建筑业服务是否有增值税纳税义务呢？

不能有这种认识，既然会计上按建筑合同核算了建筑业收入，那么也就应存在建筑业的增值税纳税义务。因为税务处理与会计处理遵循不同的规则，如果税会存在差异，则应按税务规则纳税。

BOT 业务中的建筑业服务是否纳增值税，这主要看该服务是否取得了建筑业的收入对价。

先讲一类特殊的模式。投资承建方将 BOT 工程的建筑全部出包给某一建筑总承包商；或者投资承建方自已完成建设，但却把后续的经营交给独立的项目经营公司经营，项目经营公司支付建筑款项。

这类模式下，实际上实现了建筑业务与经营业务的分离。导致业务流程非常清晰。承担建筑业务的主体收取建筑款，则产生建筑业增值税纳税义务，按收款时间或合同约定的收款时间纳税、开增值发票。

承担经营服务的主体将公用基础设施及其特许使用权确认为一项无形资产，并提供具体的公用基础设备服务，取得服务收入。

未来移交时，由与政府签定 BOT 协议的主体完成向政府的移交即可。如果移交时政府还要额外支付部分款，则应作为政府额外支付的建筑工程款，按建筑业纳增值税。

另一方面，如果 BOT 投资承建方提供全部建筑、经营业务，此时其建筑行为并未取得政府支付的对价，其建筑业务实质是为自己未来的经营业务提供的一项自建行为。

所以，不纳建筑业增值税！

同时，由于是不纳税，并非免税、简易计税，所以建造过程中取得的全部增值税进项税金，都不在不得抵扣之列。

注意，企业所得税也不应确认！原因是一样的，都是没有取得“所得”或“收入”，也没有视同销售的事实。实务中，有些企业按会计处理纳税，在此时确认了建筑业收入、成本和所得，白交了企业所得税，未来经营期却是亏损，无处弥补。这都是错误纳税导致的。

公用基础设施完工时，虽然会计上确认为一项无形资产，形式上好像是取得了一项销售建筑服务的“对价”，但这项无形资产并非政府给予的，它并不是从外向内的经济利益流入，而是对自己建造合同所形成资产的一种核算方式而已。既然没有取得流入的经济利益，虽然会计上通过建造合同确认为收入，但这也只是税会差异，增值税确实没有纳税义务。

那么，取得政府授权的特许经营权，算不算一项经济利益？

相对于整个项目，特许经营权占比很少，更为重要的是，这一特许经营权是直接与项目的经营相关，而不是与建筑业务相关。转售这一特许经营权当然应纳增值税，但取得这一经营权本身，只是实现 BOT 模式的内在条件，无法理解为取得了一项额外的非货币收入。

所以，如果政府在此之外，不再支付其他款，则 BOT 项目不存在建筑业增值税纳税义务。

反之，如果政府在经营期、移交期还需要支付其他款项，包括以补贴方式支付的款项，都形成新的增值税纳税义务。一般应理解为建筑业收入，此时投资承建方应按建筑业缴纳增值税。但是，如果合同能够证明其全部或部分是资金利息，则利息应该按金融贷款业纳增值税。

收到这些款项目时，会计处理可能不同，但不论如何，都应对收到的款项，结合建筑业或金融业税率，作价税分离，确认其中的增值税销项。

经营期间，向社会收费，或者政府购买服务，此时按正常的公用基础设施经营处理，确认经营收入，按其税目缴纳增值税，向实际购买者开发票。

移交时，不能按销售不动产或视同销售不动产纳增值税，因为它只是一个建筑后的移交行为。不论是建成后立即移交还是经营后再移交，本质上都只是移交，不产生销售不动产的增值税纳税义务。

以一个案例来分析 BOT 项目的增值税问题。

某建筑公司以 BOT 模式承接一路桥项目，由公司自行建设，建设期两年，总投资 5 亿，工程造价 7 亿元，建成后经营 20 年，收入以实际经营情况为准，20 年后向政府的公司移交。

建设期间，公司按建造合同确认收入，直至完工。这是基于 2006 年收入准则的处理规则。由于并没有触及建筑业增值税纳税义务的条件，所以不涉及建筑业增值税销项的确认。当然，进项税金将一直进行积累。

每一报表期，会计上都会确认收入与毛利：

借：主营业务成本

工程施工—合同毛利

　　贷：主营业务收入

但是，由于企业所得上并没有对外提供建筑劳务的行为，所以应进行纳税调减。

完工后，按 BOT 合同，企业获得经营该公用路桥的权力，这一经营权实际上是该公用基础设施自身所赋予的，此过程并无有对价产生，不涉及建筑业增值税纳税义务。

借：无形资产　　　　7 亿元

　　贷：工程结算　　　　7 亿元

此无形资产在未来经营中按经营期限摊销，到期时摊销至零。但是，7 亿元是工程总造价，属于税会差异。企业所得税上既不能按 7 亿确认收入，也不能按 7 亿确定未来无形资产摊销时的成本，而应该按建筑期实际发生的成本，确认其计税基础，经营期企业所得税汇算时，进行纳税调整。

如果该其建设计税成本为 5 亿元，则形成 2 亿的无形资产原值差异，未来经营时，按其摊销情况，逐年进行纳税调增。

经营期，企业利用路桥投入经营，取得过路费收入——增值税上属于出租业。如果适用简易计税，则征收率 3%，如果一般计税则按相应税率计税，11%、10%、9%或未来的新税率确认销项并抵扣进项。

借 银行存款

　　贷 主营业务收入

　　　　应交税费-应交增值税

借 管理费用-无形资产摊销　　　　（按 7 亿元计算的摊销额）

　　贷 累计摊销

税会上，收入与企业所得税上，以及增值税上，税会无差异。但汇算时，对无形资产摊销，应按 5 亿进行调整。

经营中其他的成本费用、收入的税会处理，按实际情况进行。

经营期后，会计上对已全额摊销的无形资产进行核销，不对移交情况进行会计处理，税会无差异。

以上就是 BOT 业务在增值税上的处理原则。对于税务总局没有进行特殊规定的项目，只要把握了增值税的基本规则，结合相关的业务实质分析、资金流程分析、会计处理分析，就可以正确把握增值税原则。面对各地不同的地方政策及处理惯例，就可以形成自己的判断，判断其是否正确，是否有利，如果有不正确，错在哪里。

专业会计人员遇事不是找文件、到处咨询，而是首先建立起自己的理解与认识。

那么，PPP 模式呢？

从会计处理看，PPP 模式与 BOT 模式最大的区别，就在于最后的资产不向政府移交。政府通过入股的方式，全程参与到投资、经营的过程之中，与投资人共担风险。所以，PPP 模式所建的公用基础设施，应按项目公司的自有固定资产处理。

可见，虽然 PPP 比 BOT 看起来更高大上，其核算与纳税却简单得多，PPP 的项目公司实际就是投资自建并运营的行为。所以按自建固定资产处理即可。如果项目公司将建筑外包给总承包商，则由总承包商纳建筑业增值税；如果项目公司自建，则不存在建筑业增值税纳税义务的问题。

12.7 成本核算与增值税

建筑业一般采取的是项目制管理。一个项目为一个成本对象，发生的人、材、机各项成本、间接费用，直接计入施工成本之中。所以，建筑企业的账，实际上就是项目的相关成本费用的汇集。

实务中，一些中小建筑业的管理相对粗放，承包、挂靠模式盛行，项目部自负盈亏，财务部实际上很难控制项目的成本、费用开支，连盘点表都没有。项目经理实际上挣了多少钱，只有他自己清楚。

笔者曾经打趣一位老施工会计：项目上的钢筋，难道就用得干干净净，连一点余料都不剩？那么多周转材料，一直用到最后，没有一点剩余？

显然这是不可能的。

但从建筑企业的账面看，的确是这样的。因为一直以来，一些中小建筑企业并没有养成对各类存货进行完备核算的习惯。利用发票把成本

凑够就是核算的全部，钢材、混凝土只要买来了，就全部作为成本结转进主营业务成本之中，所以，账上看不出来各项材料的存货数量。

增值税后，建筑业纳入了增值税的体系。而增值税与营业税比，一大特点就是对实物本身的关注。

简单讲，通过实物，可以证明和控制增值税专用发票上的进项税金；实物要么转入成本，要么存在于仓库，要么被转移给了别人，要么被转卖处理、要么成为了损失。这些都涉及增值税的问题，所以营改增后，实物的核算问题必须要提到一个新的高度。

第一，工程的材料购入后，应该办理入库手续，即入库单。不论库房设在哪里、是不是露天的，都不重要，重要的是有这个手续。如果有证据怀疑一张增值税专用发票涉嫌虚开，那么这个手续将成为企业最重要的自保证据。

第二，材料要进入项目，需要出库的手续。这是完善内控的基本要求。健全的会计核算制度，也包括了对基本内控制度的要求。出库单用以证据项目对材料的信用责任，同时也证明了货物的使用流向。

第三，相关的盘点制度。对于财务部而言，盘点制度必须建立在对实物的完善核算之上。建筑业涉及的工程物资金额大、数量多，一个不盘点的企业是不正常的。

第四，余料处置制度。工程上一定有剩余的材料，这些材料的成本虽然已经被结转入工程成本之中，但材料的实物不可能被用尽，包括：包装物、物料、报废周围材料、余料、下脚料、废料等，这些东西不能简单地玩消失，因为处置它们，当成废品销售，也是要交增值税的，税率 17%、16%、13%。

对于传统增值税企业，比如工厂，如果一点下脚料处理的收入都没有，在稽查中肯定是会被质疑的，这是传统增值税征管中的一个套路和风险点。建筑业进入增值税领域扣，也要注意这一点，加强对材料的核算，按照工程规模和成本构成，应该有合理的余料库存或处置收入。

再强调一下，一些中小建筑企业管理与核算不规范，公司如同一个分封下的国家，各自为政，虚开发票、虚列成本的风险很大。这类企业经常可以看到顶着格开的发票，其发票结构与成本结构完全不匹配，工程几乎没有毛利。在营业税时代，营业税以票控税，开票几乎把所有税都收了，所得税核定征收，风险不大。在增值税下，因为涉及进项抵扣，涉及增值税专用发票的使用，使风险变得更大了。项目上万一发生虚开增值税专用发票来入账，企业和会计的风险都非常大。

所以，加强实物核算，就是加强把关，就是尽到会计的控制与审查责任。比如，通过盘点，可以强化实物管理，可以把握各项余料、下脚料、废料的数量和处置金额等，满足增值税对实物监管的要求。

比如，一张采购材料 500 万元的增值税专用发票，认证、抵扣、入账，就只是一张发票，但没有出入库资料，材料无人签收，材料与工程设计成本构成不匹配等，会计凭什么来辨别它的真伪？如果现在证明是虚开的，不说你参与其中使用虚开增值税专用发票，仅是没有进行必要的监管与审查，也是会被追究责任的。

形式上完善的物流证据，可以让会计在虚开中尽可能免责，甚至可以让公司、公司负责人尽可能免责。这套证据主要包括：合同、运单、签收人签字的入库单、领用人签字的出库单、符合盘点制度的盘点表、项目成本清单等。

第 13 章　纳税主体与挂靠业务

13.1　增值税纳税主体

建筑业是一个需要有准入资质的行业，所以，严格讲无法以分支机构的名义去签订建筑施工合同。

一家建筑公司在全国许多省都设有分公司，并承接当地的工程。刚刚营改增时，公司老总对各分公司的增值税都由总公司统一计算非常不理解，因为总公司统一计算的增值税，他们很难把税金分配到各分公司，从而无法准确、公平考核各分公司的效益，也加大了公司财税部的税务工作压力。

既然各分公司是独立的增值税纳税人，也进行了税务登记，为什么不能独立当地纳税？

原因很简单，并不是税务局不让分公司在当地独立纳税，而是你们自己不让分公司在当地独立纳税。因为从法律上看，在外地承接工程项目的是总公司，而不是分公司。

分公司没有独立的法人地位，也没有自己的建筑业资质，大多数的建设方不会同意让一个没有法人地位的机构来参与招投标，也不会愿意与一家分公司签订合同，所以异地虽然有分公司，但实际上合同的对方，依然是总公司。

当然，如果建设方同意让分公司来承建自己的项目，与分公司签施工合同，同意接受分公司的增值税发票，则分公司完全可以在当地独立交纳增值税。一般政府的项目会这样操作，以企图最大限度把税款留在本地。这就是业务决定税务。

所以，确认增值税纳税义务时，必须要正确判定纳税义务的主体。

增值税纳税主体，形象判断就是拥有自己的税号，一般指进行了独立的税务登记。这样，它会单独计算自己的销项与进项。所谓销项，就是以自己名义开出的增值税发票上的税金；所谓进项，就是自己是收款方抬头的、自己认证通过的增值税专用发票上的税金。

增值税是强发票管理的税种，不能因为实际承担工程的是分公司团队、分公司人员就认为可以由分公司独立计算销项与进项。销项与进项的计算必须要通过发票来实现。

换言之，如果能够实现分公司自己开票、自己收增值税专用发票，就可以由分公司独立纳税。

13.2 项目部的核算

营改增前，营业税在工程项目地缴纳，各分公司、各项目缴纳自己的营业税，冲减自己的利润，营业税归属非常清楚，所以便于考核。不论是分公司、承包、成本包干还是挂靠，营业税金的考核都是清楚的。

增值税却因为统一纳税，销项与进项统一抵扣后再纳税，导致很难把增值税算回各项目、各分公司，那么如何来考核各单位的增值税成本？

实际上，这样的想法本身就是错误的。增值税是价外税，不是成本，完全不需要进行考核，这是它与营业税的本质差异。第 1 章笔者要求会计们建立增值税思维就是这个意思。

增值税只需要计算剔除增值税后的收入与成本即可，所以，对分公司、项目部的考核，也应该以扣除增值税销项后的收入和扣除增值税进项后的成本计算。

【案例】某建筑公司，总部注册在郑州，有三个项目部在异地从事建筑业务，其中甲、乙为一般计税项目，丙为简易计税项目。假定税率为 9%、征收率为 3%，城建税、教育附加税为 12%。

公司的政策是，按含税总额收到 5%的总部管理费，剩下金额由项目部支配，项目支出由项目部承担。

假定三个项目收到工程款各 1 亿元，甲方统一支付给公司总部，总部向客户开具增值税专用发票。再由总部扣下相关的税金和管理费后，支付给各项目。

本次收款后，三个项目部的收款、增值税及附加税情况见下表：

项目	含税总额	不含税额	销项税金	附加税	管理费
甲	10 000万元	9 174万元	826万元	99万元	500万元
乙	10 000万元	9 174万元	826万元	99万元	500万元
丙	10 000万元	9 709万元	291万元	35万元	500万元

总部收款后，向三个甲方开出增值税专用发票，建造合同法下的会计处理分录如下：

借：银行存款　　30 000 万元
　贷：应交税费-应增（销项）　　1 652 万元
　　应交税费-简易计税　　291 万元
　　工程结算-甲　　9 174 万元
　　　　　　-乙　　9 174 万元
　　　　　　-丙　　9 709 万元

由于增值税以及随增值税缴纳的附加税，都在总部确认，所以，总部应计算所扣的增值税、城建税、教育附加税、管理费用，余款支付给各项目部用于项目建设。

甲、乙项目拨款=10 000 万元-增值税 826 万元-附加税 99 万元-管理费 500 万元=8 575 万元。

丙项目拨款=10 000 万元-增值税 291 万元-附加税 35 万元-管理费 500 万元=9 174 万元。

同时，总部与各项目部是同一个盈亏总体，所以，这个支付不影响公司与项目的损益，其本质上属于支付工程备用金。一次性支付的分录如下：

借：其他应收款-项目甲　　8 575 万元
　　　　　　　-项目乙　　8 575 万元
　　　　　　　-项目丙　　9 174 万元
　贷：银行存款　　26 324 万元

此时，对项目部而言，仅是资金的问题，而并非损益的问题。因为项目的损益，要结合完工进度以及工程造价来核算。

假定本期，甲、丙各采购 4 000 万元，其中甲项目取得的各增值税专用发票上，合计有进项税金 460 万元。相关采购发票已经交到总部财务报销，其中增值税专用发票通过了认证。

则总部进行成本的确认。

借：工程施工-合同成本-甲　　3 540 万元
　　　　　　　　　　-丙　　4 000 万元
借：应交税费-应增（进项）　　460 万元
　贷：其他应收款-项目甲　　4 000 万元
　　　　　　　　-项目丙　　4 000 万元

并向甲项目报销其进项税以及对应有附加，增值税 460 万元，附加=460 万元×12%=55 万元，合计 515 万元。这个支付也只影响内部资金，不影响损益。对甲项目来说，取回的增值税专用发票越多，则总部退回的资金越多。

借：其他应收款-项目甲　　515 万元
　贷：银行存款　　515 万元

那么如果采购没有取得发票呢？没有取得发票也要入账。假定本期，乙项目采购材料 1 000 万元，税率 13%，但没取得发票，则无票入账，做好并做好备查记录，进项税金暂时悬挂。

借：工程施工-合同成本-乙　　885 万元
　　应交税费-待认证进项　　115 万元
　贷：其他应收款-项目乙　　1 000 万元

后来，乙项目经理报告，发票已不可能取得了，说明无进项可抵，于是待认证进项税金转入成本。

借：工程施工-合同成本-乙　　115 万元

　　贷：应交税费-待认证进项　　115 万元

本月，三个项目部由于收到各 1 亿工程款，所以都要在项目地进行增值税的预缴，同时也缴纳了对应的附加税。这些税款都应收总部承担。假定各项目部都有 2 000 万元分包款所以在预缴扣除，则三项目部预缴如下表，申报预缴增值税及缴纳城建教附后，当期向总部传回完税凭证。

项目	增值税	城教	合计
甲	8 000÷1.09×2%=147万元	18万元	165万元
乙	8 000÷1.09×2%=147万元	18万元	165万元
丙	8 000÷1.03×3%=233万元	28万元	261万元
合计	527万元	64万元	591万元

总部向各项目报销上述税金：

借：应交税费-预交增值税　　527 万元

　　　　-城建税、教育附加税　　64 万元

　　贷：其他应收款-项目甲　　165 万元

　　　　　　-项目乙　　165 万元

　　　　　　-项目丙　　261 万元

向项目支付

借：其他应收款-项目甲　　165 万元

　　　　-项目乙　　165 万元

　　　　-项目丙　　261 万元

　　贷：银行存款　　591 万元

同时，总部确认预缴的增值税，以便在总部申报增值税后抵回，同时确认附加税入损益，向各项目报销其代垫的税款。

借：应交税费-应交增值税（已交税金）　　527 万元

　　贷：应交税费-预交增值税　　527 万元

月末平账。

借：应交税费-未交增值税　　527 万元

　　贷：应交税费-应交增值税（转出多交增值税）　　527 万元

同时，总部确认附加税，计入损公司损益。

借：税金及附加　　64 万元
　　贷：应交税费-城建税、教育附加税　　64 万元

注意：与营业税时期不同，城建税、教育附加税虽然在计算项目造价时，计入了造价之中，但由于增值税归总部缴纳，而城建税、教育附加税跟着增值税走，所以考核各项目时，附加税不宜再计入成本之中，而应直接在税金及附加列支。

至于总部计算缴纳增值税、附加税，则进行正常的《增值税申报表》计算和填写，通过销项金额、进项金额、简易计税、预缴抵减金额等项目计算应纳税额并申报，按实际纳税情况进行会计处理。

那么，各项目的收入与成本确认呢？

这个应该按项目完工进度，分别确认各项目在报告期的收入、成本、毛利，并同时形成公司的总收入、总成本、总毛利。

完工进度可以通过工程的实际完工进度、成本开支进度来确认，具体选择由会计决定，企业所得税与会计处理无差异，汇算时不需要调整。确认进度后，减去上期已确认的进度，就可以计算出本期应该确认的收入、成本金额。

借：主营业务成本
　　工程施工-合同毛利
　　贷：主营业务收入

以上就是一个套标准的核算处理方法，它可以准确核算总公司承担的税金情况，可以准确核算各项目的收入、成本与毛利，可以准确核算各项目应取得的资金。

这样的核算可以体现出税金在总部、毛利在项目的核算精神，同时，管理费、项目自付的盈亏等内部考核指标，并未直接体现在会计核算上，会计核算的首要职能不是考核项目部，而是对外报表 ，而是对外计算纳税义务。

如果项目的利润用于奖励项目经理和项目人员，依然要通过奖励核算，并履行相应的个税预扣缴义务。

项目部核算的要点是与总部构成同一个纳税主体，这一点与分公司、总公司不同。

项目部之间、项目部与总部之间，如果调拨设备物资，不论是否跨县，都不视同销售，因为它是一个增值税纳税主体。但是，物资如果被调到简易计税的项目上，其进项不能抵扣——兼用于一般计税的固定资产除外。

反之，分公司之间、分总公司之间如果调拨设备物资，不论是否跨县，都要视同销售，因为它们在增值税上是各自独立纳税人，属于不同的单位。

采购货物时，发票统一开给总公司，付款时，不论总公司付款，还是项目部付款，本质上都是总公司付款，不影响进项抵扣。

项目企业所得税，应该统一按 0.2%以总公司名义在项目地预缴。反之，如果是分公司，则需要进行企业所得税的分配，跨区域缴纳。

13.3 挂靠的本质问题

挂靠业务在一般计税情况下，风险骤然放大。为正确理解挂靠经营的纳税、核算和风险，下文分别就简易计税与一般计税进行解读。

讲简易计税下的挂靠之前，先分析一下挂靠的法律问题与纳税问题。

挂靠业务本质上是一项“租借资质”的业务，即被挂靠方把自己的资质、名义、法律地位租借给挂靠人，允许挂靠人以自己的名义、资质对外经营，并由自己来承担对外的法律后果。

这行为是违法行为，直接违反了《建筑法》不准转借资质的规定：

“《建筑法》第二十六条　承包建筑工程的单位应当持有依法取得的资质证书，并在其资质等级许可的业务范围内承揽工程。

禁止建筑施工企业超越本企业资质等级许可的业务范围或者以任何形式用其他建筑施工企业的名义承揽工程。禁止建筑施工企业以任何形式允许其他单位或者个人使用本企业的资质证书、营业执照，以本企业的名义承揽工程。”

挂靠业务中，挂靠方与被挂靠方，实际上都已经违法。违法的后果是责令改正、罚款、没收违法所得、降资质、吊销资质等方面的处罚，这些都是《建筑法》明文规定的。

当然，这只是理论上讲，挂靠行为是违法的。真正落实到实务，是否真违法，还必须要以执法机构依法出具的、合法有效的《处理决定书》《处罚决定书》为准。如果企业不服提起诉讼，则以法院判决为准。

那么，面对这个抽象讲属于违法范畴的业务，税务上和会计上该如何处理呢？

会计上，按会计制度与准则的要求，会计核算并不涉及判定经济业务的合法性，不论合法的业务还是违法的业务，会计都应该进行如实的核算，并秉持实质重于形式的原则。

税务上，按相关税法的规定，纳税义务的确认上，除特别的特殊规定外，也不涉及判定经济业务的合法性。不论合法的业务，还是违法的业务，都统一按照税法的要求进行纳税义务的确认。

所以，结论就是，违法与否不关纳税的事，纳税上只按税法规定确认纳税义务。

那么，对于挂靠业务，税法是如何规定的呢？

把握税法对挂靠业务的规定原则，重点理解以下两点就可以了。

首先，如果税法没有专门规定挂靠如何纳税，就按税法的基本原则来处理；其次，如果税法对挂靠如何纳税有专门规定，从其规定。

目前，只有《营改增试点实施办法》对挂靠业务有过明确的规定，这一规定是直接从《营业税暂行条例实施细则》中复制过来的。

“**第二条**　单位以挂靠方式经营的，挂靠人以被挂靠人名义对外经营并由被挂靠人承担相关法律责任的，以该被挂靠人为纳税人。否则，以挂靠人为纳税人。”

此条的原文有点复杂，同时讲了承包、承租、挂靠三种经营方式。本书此处对其进行了简化表述。

按这个规定，挂靠业务之下，增值税纳税义务的判断是：“谁的名义”谁纳增值税。

当然，这只是对增值税的判定。会计核算，还是必须要按会计核算的规定来；所得税，还是必须要按相关税收的规定来。它们并没有增值税这样的特殊规定，所以，按其原则，还是要以事实为依据，进行会计核算、缴纳所得税。

【案例】某建筑公司有一定资质，某施工队挂靠其资质对外承接一项

工程，以建筑公司的名义中标、签订施工合同并提供建筑服务。建筑公司与施工队都是企业，之所以这样称呼两者，是为了更方便读者区分。

另外，甲方是否实际知道这一挂靠关系不予考虑，也不影响相关的财税处理。

为方便计算，假定工程总价 1 000 万元。双方约定，建筑公司在承担的增值税、附加之外，收取 50 万元的管理费。如何判定双方的纳税义务？

首先判定增值税。

这是一个建筑服务。由于施工队使用了建筑公司的资质，以建筑公司名义对外经营，由建筑公司承担法律责任，所以，按《营改增试点实施办法》的规定，建筑业增值税的纳税人为建筑企业。

同时不要忘了，这里还存在另一个业务，就是“挂靠”本身。建筑公司出租了自己的资质，收到了 50 万元的收入，这一业务显然也是增值税应税服务，可以理解为租借资质或者提供中介服务，税率 6%，纳税人也是建筑公司。

也就是说，建筑公司得交两个增值税。一个建筑业，一个是服务业，这并非重复纳税，而是的确提供了两项服务，按增值税政策的规定，其纳税人都是建筑公司。

反之，施工队不交增值税，自然也就不交由此导致的附加税。

然后判断企业所得税。企业所得税问题，主要是指建筑业的应税收入是计入建筑公司，还是计入施工队。本书虽然是增值税的书，但此时也必须要讲企业所得税。建筑业的所得税收入，属于《企业所得税法》规定的“提供劳务收入”，按《所得税法实施条例》的规定，提供劳务收入的定义是：

“**第十五条**　企业所得税法第六条第（二）项所称提供劳务收入，是指企业……从事建筑安装活动……取得的收入。”

可见，所得税法的规定是：谁从事建筑活动，就是谁的收入。与谁的名义无关，其规定是从业务实质的角度定义的。所以，建筑公司虽然签了施工合同、开了建筑发票，但的确没有从事建安活动，所以不能确认其收入。

反之，施工队提供了建安劳务，所以所得税收入是算在施工队头上的，当然相关的成本也是算在施工队头上的。

最后看看会计核算，会计核算必须以实质重于形式为原则，这是《会计准则—基本准则》的要求：

“**第十六条** 企业应当按照交易或者事项的经济实质进行会计确认、计量和报告，不应仅以交易或者事项的法律形式为依据。”

建筑公司与施工队，是两个独立的法人主体，但是，基于他们之间的《挂靠协议》，在这笔挂靠业务上，双方在增值税上有所融合，其他方面依然是完全独立的主体。

按原则进行处理，就是真账，不按此原则进行处理，比如按发票的形式进行处理，就是假账。

如果建筑公司通过建筑合同、发票等法律等形式来作账，因为自己签订了建筑合同，自己开了 1 000 万元的建筑业发票，就直接确认为自己 1 000 万元的主营业务收入，这就是虚开收入的处理，违反了会计准则关于实质重于形式的原则。

这种方式下，建筑公司会计因为确认了 1 000 万元的收入，同时就要确认对应的成本，但由于建筑业务实际上是外单位人员所做，所以会计根本无法正确核算成本，只能通过施工队提供的发票、工资单来列成本，导致成本缺乏真实性，成本虚列，假发票、不规模发票、虚开发票的风险也非常大。

明白了挂靠的本质及处理原则后，应该如何来计算纳税与操作呢？

13.4 简易计税下的挂靠

简易计税下，如果对挂靠业务进行正确的处理，是可行的。

援上例 施工队挂靠建筑公司，承接 1 000 万元建筑工作，简易计算，建筑公司收取 50 万元的挂靠管理费。正确的会计与税务处理如下：

建筑服务不含税收入=1 000 万元÷1.03=970.9 万元

建筑服务增值税=1 000 万元÷1.03×3%=29.11 万元

挂靠服务增值税销项=50 万元÷1.06×6%=2.8 万元

建筑公司累计收到甲方工程款 1 000 万元，向甲方开出自己的增值税发票，销售额 970.9 万元，税额 29.1 万元。由于工程款实际上是替施工队收的，开发票只是基于挂靠下的纳税义务产生，所以，按业务实质，应将其作为往来款处理。

借：银行存款　　1 000 万元
　　贷：应交税费-简易计税　　29.1 万元
　　　　其他应付款-施工队　　970.9 万元

同时，确认扣下的 50 万元挂靠收入，并计销项。同时，应向施工队开服务业增值税发票，价税合计 50 万元。

借：其他应付款-施工队　　50 万元
　　贷：其他业务收入　　47.2 万元
　　　　应交税费-应交增值税（销）　　2.8 万元

对于随增值税缴纳的附加税，纳税义务人也是建筑公司，建筑公司缴纳后计入自己的“税金及附加”科目之中即可。

向施工队转付工程款，因为只是往来，并不涉及成本问题，所以依据挂靠合同直接付款。

借：其他应付款-施工队　　920.9 万元
　　贷：银行存款　　920.9 万元

对于施工队来说，收到 920.9 万元的银行存款，同时取得 50 万元的挂靠发票。另有 29.1 万元是由建筑公司缴纳的增值税，这个增值税与它自己没有关系。合计刚刚收够 1 000 万元。

施工队做账的话，其基本的收入确认金额如下，注意是全额确认，不能扣除建筑公司收取的挂靠管理费，而要把挂靠管理费处理为自己的管理费用。

借：银行存款　　920.9 万元
　　管理费用　　50 万元
　　贷：主营业务收入　　970.9 万元

主营业务成本据实核算即可。

施工队如果通过建造合同核算，工程结算、主营业务收入的总额为 970.9 万元，主营业务成本、工程施工合同成本的金额，则据实确定，差额为合同毛利。

可以看到，建筑工程的所得税，实际上在施工队计算，因为它才是真实的建筑服务提供者。它自己去采购或支付人、材、机的建筑成本。并获得利润。

对于建筑公司来说，这样的核算是完美的，不论是从会计角度还是从税务角度，都无法被挑刺。并且，它还为建筑公司财务部解决了一个大问题——发票。

由于只按差额确认收入，所以建筑公司不需要建筑业的成本发票，当然也包括建筑业的各类劳务费、工资单等凭证。这可在很大程度上规避虚开发票、假发票、假工资单、假成本的风险。这些东西，全部让挂靠方施工队去操心。

当然，施工队如果实在做不好发票工作，也可以不进行健全的会计核算，从而走核定征收的道路，这并不违反税法。无账可查的情况下，税务机关也只能核定征收。如果施工队所有项目都是挂靠，则它不需要进行一般计税。

这种完美处理当然也是有缺点的，前面已讲，一是在账面上显露了挂靠业务实质。但是，从建筑业执法的角度看，认定是否在出借资质，会计账簿并非主要证据，主要还是包括证明挂靠事实的挂靠协议在内的其他证据。二是无法通过挂靠来虚增自己的收入，这对于产值任务难以完成的建筑公司来说尤为重要，为了保资质他们往往需要把这些挂靠的产值都计入自己的收入之中。

所以，增值税管理中，依然有许多建筑公司像营业税时代一样，按开票金额确认收入，让挂靠方找发票列为成本，只是这样的操作是做假账。

那么，如何才是做真账？这就涉及一个新的处理点：能否将挂靠业务变成转包业务来处理？

13.5 营改增后的转包业务

转包，也是建筑法明令禁止的行为。转包与分包的差异，建筑企业不会不知道，如果把挂靠业务变为转包业务，实际上依然是违反建筑法的。把工程分解以后，以分包的名义分别转包出去，也是违法，也是建

筑法明令禁止的行为。

所以，把挂靠处理成转包，并不能解决合法性问题。因不合法的行为，核算出来依然还是不合法的。但是，从会计处理上看，如果通过转包处理，则确实可以增大自己的收入额。因为挂靠是差额确认收入，并且转包、分解后分别分包、把主体进行分包等违法行为，都是按全额确认收入。

在营业税时期，如果建筑公司把工程转包给施工队，给自己留下 50 万元的毛利，希望以此规避挂靠风险，是行不通的。因为这样会被征两次营业税，建筑公司交一次、施工队交一次。施工队的销售额，并不能抵建筑公司的销售额，因为营业税销售额抵减，只针对“分包”，不包括转包。所以，转包税负很重。

营改增后，简易计税模式下，差额纳税抵减的也是分包的销售额不能抵减转包的销售额。所以，如果简易计税，则挂靠转为转包处理，税收负担上也是行不通的。

但是，如果工程项目一般计税的话，情况就不同了。此时不再抵减销售额，而是直接通过增值税专用发票抵扣进项税额。所以，如果一般计税的话，把挂靠业务处理为转包业务，虽然依然是违反建筑法的，但在增值税上却可以正常抵扣了。

当然，这样处理的前提条件是：项目一般计税，挂靠方与被挂靠的施工方都是一般纳税人，能开出 9%的增值税专用发票。

1 000 万元的工程，一般计税，税率 9%，则不含税收入=1 000 万元÷1.09=917 万元，总包方扣除 50 万元收入后，按剩余金额转包给施工队，含税转包额=（917 万元−50 万元）×1.09=945 万元，施工队确认的收入为 867 万元、销项税金 78 万元，开具增值税专用发票后，建筑公司可以抵扣进项。

通过转包的处理，增值税上不会增加税负，也规避了假账的风险，同时保证了建筑公司拥有该 1 000 万元的产值金额。

施工队作为一般纳税人，不能再奢望可以简易计税，所以，它必须要如实核算，尽量取回增值税专用发票，并承担增值税专用发票的相关使用风险。

会计从业人员就是要有这样的核算与纳税态度。正确的会计处理是对经营业务的准确表达。一个涉嫌违法的业务只有进行正确的会计处理，才不会被粉饰和隐瞒，从而有利于接受相关职能部门的监管，同时也规范了增值税的处理，保证了双方履行纳税义务时的确定性。

一般计税下，增值税解决了转包业务的重复征税问题。

那么，一般计税下，能不能继续按正确的会计处理，建筑公司直接按差额确认收入呢？

13.6 一般计税下的挂靠核算

一般计税下，要求增值税销项与进项都在同一个主体进行核算。挂靠业务按《营改增试点实施办法》的规定，由被挂靠方确认销项，所以为正确核算增值税，就需要同时由被挂靠方确认进项，即成本票据中的增值税专用发票要开给被挂靠方建筑公司。同时，增值税专用发票上的成本却依然在挂靠方施工队核算。

对于一张增值税专用发票，进项在被挂靠方抵扣，成本在挂靠方核算，这当然会造成一定的混乱。所以说，实施增值税管理后，一般计税模式下，挂靠业务将变得非常复杂，以至于有观点认为，营改增会从税务上消灭挂靠。

当然，消灭挂靠是建筑法领域的职责，而不是税法的职责。

下面笔者简要讲述一下，一般计税模式下的挂靠核算方式。这一方式在现实中很容易与税务机关产生争议，所以风险很大。笔者讲这个目的，是帮助大家深入认识增值税的规则，看看对于复杂业务、特殊业务我们在增值税上、会计上进行正确处理的思考方法和步骤。

例如，2×××年，施工队挂靠建筑公司，承包一工程，总价1 000万元，一般计税税率9%，施工队是小规模纳税人。挂靠管理费为50万元。

因为施工队是小规模纳税人，所以无法通过转包来变通处理，建筑公司选择差额确认收入，按标准的挂靠业务进行处理。

工程不含税总价=1 000 万元÷1.09=917.4 万元

工程增值税销项=1 000 万元÷1.09×9%=82.5 万元

挂靠服务增值税销项=50 万元÷1.06×6%=2.8 万元

所以，建筑公司应转给施工队的不含税工程总价为 917.4 万元，扣除挂靠管理费后，实际转给施工队的总金额为 867.4 万元。

建筑公司收到甲方工程款后，确认向施工队的负债。

借：银行存款	1 000 万元
贷：应交税费-应交增值税（销项税额）	82.6 万元
其他应付款-施工队	917.4 万元

建筑公司确认自己的管理费收入，并向施工队开票。

借：其他应付款-施工队	50 万元
贷：其他业务收入	47.2 万元
应交税费-应交增值税（销项税额）	2.8 万元

此时，施工队最多可以取得 867.4 万元的现金，外加 50 万的发票。相比于 1 000 万元的含税总额，此金额确实太低。施工队的现金流入，取决于其取得的增值税专用发票。通过增值税专用发票上的进项税额，从建筑公司扣下的 82.6 万元销项中报销回来。

所以，施工队在采购时，也应该以被挂靠方建筑公司的名义去取得增值税专用发票。这些采购，既可以直接委托建筑公司去付款、取票，也可以自行采购后，让对方开建筑公司的增值税专用发票，再转交给建筑公司。

一般计税的要求就是这样的，成本的增值税专用发票，必须要开成被挂靠方建筑公司的抬头。

那么面临的第一个问题就是，这些增值税专用发票，算不算虚开？

判断增值税专用发票虚开的标准，就是“发票内容”与“业务实情”，是否相符，只有这一个唯一的标准，除此之外，其他的判定都不是法律的规定。

成本发票的内容是：显示建筑公司向供应商采购了产品或服务。

采购业务的实际情况是：施工队以建筑公司的名义向供应商采购了产品或服务。

可见，两者是一致的。

为什么施工队能以建筑公司的名义去采购？因为双方建立了挂靠关系，从法律上看，本项目中施工队与建筑公司成为了一个主体，施工队行为的法律后果都由建筑公司来承担。

所以，挂靠模式下，发票内容与采购业务的实质是相符的。发票不属于虚开。

当然，实务往往比理论更复杂，例如，实务中就这样的风险：在挂靠模式下，施工队往往需要以建筑公司名义去办事、对外签合同等，经常会找建筑公司盖章，为图方便，甚至有可能自己私刻，由于经办人本身得到建筑公司的授权，构成表见代理，供应商完全无法区分，现实中我曾遇到好几例。这种情况的风险如何？

私刻公章是犯法的，公安机关坚决打击这一行为。但我们要知道的是，盖了萝卜章的合同有没有效力？基于这些合同开具的增值税专用发票算不算虚开？

法律的问题都必须实事求是，从据实的角度看，不论萝卜章与否，都不影响合同所对应业务实质的真实性。这些合同，如果被建筑公司追认了，当然就是有效的。但实际上不需要考虑追认，判断增值税专用发票虚开与否的标准，并不由合同决定，其唯一的标准依然是：发票内容与实际的采购业务是否一致。不一致才是虚开。

只要能够证明存在挂靠关系，则业务与发票就是一致的。

解决了虚开问题，再考虑抵扣问题。

这些增值税专用发票，可能是建筑公司直接向供应商支付的，也可能是由施工队支付，但建筑公司向施工队支付了进项税金，所以，增值税专用发票上的进项税额都是建筑公司“支付的”，按《试点实施办法》的规定，支付的进项税金就是进项税金。

只要发票开具正确，供应商作为开票方实际收取了货款，则发票就不属于不得抵扣之列。这就是税收法定的思想，没有规定不能抵扣的，就可以抵扣。

一旦取得增值税专用发票，则建筑公司就把对应的增值税进项税金付给施工队。如果施工队采购中不能取得增值税专用发票，则无法从建筑公司取得税金，建筑公司按销项全额交税即可。由于税款已扣下，所以，对建筑公司来说是旱涝保收的。

例如，工程采购混凝土一批，含税价 117 万元，税率 13%，取得建筑公司抬头的增值税专用发票。

如果由建筑公司付款，则冲减往来，并确认进项：

借：其他应付款　　103 万元
　　应交税费-应交增值税（进项税额）　　13 万元
　贷：银行存款　　117 万元

实际付了 117 万元，但冲减的应付款是 103 万元，即进项税额由建筑公司承担，建筑公司当然可以抵扣自己支付或承担的进项税额。

如果由施工队付款，则向建筑公司报销时，依然是以上分录。

如果之前，施工队已转走了全部工程，现在取得增值税专用发票，建筑公司直接支付对应的进项税金给施工队，并只对进项税金进行处理。

借：应交税费-应交增值税（进项税额）　　13 万元
　贷：银行存款　　13 万元

通过以上处理，项目成本中的所有可抵扣票据都是建筑公司名义，并由建筑公司取得，销项与进项得到了统一，增值税核算就正常了。

其他方面的处理，尤其是收入确认方面，与前节简易计税下是一样的，建筑业会计收入与企业所得税收入都由施工队确认，并且是全额确认。

那么施工队的成本呢？

工程成本在施工队核算，但其中增值税专用发票却全部在建筑公司，施工队有两个办法，一是用复印件入账，企业所得税与增值税不同，其税前扣除并没必须要发票的规定。二是核定征收。施工队纵然是一般纳税人，但如果只做挂靠的话，就不会涉及增值税销项，也不使用增值税专用发票，所以进项能不能抵扣、能不能使用增值税专用发票，也就不重要了。

以上就是按挂靠进行真实的会计处理的过程，可以看到，在发票开具、增值税专用发票取得、进项抵扣、成本列支等方面，都显得比较“另类”，但实际上都是合于税法的，只不过，不容易得到大多数会计人员和税务人员的理解。

13.7　注意，这是假账！

基于种种原因，实务中许多企业，对于挂靠业务，一律视为自己的业务进行处理。其要点是：

公司既然对外签订了合同，开具了发票，收了工程款，承担了法律责任，则说明建筑服务是公司提供的，就要确认为公司自己的收入。完全以业务法律形式进行会计处理，这违反了《会计准则-基本准则》关于实质重于形式的规定。

这样的处理，公司按全额确认为自己的收入，挂靠业务的产值在会计上也成为了公司的产值，当然，该挂靠业务的成本，就是成为了公司自己的成本，所以，就会要求挂靠方提供发票，来收取工程款。

这样，就把挂靠业务，包装成了自营业务，隐瞒了挂靠。

这样操作的最大风险，就是会计对于项目的核算是失控的，由于挂靠关系是外部合作关系，所以，会计难以把握项目的成本结构、成本开支、成本票据，尤其是票据的真假问题。

挂靠方为了足额套回工程款，往往会提供不真实的发票、工资单，不仅将成本款套走，还能把项目毛利也套走，被挂靠方会计难道以进行把控，凭证册里一大堆真假难辨的发票，自己也觉得头疼。

营改增前，由于税务机关可以通过代开发票，将企业所得税、营业税、附加、个人所得税等以核定征收的方式一并收干净，所以会计反倒落得清闲，风险不大。

增值税下，所有税不再由税务机关核定征收，而是企业自行核算、计算、申报，于是少缴税的风险就出现了，当然，还包括虚开发票的风险。

当然，如果挂靠方非常正规，或者挂靠方与被挂靠方本身就是母子关系，或者隶属于同一个集团，那么会计对挂靠业务是可以控制的，这种视为被挂靠方自己业务的处理方式，在发票与成本上的风险，就比较小了。

比如，某公司有一级资质，但目标项目需要特级资质，而恰恰其母公司就是特级资质，于是，该公司就借用母公司资质，以母公司名义中标、签订合同，这就是一种可靠的挂靠模式。

但是，不论如何可靠，将其作为母公司业务核算，都是造假，而造假就难免有风险。

实际上，税务总局也在帮助一些企业解决这类问题。

税务总局曾有规定：“建筑企业与发包方签订建筑合同后，以内部授

权或者三方协议等方式，授权集团内其他纳税人（以下称“第三方”）为发包方提供建筑服务，并由第三方直接与发包方结算工程款的，由第三方缴纳增值税并向发包方开具增值税发票，与发包方签订建筑合同的建筑企业不缴纳增值税。发包方可凭实际提供建筑服务的纳税人开具的增值税专用发票抵扣进项税额。”——国家税务总局公告 2017 年第 11 号

这个规定表述虽然比较拗口，没提转包与挂靠，但应用起来就会发现，其所针对的业务，也适用于转包或挂靠。

如上例，母公司与甲方签订合同，实际上由子公司做，这业务形式与转包、挂靠是一致的。但是，如果发包方可以收取子公司的发票，由子公司纳税，相当于修改了《营改增试点实施办法》第二条关于纳税人的规定，允许将实际提供服务者作为纳税人处理。

但是，这样做的前提是甲方同意收取子公司的发票，相当于认可了子公司的承包地位。仅当甲方敢于、愿意这样做时，才能这样做。如果甲方不敢这样做也无法解决问题。

第 14 章　发票及其风险

发票是会计人员天天打交道的东西，但大多数人并没有真正弄懂它到底是什么东西，是怎么回事。

本章首先简单分析一下发票是什么东西，再具体分析建筑业营改增后的发票风险。

14.1 税务的凭证

如果硬要给发票一个定义，那就是税务机关管理的一种立法的凭证。

发票有两个特点，一是立法，是一种立过法的凭证，有法律法规进行规范；二是由税务机关独家管理，这也是法律的规定。

《税收征管法》授权由税务机关管理发票，授权国务院制定发票的管理办法。

基于这个授权，国务院制定了《发票管理办法》（587 号国务院令）。由于发票由税务机关独家管理，所以税务机关也制定了一系列关于发票使用的规定。

可以从以下几点来理解和把握发票：

1. 发票是税务机关管理的凭证

地方政府、财政部等其他部门或其他企事业单位，都不能制定关于发票使用的规范，也不能管理企业的发票使用。

发票的使用方法、使用范围，只能由税务机关来规定。《发票管理办法》规定：任何单位都无权扩大发票的使用范围。

这一点在现实中执行得并不好。比如，办理银行按揭手续时，有些银行要求必须提供开发商预售的发票。这样的要求是违法的，因为银行或金融系统，都无权把发票的用途扩大到他们自己的业务之中。《发票管理办法》规定：任何单位和个人都不能扩大发票使用范围。而发票的使用范围只能由税务总局来规定。

之所以如此，是因为发票与其他收据、收条不同，它是立了法的凭证，法定怎么用就必须怎么用。

2. 发票是有法律依据的凭证

为一个凭证立法，目前只有发票。

其他如财政收据、罚款收据、社保收据、土地出让金收据、行政事业收据等，虽然名字听起来很“高大上”，但跟企业的普通收据是一样的，都没有单独立法来规范和保护。

举个例子，一张收据，包括财政收据、土地出让金收据、公司收据、社保收据、罚款收据、完税证据等，如果弄丢了怎么办？

当然是找复印件、补开或者出证明等，怎么都行。

但是，发票不行。发票丢了要罚款，要登报。自己把自己的东西弄丢了也要被罚款？是的，这就是发票的特点，与其他所有凭证都不同。

从立法的角度看，可以把会计原始凭证分为两类：发票和非发票。

所以，发票使用，必须严格依法。比如，销售业务中，如果客户不要发票，开还是不开？必须开！

因为这是《发票管理办法》的规定，要不要发票是客户的事，开不开发票是销售方的事。如果不开，不论你是否对此收入如实申报纳税，都是违法的，面临1万元以下罚款的风险。

反之，采购业务中，企业可不可以不要发票？必须要取得发票！

因为这也是《发票管理办法》的规定，所有单位和从事生产经营的个人，采购时都必须要取得发票。如果没有取得，就违法了，只是没有罚款的后果。但如果因此导致对方因此而少缴税，则有被罚款的风险。

但是，自然人的消费行为没有取得发票的义务，所以自然人在日常

生活中，完全可以不要发票，没有违法风险。税务机关只是通过中奖的方式吸引自然人取得发票。

所以，发票的使用，必须要严格依法，并按法律法规的规定，判定相关的风险。

开票是履行开票的义务，收票是履行收票的义务，都是履行法定遵从义务的行为。有些人认为，自己付了钱，就有权力取得发票，对不起，没有谁有权力取得发票，《发票管理办法》对此没有授权，大家有的只是义务而已。对拒不开票的行为，就算举报到税务局，税务局也只能对其不开票行为进行罚款、甚至没收其发票，而无法强迫或代替对方开出发票来。

3．发票与纳税义务有辩证关系

发票是税务机关管理的凭证，其最大的作用就是服务于税收的征管，所以实务中，一些非财务人员会称发票为“税票”，也是有一定理由的，因为外行看发票，主要凭感觉，感觉到有发票就可以少缴税，所以称税票。

但是，财务人员作为专业人士，必须要把握好发票与纳税义务之间的辩证关系。

纳税义务不是由发票决定的，纳税义务是由税法规定的，即纳税法定。

所以，如果税法明确规定发票决定纳税义务的，则发票会影响纳税义务。比如增值税，《营改增试点实施办法》明确规定：进项税额是发票上注明的金额，所以，没有发票就没有进项税额；又如，先开发票的开票时纳税，所以，一旦先开发票就产生增值税纳税义务。这就是发票决定纳税义务，它必须要有基于税法的明确规定。

反之，如果税法没有明确规定发票决定纳税义务，则发票不应影响纳税义务。比如企业所得税，法律、法规、税务总局规则，都没有规定开发票要计入收入，除了针对房地产开发企业的计税成本进行了唯一的以票控税规定外，其他所有行业也没有规定无发票不得扣除。所以，企业所得税上，发票决定纳税义务的做法就是不合法的。

这就说明不同税种下，发票的效力完全不同。

比如，增值税上，税务总局可以直接规定某些情况下进项“不得抵扣”。但企业所得税上，就算税务总局想规定无发票不能扣除成本费用，也没有这个权力，因为企业所得税第八条规定：满足真实性、相关性、合理性就可以扣除，其他原因不让扣就是违法的。所以，对于无票成本，税务总局最接近不得扣除意思的一个规定也只能是“不得在发生年度扣除”，就是说，否定的只是权责发生制。

我们必须要把握这个辩证关系，正确认识发票对纳税义务的影响。

4．开票与收入确认的关系

开票与企业收入的确认之间，没有必然的关系。

除了特殊规定外，是增值税纳税义务决定发票开具，而不是发票开具决定纳税义务。

所以，许多建筑企业在营改增后，面临一个历史风险问题。试点前没有开票、没有纳税，现在怎么办？

试点前，大家采取的纳税方式是不合法的，就是“开票纳税”，也就是说，不开票就不纳税。税务上对此的管理也相对粗放，导致建筑业营业税完全跟着发票走。

虽然到了收款时间，但只要没有收到款，就不开票，不开票就不交税——包括营业税和企业所得税。如果一直不营改增，就一直没有问题，什么时间要收钱了，再去开票交税就行了。

只是从法律上讲，企业已经少缴税了，被查到除了补税外，还有滞纳金和罚款。因为纳税义务时间不是开票时间决定的，反而是开票时间由纳税义务时间决定。

而在增值税管理中，情况就有点复杂了。

如果依然在收到款时开票、交税，当然就只能交增值税了。但如果未来税务局查 2015 年、2016 年的营业税，则可能认为到达纳税义务时间了没有交税，从而可能导致滞纳金和罚款。

如果补营业税呢？此时补营业税，当然说明就是延迟纳税，滞纳金就产生了，要一同补。

14.2 开发票与代开发票

有些会计和个人认为，供应商销售了商品就应该开发票，自己也有

权力要求对方开票。这个观点前半部分是对的，后半部分是错的。

从法律法规的角度看，开发票与收发票都是一项义务，并非一项权力。采购时，我们并没有权力要求供应商开发票，开票与收票都是供销双方的义务而已。销售方不开票违法，除自然人外的采购方不取得票违法。

法律法规仅仅授予采购方，对于不合规的发票有拒收的权力。即，如果发票有问题，你有权不收。当然，如果发票没有问题，连拒收的权力也没有，弄丢了是要罚款的。

一般纳税人可以自行开具发票，既可以开增值税专用发票，也可以开增值税普通发票。纳税人只要产生了增值税应税收入，就必须开发票，不论这些收入是不是主营业务收入，也不论这些收入的业务是否在工商执照之上，甚至不论这些业务本身有没有违法的嫌疑。

建筑公司，主营是提供建筑服务，开 11%、10%、9%的增值税专用发票和普通发票是正常的。不论建筑公司的营业执照上的经营范围是什么，开货物销售发票、水电销售发票、设计服务发票、咨询服务发票、住宿服务发票、加工发票等都有可能，其税率、征收率都只与业务有关。开票的前提只有：确认发生了以上应税行为。

小规模纳税人的征收率为 3%或 5%，原则上只能开增值税普通发票。营改增后，包括建筑业在内的几大行业的小规模纳税人可以自开增值税专用发票。目前共涉及七大行业，未来的范围也有可能放得更宽。

以上是自开发票的规则。自开发票的行为本身不需要税务机关许可，税务机关只是对最高开票限额有许可的审批权，这也是税务机关为数不多的审批权力之一。

如果纳税人无法自开发票，则可以要求税务机关代开发票。纳税人无法自开发票，包括各种各样原因导致的，比如因为严重税收违法，被税务机关收缴了发票或者锁了开票系统等，只要是无法自开，就可以找税务机关代开。

代开发票时，按现行规则，如果一般纳税人，只能代开增值税普通发票。如果是小规模纳税人，既可以代开增值税专用发票，也可以代开增值税普通发票。注意一点，除出租不动产之外，未办理税务登记的自然人，不能代开增值税专用发票。

代开的基本原则是，先交税，然后提交自己的登记身份信息，提交证明业务发生的证明，比如合同，就可以代开。

当我们向一些个人采购时，或者在偏远地方采购时，可能对方无法开票，此时就应该去税务机关代开。有些销售者为了推脱开票责任，往往表示税务不给代开，或是代开金额超标等，这些都是没有法律依据的。税收政策没有为从税务机关代开发票设立限制性规定。

代开本质上是一项服务，帮助纳税人在无法自开发票时履行开票义务。所以，税务机关不能预先审查业务与合同实质上的真实性，也不能为代开设立限额，只要提交了相关资料、提前交了税，就必须代开发票。

14.3 虚开发票的风险

发票的各项风险中，虚开发票的风险最大，尤其是虚开增值税专用发票，是最大的涉税风险之一，后果可能比偷税、抗税还要严重。

虚开发票打击的，不仅是开出虚开发票一方，还包括收票方、中间介绍方等，整个链条都处于打击面之下。虚开如果是单位行为，则其中的转进项、滞纳金、罚款、罚金、没收等由单位承担，如果构成犯罪，由负责人或直接责任人承担。其中直接责任人，不仅限于财务会计人员，还包括实际上的涉案人员。虚开的案子，出了事，尤其是大事，往往会牵涉许多人。

按《发票管理办法》的规定，“虚开发票，**由税务机关没收违法所得；虚开金额在1万元以下的，可以并处5万元以下的罚款；虚开金额超过1万元的，并处5万元以上50万元以下的罚款；构成犯罪的，依法追究刑事责任。**”

其中什么是构成犯罪的标准呢？

按《刑法》205条的规定，“**虚开增值税专用发票或者虚开用于骗取出口退税、抵扣税款的其他发票**”的，直接构成犯罪，最高刑期是无期徒刑。

按《刑法》的规定，最高刑期无期徒刑说明，虚开增值税专用发票的追溯期是20年，一张虚开的增值税专用发票，要躲20年才能免责，

足见其风险有多大。

虚开增值税专用发票犯罪，金额上本身没有门槛。但按最高人民法院的司法解释，如果虚开税款金额 5 万元以上，则可以追究刑事责任。以 13%的增值税专用发票为例，税款 5 万元说明销售额为 38 万元，价税合计为 43 万元，就达到了刑事责任的最低追溯界线。

建筑企业所涉及的金额都是非常大的，43 万元根本就不能叫门槛，所以要把防虚开作为一项重要的涉税安全工作来抓。

至于虚开其他发票，情节严重的才构成犯罪，具体情形为：累计虚开金额 40 万元或者一百张，后果是处两年以下徒刑；特别严重的，二至七年徒刑。其中严重与特别严重的标准主要看法院的掌握了，一般来说，取决于次数、金额、数量、手段、持续时间、涉及范围、所遗后果、是否多次被处理等。

相比较而言，虚开普通发票的后果要轻一些，最高七年，说明虚开普票的追溯期为 10 年。

如果公司虚开农产品收购凭证、虚开农产品销售免税普通发票，这些两类发票虽然属于增值税普通发票，但因为开具它是为了抵扣税款，所以被查处的话，刑事责任方面是按虚开增值税专用发票来处理的，所以风险很大，不能以为只是普通发票而掉以轻心。

当然，如果虚开上述发票后，受票方不是用于抵扣进项，只是做进成本，则刑法上应该适用于“其他发票”，情节严重才构成犯罪。

虚开增值税专用发票，是办税中的一条高压线，凡是接触到增值税的人，都会对这根高压线心怀敬畏，但却也防不胜防。

有一家企业在某落后山区做工程，修路，需要就地采购沙石，但沙石都被当地人垄断，而有些卖家根本没有税务意识和法制意识，拒不开发票，加钱也不开，索要发票就不与你合作，敢从内地采购后运进来就让你开不了工。怎么办？

一个办法是找税务机关代开，自己贴税钱。但对方连身份证都不给你，如何代开？以自己的名义或者找另一个人的名义的去代开行吧？

注意，这样就构成虚开了！

是的，哪怕从税务局代开，也涉嫌虚开。因为发票上的销售方不是实际的销售方，说明发票内容与实际业务不符，就是虚开。这样一代开，实际上就把风险搞大了。没被查到算侥幸，查到就有罚款甚至坐牢的风险。由于建筑业开票金额一般很大，就算是代开增值税普通发票不用于抵扣，也有很大的犯罪风险。

我们一定要知道，一件错事，被查出来的概率大小是一回事，其本身的风险与性质是另一回事，不能认为被查出的概率只有 0.01%就不算违法，也不能认为大家都这样就不算违法，更不能认为没有更好的办法就不算违法。

那么，怎么办呢？

最简单的办法就是“不开就算了”。

另外，最好留下向对方索取发票的证据。由于缺失了发票，所以需要把该批沙石的采购情况、成本定额、使用情况进行更为完善的记录，以确保所得税扣除时的真实性、相关性与合理性。至于增值税，无票就不能抵扣，相当于把这批沙石买贵了一点。

支付沙石款时，就算对方是个人，由于是从事生产经营的个人，所以不需要扣缴个税，没有发票，就实事求是地不用发票入账。

建筑业虚开的一个灾区是劳务发票，因为劳务票看起来成本低。派遣公司差额纳税，只需要 2%甚至 1%的管理费，就可以开出劳务发票来。一定要注意，在没有实际派遣业务时，这一行为的实质就虚开，如果金额过大，就会涉嫌犯罪。

比如，曾经查到某公司，在没有实际派遣业务的情况下，支付 20 万费用，开来 1 000 万元的劳务费增值税普通发票，金额远超 40 万元的红线，结果被移送公安。

有意思的是，如果是增值税专用发票，反倒还没有达到刑事线，因为差额纳税下税负太低，1 000 万元中工资占了 980 万，管理费仅有 20 万元，增值税款不足 1 万元。

注意：

不论是否虚开普通发票，企业所得税上能否扣除？

这关键是看开支本身的真实性、合理性、相关性能否得到确认。如果得到确认，还是可以税前扣除的。但如果得不到税务稽查人员的认可，则税务人员有权进行核定。既可以对全部所得税核定征收，也可以对具体的这项成本金额进行核定。关于企业所得税的扣除问题不在本书讲解之列，大家可以参看笔者编写的《手把手教你做优秀税务会计》或《税务稽查应对与维权》。

以前，增值税专用发票的风险离施工企业会计很远，远得仿佛可以不管，试点后自己就踏上这条危机四伏、荆棘遍布的道路了。

14.4 虚开发票的判别

当一些发票被税务稽查或者公安经侦质疑为虚开发票时，该怎么办呢？

首先是不能慌，不论公安还是税务，谁主张谁举证，谁说你虚开，谁提供证据。我们首先要知道什么是“虚开”，要做到胸中有数。不是谁说你虚开就是虚开，这个概念是有法定定义的。

《发票管理办法》是这样定义虚开的：

“第二十二条

任何单位和个人不得有下列虚开发票行为：

（一）为他人、为自己开具与实际经营业务情况不符的发票；

（二）让他人为自己开具与实际经营业务情况不符的发票；

（三）介绍他人开具与实际经营业务情况不符的发票。”

按这个定义，虚开发票指的是发票内容与实际经营业务情况不符。所以虚开的把控，必须紧扣两样东西：发票的内容、实际经营业务情况。这两个不符，就是虚开，否则就不是虚开。

【案例 1】公司发销售提成，要扣个税，于是有员工找到自己汽车加油的发票报销提成，报成油费入管理费用，这样就可以少缴个税。这个加油发票，算不算虚开？

是的，显然不是虚开。因为这张发票是加油站卖油时开出来的，实际发生了加油的业务，并与之相符，所以不是虚开。虚开发票关键是一个“开”字，是指开出来时，与实际业务不符，而不是用的时候没有用对地方。

这是乱用发票的问题，是舞弊。隐瞒个税扣缴义务，虚增油费开支成本，所以最多是个补税罚款的事。虽然也是风险，但与虚开相比，就是小巫了。

【案例 2】过年了，去商场购买一批购物卡，商场开出了“办公用品”的发票，甚至还打印了清单。这个发票，是不是虚开？

问一问，是否实际购买了办公用品呢？没有。

那么，这就是典型的虚开。因为销售购物卡时，商场并没有实际销售东西，并没有商品被转移所有权，而只是一项预收行为。所以不存在销售的问题，发票内容与实际业务情况不符，就算虚开。

实际上，这种情况因为没有发生增值税纳税义务，所以，商场不能开发票。只有待未来消费者持卡去实际购买时，才有实际销售业务发生，商场才能向实际购买者开销售的发票。

税务总局对于购买购物卡这种行为，专门打补丁做了一种新发票——预付卡发票：未发生增值税应税行为不征增值税发票，让商场可以开这种发票，开了不交税。

注意：税务只是规定“可以开”，并没有说必须开。商场也可以不开发票，因为没有销售发生就没有开票义务，没有开票义务就完全可以不开票。但总之不能虚开发票。

【案例 3】采购五台电机，对方开出增值税专用发票，业务真实。但是，供货商并没有取得这五台电机的增值税专用发票。于是，他们找第三方虚开了这五台电机的增值税专用发票自用。现在被税务查处了，我们收到的这五张增值税专用发票，是不是虚开？

纳税时，除非有特别专门的规定，一个纳税人不可能为另一个纳税人的违法行为负责。

首先，供应商没有进项，是完全可以开出销项发票来的，两者没有

依存关系。只是在金三系统强大的计算能力下，税务会比较容易发现这一情况，但从法律角度讲，不能说没有进项，就不能开销项。

金三系统只是计税机系统，不是法律。金三系统设置如果不合法，必须修改其设置，而不能以计算机系统代替法律。

其次，供应商虚开增值税专用发票，是供应商的违法行为，与购入方没有关系。

最后，以上两点，实际上只是帮助分析问题，并非解决此问题的关键。因为实务中这种错误认识还比较盛行，所以笔者针对这些错误认识进行一个分析。

不算虚开的核心理由是：发票内容与实际业务相符。

只要发票内容与实际经营业务情况一致，就不是虚开的，其他的所有因素一律免谈。本例，这五台电机交易如果是真实的，就不是虚开。

那么，我们如何证明发票内容与实际业务相符呢？

笔者的回答是，不用证明。

这是税务人员与公安人员的工作和职责，由他们来证明与实际业务“不相符”。

就是说，在认定虚开的事实中，与业务“相符”不需要证明，“不符”才需要证明。

实务中，税务人员、公安人员如果要求企业提供证明业务真实性、相符性的证据资料才能自证无责，是没有法律依据的。

（1）一个业务或一张发票，如果纳税人无法证明其真实，执法人员无法证明其虚假，就不能得出法定的行政或刑事责任结论。按《税收征管法》的规定，此时，税务机关的权力仅仅是核定征收税款。

实务中，税务人员甚至税务总局的文件，都可能有要求纳税人提供业务真实性证据的情况。这只能理解为是为了提高解决问题的效率之举，而非法定的判定虚开标准。

不过，如果纳税人能够找到自证清白的证据，证明发票内容与交易实际相符的证据，的确也可以提高解决问题的效率，减少麻烦。

（2）简言之，当被质疑虚开发票时，纳税人的办法是：首先去证明业务与发票内容“相符”；如果证明不了，就坐等执法人员来证明它们

“不相符”，然后再对其证明进行质疑和挑刺。证明“相符的”难度并不比证明“相符”的难度小。

贴士：

Q：哪些情况下，我们要为别人的违法行为负责？

A：必须是在有法律、法规明确规定的情况之下，我们才能为别人的违法行为负责。

Q：能举个例子吗？

A：比如，因为违反《发票管理办法》，导致其他纳税人少缴税，则可以对你处对方少缴税额1倍以下罚款。要点有三点：①你违法；②对方少缴税；③前两点有因果关系。

注意，不是让你补税，而是罚你款，税款还得由少缴税者自己补。这是《发票管理办法》的明文规定。

另外，比如把自己的银行账户借给别人走账，导致别人少缴税，也可以被处以对方少缴税额1倍以下罚款。这是《征管法细则》的规定。

【案例4】购入五台电机，供应商采购入的电机，其增值税专用发票上的规格是AB-10-11，但开给你的发票上，规格是AB-11，这个算不算虚开？

这个不能一概而论。关键是从相关的技术文件、国家标准、行业惯例、企业产品资料等角度，判断采购的是不是AB-10-11电机，销售的是不是与AB-11电机。如果是，就不是虚开；反之就是虚开。

总之，不能仅仅根据进来的票与出去票上，在名字、规格有所不同，就认定为虚开，这是毫无根据的。

本例来说，如果执法部门能证明，其采购的电机，不是发票上的规格，则说明其采购票虚开；如果执法部门能证明，其销售的电机，是不是发票上的规格，则说明销售虚开。但不能根据其不同，就认定“至少必有一个虚开”，因为认定虚开是严肃的执法行为。

比如，不同规格是不同行业、不同企业间对同一种产品的不同规格定义，又如AB-11是简写，等等，就无法认定为虚开。

曾经一个更荒唐的例子是：公司采购的增值税专用发票上的名字是“轮胎”，销售出去的增值税专用发票上的是“汽车轮胎”，竟被指责为虚开增值税专用发票。哪有这么轻巧的事。

仅从这一点上，完全不能认定虚开。因为虚开不是用进来和出去的票比，而是拿发票和业务实际比。只要无法证明：买进来的不是轮胎，就不能认定进来的票虚开；如果无法证明：卖出去的不是汽车轮胎，就不能认定出去的票虚开。

实务中，可能会存在执法人员简单执法的情况，但企业必须要建立起正常判断的态度。

【案例 5】购入五台电机，供应商收款、开票、发货，都很正常，但供应商没有纳税而逃走了，联系不上了。这张发票算不算虚开？

同前例的道理，这不算虚开。因为虚开与否，只能看发票内容与实际业务是否相符。如果发票内容与经营业务相符，就不算虚开。对方是否纳税，不在评判要求之列。

本来证明虚开是需要税务机关提供证据。但是，这种情况下，税务很有可能不直接认定这张发票虚开，而是认定其为“失控”发票，从而被税务系统给“暂时”不能抵扣。

这一暂时可能会暂时很久，法律没有制约其期限。所以，遇到这种情况目前没有特别好的办法。关于失控增值税专用发票的处理，第 5 章有专门的讲解。

【案例 6】与甲公司签订合同，从其购入五台电机，甲公司开了增值税专用发票，但却要求货款付给乙公司，并出具了“委托收款书”或“转付款指令”，这发票算不算虚开？

前述“委托收款书”或“转付款指令”，涉及的是债权的转移事项，当然需要对方盖公章。

按《合同法》的规定，债权债务是可以转移的，是正常的经济业务。《合同法》同时规定，债权的转移，不需要债务人同意，只要通知债务人即可。如果债权人命令你向第三方支付，除了提前偿还外，你甚至没有拒绝的权力。

是否是虚开呢？

注意：仅从以上情况，谁也不能判断是不是虚开。有人拿这个问题问我时，我都是这样回答：“如果你所说的是真的，就不是虚开。”

虚开与否，不能从业务的表面来判断，不论是税务的行政处理，还是公安的刑事处理，都不能只看表面，必须要看实际的交易、真实的业务，其内容是否与发票内容不一致。

这个问题就是，如果交易的确是向甲采购，则不是虚开。采购后完全可以不付款并形成负债，这并不构成虚开，因为发票上并没有货款付讫的信息。虚开与否，必须看实际交易情况。采购后债务的转移与偿付，是第二个业务，与前面的采购业务无关，不影响虚开的判断。

坚持的原则就是：谁主张、谁举证。看实际业务。

大家如果明白了这点，实际上也就明白了，如果通过汇票背书转让的方式付款，并不会导致虚开发票。

办税，就是要学会区分真伪知识，澄清认识误区。这一技能的核心就是建立起税务规则意识，把握住了增值税、发票的规则，就能处理新出现的问题。

比如，建筑公司洽谈一建筑业务，客户是甲、乙两家企业合伙经营房地产开发，两家企业投资比重为60%与40%，建筑合同则三方共同签订，甲、乙公司是甲方，建筑公司是乙方。

现在，甲、乙两公司要求，未来建安发票，应该按比例分别开给他们双方。未来，工程款可能部分由甲支付，也可能部分由乙支付。

这样开票行不行？如果只开给一家，另一家却付了工程款，有没有风险？

这就是一般教课书上不可能写的东西。它属于突发的、少见的业务，不仅是会计，税务人员遇到也往往一头雾水。

要解决问题，就必须建立税务规则意识，把握风险与处理的根源。

因为进项能否抵扣、成本能否扣除，这是两个甲方自己的问题，与建筑公司无关。对于建筑公司而言，所开出的发票，是作为别人的成本与进项凭证，不关自己的所得税、增值税计算。所以建筑公司实际上是比较超脱的。这个问题的风险仅仅是：这样开票算不算虚开？

虚开与否，只能看“实际业务”，甚至不需要去关心这个实际业务

是不是合法的，是不是规范的。我们只关心这个实际业务是不是真实的。

甲、乙共同开发，是否进行了共同立项？

这样的问题不需要深究。如果应该共同立项，而未共同立项，是甲乙两公司立项工作的失误而已，有关部门自有管理，与建筑企业的纳税、开票无关。

所以要关注具体的业务，比较重要的证据就是合同：合同上是否显示为两个合同建设主体？两个合同建设主体的投资比例是否是6∶4？实际支付工程款及具体业务是否匹配等，会计从中就可以判定，自己的发票开具是否是虚开的了。

至于立项主体、土地使用权归属等，都不是确认业务的关键，实际业务一般通过实际的证据来把握，就连合同也只能算是证据之一。

所以，未来税务稽查或者公安人员要认定发票虚开，必须要证明，业务实际上是与甲一家做的、与乙无关，或者业务具体的金额比例不真实。否则，就无法定性发票虚开。

只要不能被公安证明虚开，就不算虚开。

这个例子，只要不能被认定虚开，建筑公司就没有任何风险。这就是思考问题与处理的方法。所以在业务谈判时，就应该尽量保证相关证据的齐全，比如：合同如何签、让对方提供其合作投资的文件、确定具体投资比例的计算、确认未来工程款支付的比例问题，并对双方是否互相负有连带工程款清偿责任等进行明确。

只要业务无法被证明是假的，发票就无法被认定为虚开的。

那么，如果一张增值税专用发票，真的被税务或者公安证明是虚开的，比如，对方招认是虚开的，又该怎么办呢？

这时救命的稻草就是“善意取得”。

14.5 救命的稻草

什么是“善意取得”呢？

税务总局局曾有文件，定义了什么是善意取得虚开的增值税专用发票。核心是：存在真实交易、不知道是违法取得。——国税发【2000】187 号、国税函【2007】1240 号等，大家可以参考，但不能陷进去。

实际上，这些只应该理解为是税务总局举的例子和进行的一类个案指导。善意与否不是来自于税务总局的某个文件规定，而是一个事实的证明。

即事实是善意取得的就是善意取得，事实不是善意取得的就不是善意取得。

如何理解善意取得呢？

形象地说，就是“被骗了”。如果公司被别人骗了，公司就是善意取得；如果公司知道，但会计被别人和公司骗了，会计就是善意取得。——虚开既打击公司，又打击个人。

当然，证明被骗是需要证据的。如何证明呢？

核心理由就是：①不知道是虚开；②不应该知道是虚开。

所谓不知道，就是自己不知道，被蒙在鼓里。如果有证人证明你知道，当然就无法构成善意了。

所谓不应该知道，就是自己尽到了一定的审查义务（但不是无限的审查义务），在自己应该具备的职业判断能力与客观条件之内，的确没有发现是虚开的。

以前会计要持证上岗，可以硬说你有相当的水平，因为你学习过、考过试，所以有一定审查能力。现在不持证上岗了，如果自己真的没有一定的会计能力却谎称有能力而当上了会计，也只是公司存在用人不当的问题，这个问题的严重性远小于虚开发票，看来，会计证取消后，审查义务解释起来比以前要好一点点了。

【案例】一家物业公司收物业费，业主拿来租赁合同和甲公司的执照复印件，说房子租给了甲公司，要求把增值税专用发票开给甲公司。后来税务通过证据证明，这是虚开发票，因为甲公司根本没有租业主的房子，增值税专用发票内容与实际业务不符。

这个虚开是不是善意的？

首先，物业公司和会计，不知道真实交易对方是业主还是甲公司；其次，由于业主提供了合同，公章齐全，按物业公司及其会计的正常能力，不可能调查清楚业务的真实性，所以也不应当知道是不符的。

所以，这个就可以申辩为“善意”，被业主骗了，自己也是受害者。当然，要提交相应的证据来证明。

【案例】公司采购员来报销一批钢材，之前有采购合同，现在有增值税专用发票，还有项目部签收钢材的单据，于是就报销并入账、抵扣了。后来，公安证明，这是一张没有真实交易的虚开发票，并且开票方已经招认了，发票是直接卖给公司采购人员的。

会计此时不能慌，一定要证明自己不知道。采购发票+收货单，这两者足以让会计相信实际发生了采购，所以会计可以以此证明自己不知道是虚开的。

当然，如果采购人员或其他人员作证你实际上知道是假采购，就对你不利了，你必须要证明对方作伪证。

那么，你算不算应该知道呢？

公安发现，这批钢材的型号特殊，根本不能用在这个工程上，或者说，这个工程的成本资料里，根本就没有这样的材料。你为什么能够把它报销了呢？难你不应该知道这不是真实业务吗？

此时自己必须要证明，自己的确不懂工程、不懂材料，或者因公司制度等客观原因，的确没有取得这一工程的相关成本资料等，只要项目上、仓库签收了货，自己就报销。不少中小型建筑公司，项目由于多采取内部承包、包干、挂靠等模式，导致会计上的确对于项目成本核算失控。如果真是这样，的确属于不应该知道。

如果公司报销核算制度上也没有要求会计在报销时审核成本资料，或者公司制度根本就流于形式，就更能说明问题了。这样虽然说明会计水平不足，公司内控缺失，但至少让会计构成了“善意”，免除了会计虚开的刑事风险。

到了这个地步，能不能免责，能不能证明自己确属善意，就只能去争取了。好在现在已经不是一个疑罪从有、有罪推定的时代了。大家要明白，事实本身是不存在的，存在的只是被证据证明的事实，所以，证据才是第一位的。诉讼中，法院也只能以“被证据证明的事实”来进行审判，而不能以抽象的、估测的事实为依据。

但要注意，公司内部的项目部在这个问题上虽然欺骗了公司，但项目部是公司的一个组成部分，所以也算公司取得虚开的增值税专用发票，会计可能构成善意但公司不能算善意，必须要承担后果——罚款或罚金。

当然，虚开的增值税专用发票就是不符合规定的增值税专用发票，进项不能抵扣，必须作进项转出。

项目经理、采购人员，作为本案例的直接责任人，如果不能证明自己的“善意”——知道且不应该知道，就有被追究刑事责任的风险。

当然，如果公司被骗了，公司被认定为善意，则对公司就可以免责。

【案例】公司取得的 30 多张农产品发票，被税务证明为善意取得虚开的可抵扣发票，认定为善意后，进项可否继续抵扣？是否会被罚款？所得税成本可否扣除。

增值税以票控税，如果发票不符合规定，就不能抵扣。所以进项不能抵扣。按税务总局国税函【2007】1024 号文的规定，善意的前提下如果能够重新取得合规的增值税专用发票，还是可以抵扣。否则不能抵扣。这样的规定是正确的。

同时 1024 号文规定，如果因为进项不能抵扣导致补税，则不收滞纳金，也是正确的。原因就在于，这是善意受害导致，不是违法导致的。实际上，税务机关是发票的唯一管理机关，纳税人被骗，可以理解为税务机关的管理责任导致，《征管法》规定，税务机关原因导致的补税，不收滞纳金。

另一方面，如果是善意的，就是受害的事件，而不是违法行为，不违法就不可能有罚款的问题。

善意的认定，其前提一定是存在真实的业务，所以业务真实性一定是可以被证明的，在企业所得税上，只要业务是真实就可以税前扣除。所以成本也是可以扣除的。

第 15 章　视同销售

视同销售是指纳税人虽然没有发生法定的销售行为，即：没有“有偿提供应税服务”，没有“有偿转让货物所有权”等行为，但是，税法强制规定，其某些行为应该视为发生销售行为，从而计征增值税。

所以，视同销售是对增值税纳税义务的一个补充。

15.1 视同销售的法定性

视同销售是对纳税义务的确定，所以必须是法定的。

《增值税暂行条例实施细则》第四条，以及《营改增试点实施办法》第十四条，规定了应该视同销售的情况。

《营改增试点实施办法》：

第十四条 下列情形视同销售服务、无形资产或者不动产：

（一）单位或者个体工商户向其他单位或者个人无偿提供服务，但用于公益事业或者以社会公众为对象的除外。

（二）单位或者个人向其他单位或者个人无偿转让无形资产或者不动产，但用于公益事业或者以社会公众为对象的除外。

（三）财政部和国家税务总局规定的其他情形。

首先认识以下增值税的视同销售行为。

“视同销售不同于税务机关的核定权，核定权只针对价格是否合理、成

本是否合理、进项抵扣的分摊是否合理等合理性，进行一个数量上的确认。”

视同销售是直接把非应税行为变为应税行为，所以视同销售是法定的。

如果应该视同销售而未视同销售，则属于一个违法行为，会导致少缴税，有补税、滞纳金、罚款的后果。

但是，这一行为不能直接导致“偷税”的定性。因为视同销售是税法的规定，其处理是一项税会差异，不存在会计隐瞒收入、虚列成本的问题。就是说，企业进行正确的会计处理，但没有按视同销售申报纳税，不满足《征管法》63 条偷税的条件，只能按少缴税处理。

两者的区别是，偷税的追征期是无限的，永远可以被要求补税、加收滞纳金。而非偷税，超过五年没被发现，也就完全免责。

视同销售最容易被人忽略的，是关联企业间无偿借款的视同销售风险。

例如，甲乙两公司是关联公司，拥有几乎相同的股权架构，甲乙公司之间相互无偿占用资金，以起到资金调剂的作用。这样的处理是否存在税务风险？

这样的处理，有一定的税务风险。

营改增之前，这个风险主要体现在“关联调整”之上。

由于是无偿占用资金，即是无偿借款，而无偿不是应税行为，所以，营改增之前，不是营业税纳税义务。同时，营业税对此也没有视同销售的规定，所以这样的无偿借款，是没有风险的。

但是，如果被税务稽查查到，其处理手段之一，是认为关联企业之间相互借款，应比照无关联关系的企业间借款收取和支付利息。所以，他可以依《征管法》第 36 条关于关联调整的规定，行使核定权，按银行同期、同类借款利息水平，调整出一个利息，要求借出方补营业税。这样的调整补税要求，虽然纳税人有可争议的点，但后果也是不确定的，所以是有一定风险的。

比如，查到一年借款额为 3 000 万元，稽查按银行贷款利率核定利息 150 万元，要求补交营业税=150 万元×5%=7.5 万元。

但是，如果补营业税的话，也仅仅是补税，其法定依据是稽查行使权力，而非企业违法少缴税，所以不存在滞纳金和罚款的问题。

所以一般出现这种无偿借款的情况时，企业面对营业税税务风险时，

可以不予特殊处理，等查到再说。反正就算争议失败补税，也没有滞纳金和罚款。万一争议成功或者没有被查到，也就算了。

实施增值税后，无偿提供服务，要视同销售纳税了，这是增值税与营业税最大的不同。

营业税时期的无偿提供劳务都不视同销售，营改增后，这些劳务平移进增值税，无偿提供的话，就要视同销售。这是《营改增试点实施办法》的明确规定，也就是说，这是一项纳税义务，如果不视同销售纳税，就违法了。

接上例：甲乙两企业无偿借款，没有计利息，也没有纳增值税。未来被税务稽查查实此事，计有 3 000 万元借款无偿借了一年，稽查认为应该视同销售，其金额按银行同其利息计算，也是 150 万元，应该补增值税=150 万元÷1.06×6%=8.5 万元。

注意：此时可就不是补税这么简单了，因为这是视同销售，是法定义务，没有履行就违法。企业没有足额申报纳税，所以就触犯了《征管法》第 64 条的处理条件，除补税之外，还会被加收滞纳金，并处以 4.25 万元~17 万元的罚款。

可见，实施增值税后，风险就大多了。

由于关联企业群、企业集团内成员之间，相互占有用资金的情况非常多，包括许多国有企业集团，甚至有专门的内部银行、资金池，提高资金的使用效率，无息借款的情况非常普遍。

财税【2019】20 号文规定：自 2019 年 2 月 1 日至 2020 年 12 月 31 日，对企业集团内单位（含企业集团）之间的资金无偿借贷行为，免征增值税。

就是说，如果同一个集团内的企业之间，相互无息借款，在 2019 年 2 月开始的 1 年 10 个月内的借款行为，免征视同销售的增值税。

这里要注意三点：

一是什么是企业集团？以前企业集团成立有较高注册资本的门槛，并须经工商部门核准。2018 年，国务院规定，取消企业集团核准登记，不再核发《企业集团登记证》，并且也不再审核集团的资本与成员数量，但要求进行集团登记后，必须通过国家企业信用信息公示系统进行公示。

如果关联企业间相互占用资金情况比较多，应该首选注册为企业集团。注册为企业集团后，不仅相互无偿借款不再征增值税，还可以享受金融机构贷款的统借统还优惠政策。

二是在 2019 年 2 月之前的无息贷款，2020 年 12 月之后的无息贷款，并不能适用免税政策，除非未来政策进行延期。

三是企业所得税上，借款利息收入不是属于“提供劳务收入”，而是“利息收入”，免税借款，不视同销售。

那么，如果不是企业集团的纳税人之间的无息借款，以及 2019 年 2 月之前的无息借款，面对税务风险又该如何处理呢？我们分析一下就知道，导致这一风险的原因在于税法将“无偿”强制认定为应税行为。所以，方法就出来了，核心要点就是改变无偿为有偿。有两个解决方法。

解决的办法之一是低利率。

3 000 万元一年的借款，收取 7 分钱的利息，这个金额是交不了税的。但却把业务的性质，从“无偿”变成了“有偿”。一旦有偿，就无法适用“视同销售”条款，所以不交税就不违法了。违法的风险也就没有了。

如果税务稽查再查到，也只能认为，这是“价格偏低且无正当理由”，比如，强制核定为 150 万元来补税 8.5 万元。如果这样核定，且在与企业的争议中成功，企业也只有补，但却因为不违法，而不会有滞纳金和罚款。因为这样的补税是税务行使核定权导致的。

解决办法之二，是推迟时间。之前的无偿借款，可以不予处理，等税务查到再说。如果五年没有被查到，风险就过去了。

如果被查到了，再补借款合同，约定利息但推迟支付时间，关联企业间补合同是轻松的事。比如，合同约定为，要收取得利息，但将利息支付时间推迟到稽查时点之后，由于增值税的利息销售额与企业所得税利息收入确认时间，都以合同约定的支付时间为准，所以就可以把纳税义务时间推到了稽查之后，税务稽查无法认定企业少缴税。

补了合同后，到合同约定的日期，企业再进行利息支付、增值税申报与发票开具。

当然要注意，虽然企业所得税的利息收入按合同约定时点确认，但利息的扣除却是权责发生制，以前年度未提未扣的利息，要追溯到以前年度补扣，并通过退税渠道处理并且有滞纳金和罚款的风险。

15.2 视同销售的项目

按《增值税暂行条例实施细则》第四条规定的视同销售，是针对无偿转移有形动产所权的行为，视同为“销售货物”。

第四条　单位或者个体工商户的下列行为，视同销售货物：

（一）将货物交付其他单位或者个人代销；

（二）销售代销货物；

（三）设有两个以上机构并实行统一核算的纳税人，将货物从一个机构移送其他机构用于销售，但相关机构设在同一县（市）的除外；

（四）将自产或者委托加工的货物用于非增值税应税项目；

（五）将自产、委托加工的货物用于集体福利或者个人消费；

（六）将自产、委托加工或者购进的货物作为投资，提供给其他单位或者个体工商户；

（七）将自产、委托加工或者购进的货物分配给股东或者投资者；

（八）将自产、委托加工或者购进的货物无偿赠送其他单位或者个人。

货物的视同销售，适用于《增值税暂行条例实施细则》第四条，它只针对单位和个体工商户，自然人不适用视同销售。比如，公司用汽车作价投资入股，要视同销售交增值税，自然人用汽车作价投资入股，不视同销售。

免费提供加工，修理、修配等劳务，不适用销售。

对于这八项视同销售，讲解如下。

第一、第二项是代销和销售代销货物，这个好理解。第三项最后再讲，第四项在营改增后已经失去意义。

第五是把自产、委托加工货物，自用于职工福利或个人消费。此时如果是非外购的货物，则不视同销售，仅是进项转出。因为外购货物被自己使用，本身就是最终环节，不存在增值，而自产、委托加工货物存在增值，不视同销售，对其增值额就少征增值税了。

第六、第七、第八，是针对无偿转移货物所有权的行为。把货物，不论是外购、自产还是委托加工的货物，一旦通过投资、分配、赠送等形式提供给其他单位和个人，都要视同销售货物。

这一视同销售的规定，主要起到封闭有形动产的流转链条的作用。

比如，购入电器开关 5 000 个，工程使用了 3 000 个，却一个也没有剩下，那么另外 2 000 个哪里去了呢？

如果是安装时报废多，工程虽然安装了 3 000 个却用掉了 5 000 个，就是正常的业务，增值税上既不需要视同销售，也不需要进项转出。所得税上，如果税务稽查认定这个报废率不合理，则不合理的部分不能扣除。

如果在仓库或施工现场被盗、丢失了，则是一项损失，其所有权并没有转移。注意，东西并不是谁偷了就是谁的，被盗并不能说明所有权转移给了小偷，其所有权依然是原所有人的。所以不需要视同销售，但按进项抵扣的规则，应该因非正常损失，而作进项转出。

如果将其作为职工福利，用在了职工俱乐部的不动产上，所有权也没有转移，也不应该视同销售，但应该因用于职工福利而作进项转出。

如果将其作为福利分给员工拿回家去自用，则因为所有权转移，所以要视同销售。虽然用于职工福利，但因为增值税上已经被强制视同为了销售行为，所以增值税上不再是职工福利行为，不应该进项转出。

如果将其调拨给分公司，而分公司是独立的增值税纳税人，所以，物权意义上的所有权虽没有转移，但在增值税，则已经分属于其他单位了。所以，按《增值税细则》第四条的规定，应该视同销售。即将货物作为投资提供或者无偿赠送给其他单位。此时的其他单位，就是指独立的增值税纳税人。

如果分公司是非独立的增值税纳税人呢？就是说，分公司没有进行独立的纳税人登记，不存在独立的税号，增值税上也不是“其他单位”，而只是本单位的另一个部分。

这就是视同销售的第三条：**“设有两个以上机构并实行统一核算的纳税人，将货物从一个机构移送其他机构用于销售，但相关机构设在同一县（市）的除外；”**

此时，作为统一核算增值税的机构，移送货物时，在同县之内不需要视同销售；如果跨县“用于销售”，就要视同销售了。

什么是“用于销售”呢？

按税务总局后来规范性文件的解释，接受货物的分支机构如果对外

开票或者收款，则算用于销售，视同销售。否则不视同销售。一般来说，建筑业都通过总机构开票、收款，所以这种情况一般就不构成视同销售。

那么，建筑企业总部采购一批材料，现在拨给外省的分公司，分公司独立进行过税务登记，这个材料调拨时是否要视同销售？

这一点对于建筑企业来说，一定要明确一个原则，外省的分公司与项目的关系。

本书前文实际上已有介绍，现在再强调一下。

建筑公司在外省设有分公司，并配备有人员，进行了工商税务的注册登记，是独立的增值税纳税人。

但是，该省的建筑工程项目，从法律主体上讲，却并不一定是分公司在干，而很可能是以总公司的名义在做。因为只有总公司才有相关的资质。除了小项目、某些政府项目外，大多数的甲方，还是要求必须以总公司的名义来投票或施工。

所以，这批材料调拨后，所用的项目到底是分公司名义做的？还是总公司名义做的呢？

如果是分公司名义做的，则相当于材料调拨给了分公司，分公司是独立的增值税纳税人，相对于是总公司是“其他单位”，所以要视同销售。总公司要申报增值税，并且可以向分公司开票。

如果项目是以总公司的名义做的，此时的标志是：公司要开进行外出经营登记。这样，相当于材料调拨给了自己在异地的项目部，适用第三项视同销售。只要项目部拿到材料不是将其卖了收钱、不是代开票卖掉，则不能视同销售。

以上就是《增值税暂行条例实施细则》规定的视同销售。

营改增方面，按《营改增试点实施办法》第十四条规定的视同销售，是针对三种情况：

（一）单位或者个体工商户向其他单位或者个人无偿提供服务，但用于公益事业或者以社会公众为对象的除外。

（二）单位或者个人向其他单位或者个人无偿转让无形资产或者不动产，但用于公益事业或者以社会公众为对象的除外。

（三）财政部和国家税务总局规定的其他情形。

第一项是针对所有的“服务”，当然也包括了建筑服务。营改增前，如果建筑公司无偿为别人提供建筑服务，是没有视同销售规定的，现在要视同销售征增值税了。

如果我们公司免费为灾民修缮受灾房屋，则属于用于公益事业不能视同销售；如果我们公司无偿修补了一条公路，则是以社会公众为对象，也不能视同销售；如果我们无偿为某位明星装修了房子，则要被视同销售。

需要注意的是，这一条对服务的视同销售，只针对单位或个体工商户，其他自然人无偿提供服务，不视同销售。

第二项是针对无形资产和不动产。此时，对一切单位或个人都适用。即，个人将房子、专利送给别人，也要征增值税。用于公益事业或者以社会公众为对象的除外。

第三项是一项授权，留下一个口子，让财政部与税务总局可以下文件扩大视同销售的范围。目前此两部门还没有规定新的视同销售的内容。

视同销售时，很可能没有价格，《增值税暂行条例实施细则》以及《营改增试点实施办法》都对视同销售时的价格确认，进行了严格的规定。其基本原则如下。

（1）按自己的同类产品、服务销售价格确认。

（2）如果没有，则按别人同类产品、服务销售价格确认。

（3）如果以上两项都没有，就按组成计税价格确认。成本利润率由总局规定，一般10%。

以上三个方法是有严格顺序的，不可更改。如果有（1）就必须是按（1）来，如果没有（1）才能按（2）来，（1）、（2）都没有，才能按（3）来。

15.3 视同销售的账务处理

视同销售是税法的特殊规定，是会计处理与税法的一项差异。所以，会计上不能仅因增值税被视同销售从而也确认收入。会计处理依然要按会计的规定来。

如果会计也要确认收入，可以认为税会没有差异，会计确认收入后，增值税上确认销项税额或应纳税额。

如果会计上不需要确认收入，则只对增值税进行处理。具体的会计处理，要结合具体的业务来判断。把握时注意一点，销项税金或者应纳税额是由别人承担还是本公司承担。如果由本公司承担，则直接计入相关的成本费用之中就行了。

【案例】过节了，公司购入一批米、油计 12 万元，发给员工作为过节之用，取得增值税专用发票，其中进项 1 万元。

这些米、油是否要视同销售呢？

购入米、油，所有权在公司，发放给员工所有权转移给了员工，所以要视同销售，并同时抵扣进项。由于是外购货物，自己并不销售，所以其价格就是别人的卖价，也就是本公司的买价，也就是 11 万元。

所以，此时进项税是 1 万元，销项也是 1 万元，两都是平的，不会增加增值税的负担。

合并起来的分录是：

借：应付职工薪酬-非货币福利　　12 万元
　　应交税费-应交增值税（进项税额）　　1 万元
　贷：银行存款　　12 万元
　　　应交税费-应交增值税（销项税额）　　1 万元

有会计说，这不是多事吗？应付职工东西就是 11.1 万，进项、销项平的。还不如干脆不认证发票，或者不抵扣进项，同时也不确认销项，这样，结果也是一样的吧？

借：应付职工薪酬-非货币福利　　12 万元
　贷：银行存款　　11 万元

这就错了。

纳税不是一件相互算计的事，而是一件履行法定义务的事。

税法要求你视同销售确认纳税义务，就必须要确认销项，没有确认就是违法的，导致少缴税就要补税、滞纳金、罚款。

同时，你取得的增值税专用发票如果不认证，或者认证后不抵扣就会导致无法抵扣，无法抵扣就没有进项税额。

所以，销项有销项的政策，进项有进项的政策，不要因为两者相等，就冲平不处理，不处理就会产生风险。

第 16 章　增值税免税与退税

增值税的免税规定，主要针对某些免税的货物销售，某些出口以及小规模纳税人未达起征标准的销售额的免税。

增值税的免税，并不是简单的一点税不征。对于小规模纳税人或者简易计税情况下，免计应纳税额；对于一般纳税人一般计税情况下，免计销项税额。

16.1 简易计税下的免税

增值税的免税对于小规模纳税人来说，是实实在在的优惠。这一点与营业税非常相似，一旦享受免税，就会导致利润上升。在许多人看来，这仿佛本身就是不应该讲的东西，因为免税会导致利润上升，是天经地义的事。

但最好还是分析一下，因为后面会讲到，一般计税下的免税可就不是那么一回了。

专属于小规模纳税人的优惠，显然就是起征点优惠。按月纳税、月销售额不超过 3 万元的，按季度纳税、季度销售额不超过 9 万元的，免增值税。超过后全额征税。注意，其中销售货物、劳务的销售额，与营改增后的销售额，要分别核算，分别享受这一优惠。

免税的账该怎么做？

比如，销售货物收取 103 元，免增值税，如何进行账务处理？

方法一是：

借：银行存款　　103 元
　　贷：主营业务收入　　103 元

方法二是：

借：银行存款　　103 元
　　贷：主营业务收入　　100 元
　　　　应交税费-应交增值税　　3 元
借：应交税费-应交增值税　　3 元
　　贷：营业外收入　　3 元

两者的区别不仅在于简单和复杂，实际上会影响报表和企业所得税。

前一分录直接按 103 元确认为主营业务收入，根本就无视增值税的存在，因为其纳税义务已经被免除了。所以这一处理简单明了，是正确的。

后一组分录老老实实按 100 元确认为主营业务收入，并同时确认增值税纳税义务 3 元，然后再对此 3 元进行免税操作，将直接减免的增值税确认为一笔财政性资金，作政府贴补收入处理，这一处理看似也说得过去。

是的，两个都对，但使用范围不同。

其关键在于，你销售时与客户谈好的销售额——也就是不含增值税的价格——是多少？

如果谈好的价格是 103 元，增值税已免。则说明，虽然免了增值税，但你同时涨了 3 元的价，所以应该按 103 元确认为主营业税收入。

如果谈好的价格是 100 元，另收增值税 3 元，说明没有告知客户免税，没有涨价，而是假以应交税费的名义又向客户收取了 3 元。这种情况下，的确应该按 100 元确认收入，并将 3 元税金确认为营业外收入。企业所得税上广告宣传费和业务招待费的扣除基数比第一种情况少了 3 元。

但要害不在于这一点差异，笔者举这个案例主要想告诉读者，做账的依据一定是业务实质，不要以为每一笔业务怎么做账都应该有“文件规定”；另一方面，在免税的情况下，双方的价格约定非常关键，只有

精通增值税价外税的本质，才不会产生疑惑。

简易计税下的免税，还有一项比较特殊，就是销售使用过的固定资产。

先明确几个容易出错的政策情况：自然人，注意，不包括个体户，销售自己使用过的所有物品，都免增值税。比如，个人卖掉汽车，免增值税。这一优惠只针对个人，除此之外，个体户和公司，销售自己使用过的所有物品，都是按适用税率或者征收率征税。

还有两个例外。

其一是，如果销售“别人使用过的物品”，比如，买进来是旧的，卖出去也是旧的，自己没有用过，买旧卖旧，这个可以选择简易计税，并且将征收率优惠为 2%，相当于给了 1%的免税。不能开增值税专用发票。

公司买进旧字画后来再卖出去，如果自己认为字画没有被使用过，比如没有提折旧。则可以靠上这种方式，按 3%的征收率，减按 2%征收。此时，自己没有用过非常关键，用过就是 16%。

第二点，就是自己用过的固定资产，如果当初不能抵扣进项，且未抵扣进项，则可以选择按 3%的征收率，减按 2%征收。也即选择简易计税后，再免税 1%，同样不得开具增值税专用发票。

但这样处理实际上是非常不划算的。

税务局少收了 1%的增值税，但由于开不出增值税专用发票，所以客户不能抵扣整个 3%，进项全部进成本，所以实际上代表增值税多收了 2%。随着全面营改增后，一般纳税人比例增加，这种不合理性就非常突出了。

比如，销售一批自用、当初不得抵扣、且未抵扣进项的固定资产，价格 103 万元，按 3%的征收率减按 2%征收，实交增值税 2 万元。

销售方的收入=101 万元

购买方的成本=103 万元

可见，一方只收了 101 万元，另一方却付了 103 万元的成本，购销双方亏出去 2 万元。这 2 万元实际上就是交的税。

2016 年，税务总局对此进行了放宽，允许纳税人放弃这 1%的免税后，继续可以选择简易计税，并可以开具增值税专用发票。

依上例，如果销售方放弃免税，开专票，则应纳税=3 万元

销售方收入=100 万元

购买方成本=100 万元

可见，双方是平的，购买方支出的成本，全部是销售方的收入，没有利益流入税务局。与上例相比，销售方收入下降 1 万，购买方成本下降 3 万元，节约了 2 万元。平分这 2 万元也是好事啊！

所以，价格可以调高到约 105 万元多一点点。

销售方收入=105÷1.03=102 万元

采购方成本=105÷1.03=102 万元

这样一来，与原来不能开增值税专用发票相比，销售方收入上升 1 万元，采购方成本下降 1 万元。双赢。虽然钱不多，但却很轻松。

这一案例典型地体现了增值税价外税的特征，放弃这一特殊优惠后，如果能够继续简易计税并开增值税专用发票，更为划算，双方要做的，仅仅是重新谈价。

16.2 增值税退税

一般计税下，增值税的免税则更难表现为一项优惠。正如本书进项抵扣章节所讲，由于用于免税项目的进项不能抵扣，所以，增值税实际上通过进项转出，就进入了价格，并转移给了客户。很多时候免税非但不能优惠，还代表了吃亏、多缴税。

《增值税暂行条例》和《营改增试点实施办法》都有规定，纳税人可以选择放弃免税待遇，一经选择 36 个月不能改变。所以在免税前面，纳税人应该进行计算与分析。

在增值税上，真正的优惠是“退税”，主要的形式有三个：即征即退、先征后退、先征后返。

即征即退，就是征了以后马上退。企业先按正常纳税进行申报、缴纳，然后再向税务机关申请办理退税。

先征后退，就是征了以后，到特定时间再退。企业先按正常纳税进行申报、缴纳，然后在优惠政策规定的一定时间内，计算并申请退税。

先征后返，“返”字是指财政局返还，而不是税务局退税。

以上三项是实实在在的增值税优惠。因为不属于“免税”，所以纳税人可以全额开具增值税专用发票，客户可以凭此进行进项抵扣，如此一来，进项税金没有损失。

收到退税或返还后，再由纳税人列作营业外收入即可。

当然，既然是退税，说明首先是征税。所以，即征即退、先征后退、先征先返等情况下，纳税时同时缴纳的城建税、教育附加税等，是不退还的。因为退税政策只针对增值税，并不针对其他税费。

即征即退等优惠主要用在需要税收政策倾斜支持的行业，最常见的比如：软件生产、资源综合利用产品生产等。这些行业一般都受政府支持，同时进项税金一般偏低，所以通过退税的方式给予优惠。资源综合利用增值税退税优惠的项目，可以参见《财政部关于印发〈资源综合利用产品和劳务增值税优惠目录〉的通知》（财税〔2015〕78 号）。

例如，以建筑废物生产的建筑砂石骨料，其原材料难以取得进项税金，销售时按 13%纳税，税负较重。按增值税政策的规定，此时适用应纳税额 50%的即征即退。

纳税人如果兼有其他产品生产销售，应该独立核算享受即征即退的产品进项税金，其中无法区分的进项税金，应该按销售额进行分摊。对于享受优惠的纳税额，申请 50%的退税。

【案例】某建筑公司，下设有建材工厂，其中有利用建筑废料生产建筑砂石骨料的项目。所生产的建筑砂石骨料符合国家相关技术标准，并且其原材料中，建筑废料占比超过 90%。这样就满足了即征即退的标准。

本月符合退税标准的建筑砂石骨料销售额为 113 万元，销项税金 13 万元，该产品直接对应和应分配的进项为 1 万元。则可以计算出，该产品应纳税额为 12 万元，可以享受 50%即 6 万元的退税。

收到退税时的分录：

借：银行存款　　6 万元
　贷：营业外收入　　6 万元

对其客户而言，进项税金依然是 13 万元，成本依然是 100 万元，但建材厂却取得了额外的退税收益。

需要注意的是，如果建材厂所用建筑废料来源于建筑公司，而建筑公司与自己的建材厂是分别核算的增值税纳税人，比如，建材厂是建筑公司的子公司或分公司，则这些建筑废料，属于建筑公司销售给建材厂的原材料，建筑公司应该按 13%的适用税率，计算缴纳增值税。此时，建筑公司应向建材厂开增值税专用发票；建材厂应向自己的客户，包括母公司建筑公司开具 13%的增值税专用发票。

如果建材厂不是一个独立核算的单位，而只是一个内设的车间或分厂，这种情况下，说明是建筑公司自己直接对自己的建筑废料进行加工生产，产品符合即征即退条件。此时如何享受退税呢？

如果建材分厂的产品直接供建筑公司使用，相当于是自用，由于没有销项，所以也不存在退税的问题，相当于，这一块优惠并没有享受到，这样的架构与操作在纳税上没有进行优化。

此时可以通过关联的建材经销企业，比如进行集中采购而设立的物资公司来中转这一产品。建筑公司向物资公司销售这批产品，全额开具 13%的增值税专用发票，并同时享受即征即退。物资公司再向建筑公司回销此产品，因为有足额增值税专用发票抵扣，所以并不吃亏。

对于建筑服务来说，目前没有专门的增值税即征即退优惠。建筑服务唯一的免税优惠，在于承包境外工程。

按增值税试点政策的规定，建筑企业承包境外工程，享受免税待遇。当然，这样的免税也是不得已的，因为工程所在国肯定要征他们国家的税，如果工程被两个国家征两次税，税负就不合理了。

所以，境外工程的进项也因为免税而不能抵扣。那么，如果在境内有采购原材料、设备，并支付了进项税金呢？这就涉及出口退税。

16.3 出口退税

出口退税在本质上，不属于一项财税补贴行为，它的本质是进项税金的“变现”。

增值税的特点是抵扣链条，上家确认销项，下家就进项抵扣。一旦服务或货物出口，这一链条就中断了，因为中国税务机关的进项税金，不可能拿到外国税务局去抵扣，而外国税务局肯定还会再征一次流转税。所以，跨境业务就会出现被重复征流转税的风险。

解决的办法就是出口国进行让步，对出口的服务与货物不征税，以实现对出口的支持。这是国际上通行的做法。

当然，通过本书前面内容的学习，相信大家已经把握住了：如果仅对出口服务与货物免税，是解决不了重复征税问题的。因为免税会导致进项不能抵扣，进项税金转出还是悄悄混进了成本之中，导致出口的服务与货物上，依然有中国的增值税。

解决的办法就是零税率。按《增值税暂行条例》及《营改增试点实施办法》的规定，出口货物或服务，税率为零。

税率为零则销项为零，与免税类似，但性质完全不同。免税的进项不能抵扣，而零税率是可以抵扣进项的。这样一来，中国的增值税就一分钱也不会混进成本，从而转移到外国客户头上去了，这就解决了重复征税的问题。

但实务中，出口环节的税收并不是严格按《增值税暂行条例》和《营改增试点实施办法》规定来处理的，要认真关注财政部、税务总局对其的特殊规定。

按《营改增试点实施办法》的规定，境外承包工程被取消税率为零，而是改成了免税，说明进项不能抵扣。但考虑到工程在境外，一般也不会产生境内的增值税进项，所以不能抵扣带来的成本上升并不明显。

但是，如果境外工程需要用到境内采购的设备、材料呢？这些货物中的进项税就比较多了。

此时，就应该享受出口退税，这些因境外承包工程而出境的货物，也属于货物的出口。

增值税出口退税政策不是基于《增值税暂行条例》或者《营改增试点实施办法》本身来的，而是由财政部与税务总局另行单独制定的一套出口退税算法，此算法与增值税政策本身是存在一定冲突的，所以它实际上是独立的计算规则。

比如，按《增值税暂行条例》或者《营改增试点实施办法》的规定，出口是零税率。但是，出口退税政策的规定却是出口分为几种情况，有的要按适用税率征税，有的要免税，有的既免税还可以抵扣进项。

按出口退税政策规定，境外承包工程的货物出口，适用退免税。即该货物出口免征增值税，并且对于该货物采购中支付的增值税进项税金，按退税率给予退税。这样，当退税率与征税率相等时，其货物本身的进项被退净，也就实现了无税负状态，解决了重复征税问题。

增值税出口退税工作的难度，体现在其是一套非常复杂、专业的报关、退税程序。本书只对出口退税原理作简单介绍，不对具体程序规定展开讲解。